やさしく作れて〝使える〟仕掛けの
バッグと小物

Diy Soho 手作り倉庫
吉田三世

Introduction

お家で眠っている布地はありませんか？　私はハギレでも捨てられません。街の生地屋さんへ行くと、流行の柄やきれいな布地が並んでいて、気に入ると買ってしまいます。花柄が好きなので、出会ったときに買っておきます。二度は出会えないからです。

古きものはほどいて洗ってリメイクします。帯は特にバッグに使っています。自分や家族が着古したジーンズも、とっておいてリメイクして新しく命を吹き込みます。穴があいてほつれたところを使えば、より味が出ます。

素敵な布地を組み合わせて、世界にひとつしかない作品を作ってみませんか。どんな形にしようか、どんな布を組み合わせようか、思いめぐらすのも楽しいものです。

今回の本では、いろんな布で楽しく作れる、バッグや小物を提案します。いろいろ考えて工夫をして、おしゃれなものを作りましょう。手作りの楽しさと、お裁縫のいろんな可能性をお見せしたいと思います。

Contents

この本について

⦿本書で紹介している作品のデザイン・作り方は著者オリジナルのものです。 ⦿作り方動画はライブ感を大切に制作しているため、本書の作り方と少し違うところもございます。 ⦿本書に掲載している作品の販売について、個人の手作りの範囲で小ロットの商用利用は可能です。その際は「Diy Soho 手作り倉庫のデザインを使用していること、本書名の記載」をお願いいたします。 ⦿型紙、記事の無断掲載、作り方自体を販売することは禁止します。

バッグはわたしの原点！

YouTubeに動画投稿を始めたころ、よく作っていたのはバッグでした。形を決め、布を選び、大きさを検討して裁断。細かいパーツのあれこれを考えるのは、至福の時間。バッグはわたしの原点です。

バッグ作りで大切にしているのは、安っぽく見えない、かわいい、品がいい、クール、スマートということ。荷物を入れて持ったとき、肩にかけたときに変化する形がどうなるのかも重要です。使いやすさももちろん大事。新しいデザインを考えたら、試作して実際に使ってみます。そして改良点を検証していきます。

電車に乗ったときでも、バッグに目がいきます。素敵なデザインねとか、使って便利そうとか、今度作ってみようなど、バッグの創作者の目になっているんです。

古きものの帯や、ジーンズをリメイクしてバッグにするのも楽しいものです。みな家庭用ミシンで縫えるように工夫しています。

この本で、そんなわたしのバッグ作りの楽しさを味わっていただけたら大変うれしいです。

Original point 1 いろんな布でほかにないものを作ろう

バッグや小物作りをするとき、布地選びは大切。布地は、いろんなお店で、流行にのっとった、新作の布地を販売していて、それはどれも素敵なものばかり。また最近では、１００円ショップなどでも、かわいらしいプリントのハギレや手ぬぐいなどを見かけます。古きものをリメイクするのもおすすめ。伝統的な織りや染めのもので作れば、素敵なものができ上がります。

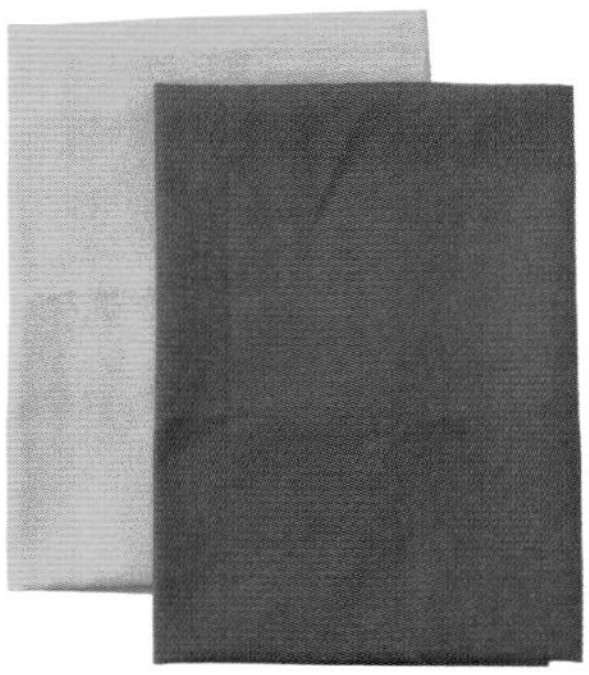

帆布

綿や麻などを平織りで織った厚手の布。帆船の帆に使われていたのが名前の由来です。厚手の６号帆布からありますが、本書では、薄手の11号帆布を「ささっとリュックになるトートバッグ」（p.44）に使いました。

洋布

いろんな布地があるので、店頭に行って選ぶのは楽しいものです。今回も一目惚れした布地で「4枚はぎのお出かけバッグ」（p.54）を作りました。ポーチや小物ならハギレでも作れます。ハギレのセットもおすすめ。

ふろしき

結婚式のお祝いや祝賀行事などでいただくことがよくある「ふろしき」。和柄のものが多いでしょうか。上質のふろしきはバッグに最適。本書では、「リバーシブルグラニーバッグ」（p.14）に使用しました。

100円ショップの布

100円ショップでもさまざまな布が売られています。最近では、デニムやコットンなど、いい生地を見つけたりします。手ぬぐいも人気で、本書では「リバーシブルグラニーバッグ」（p.16）のほか小物にも使用しました。

古帯

古きもの店には、さまざまな帯がお手頃価格で並んでいます。いいなと思ったら買っておくとよいでしょう。本書では「袋帯のトリプルバッグ」（p.50）、「巾着バッグ」（p.71）などに使用しています。

古きもの

古きものには掘り出しものがたくさんあります。大島紬や銘仙などは人気で、ワンピースにするととても素敵。本書では、大島紬で「4枚はぎのお出かけバッグ」（p.54）を作りました。かなり上品にできました。

Original point 2

ほかにない デザインと作り方。使いやすさを考え抜く

上:スマホが取り出しやすいボディバッグ（p.64）。
右下：水筒を立てて入れられるマチつきポケットと、PCを収納できる中仕切り（p.58）。
左下:内側が3つに分かれてごちゃごちゃしない作り（p.50）。

本書で紹介するバッグは、形にこだわり、使いやすさにこだわっています。友人たちから、こんなものが欲しいという要望を、取り入れたものもあります。

バッグや小物を作るとき型紙を起こしますが、まずはこんな形のデザインがいいなぁ、というイメージからラフスケッチを描きます。そこでマチは何㎝欲しいとか、深さはこのくらいあったらいいなとか、持ち手のイメージはこんなふうなどと決めていきます。その寸法から型紙を作っていきます。

バッグ作りには、使いやすさも大事です。お出かけしたときに、必要なものをさっと取り出せたり、長財布などを出し入れしやすく、しかも安全になど、ごく基本的な要素は取り入れたいものです。

また、バッグの中は整理整頓しておきたいですよね。入れやすさ、出しやすさも大切。水筒などは立てて入れたい、ノートパソコンなどを持ち運びたい、Ａ４の書類も入れたいなど希望はいろいろ。そんな使いやすさをたくさんかなえたバッグを考えました。

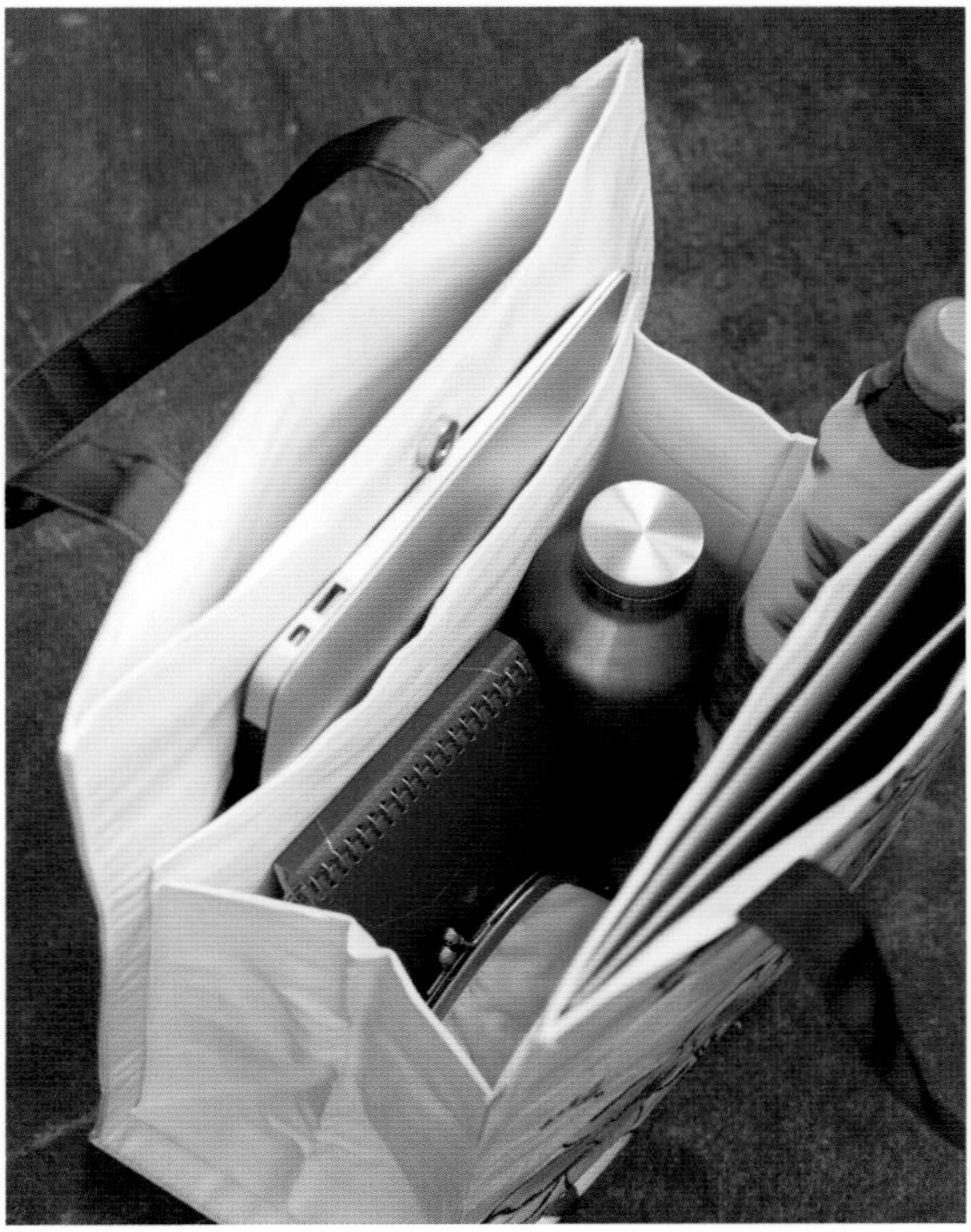

Original point 3

気軽に作れて商用利用ＯＫ

上：深さがあり、マチつきのあずま袋（p.24）。
下：マグネットボタンによって三角の形にもなるリング持ち手のバッグ（p.80）。

本書に掲載している作品の販売についてですが、個人の方の手作りの範囲で、小ロットでしたら商用利用は可能です。

腕に自信のある方、思いのほか上手にできたという方は、商用利用してみるとよいと思います。最近ではハンドメイド作品をアップできるネットショップもあるので、チャレンジしてみるとよいでしょう。

ひとつ気をつけなければならないのが、使用する素材が商用利用できるものかどうか。各自でお確かめください。たとえば、キャラクターがプリントされた布は著作物ですので、著作権侵害にあたります。また、素材が作家のアート作品の場合も商用利用不可です。刺しゅう作家の刺しゅうがほどこしてあったり、持ち手のバックルなどがアート作品だというものも不可です。

最後に、販売の際は、「Diy Soho手作り倉庫」のデザインを使用していることと、本書のタイトルを記載していただくことをお願いいたします。型紙と記事、作り方自体を販売することは禁止させていただきます。

Chapter

01

まずは、作ってみよう

手ぬぐいなど、長方形の布をまっすぐ縫う、
ごくかんたんに縫える形から
チャレンジしてみましょう。
おすすめのバッグを2点紹介します。
グラニーバッグとあずま袋です。
グラニーバッグはリバーシブルなので、
表裏の布の組み合わせを楽しめます。
あずま袋は江戸時代からある伝統的なものですが、
ちょっと私なりの工夫をしてみました。

A
リバーシブル
グラニーバッグ

How to make ▶ 18 *page*

いろんな布で
リバーシブルを楽しむ

グラニーとはおばあちゃんという意味。ギャザーが入っていて、丸みをおびたバッグをいいます。どこか懐かしさのただよう、やさしいバッグです。ふろしきや手ぬぐいでもできて、リバーシブルに使えるデザインを考えました。きもの地で作っても素敵です。

上のバッグのリバーシブルが下のバッグで、ふろしきにはふろしき、きもの地にはきもの地を組み合わせています。

作り方を
動画でも
チェック

リバーシブルグラニーバッグ A

材料

○表布…手ぬぐい　4枚
○口布…17㎝×26㎝　4枚
○バッグ口止め布…7㎝×7㎝　4枚
○リボン持ち手布…17㎝×90㎝　2枚
○綿テープ…1㎝幅×24㎝　2本
○マグネットボタン…18㎜　1組

工程

1 布を裁つ。
2 表布を縫う。
3 綿テープを通す。
4 口布を縫う。
5 バッグ口止め布にマグネットボタンをつける。
6 口布、バッグ口止め布を縫いつける。
7 リボン持ち手を縫う。

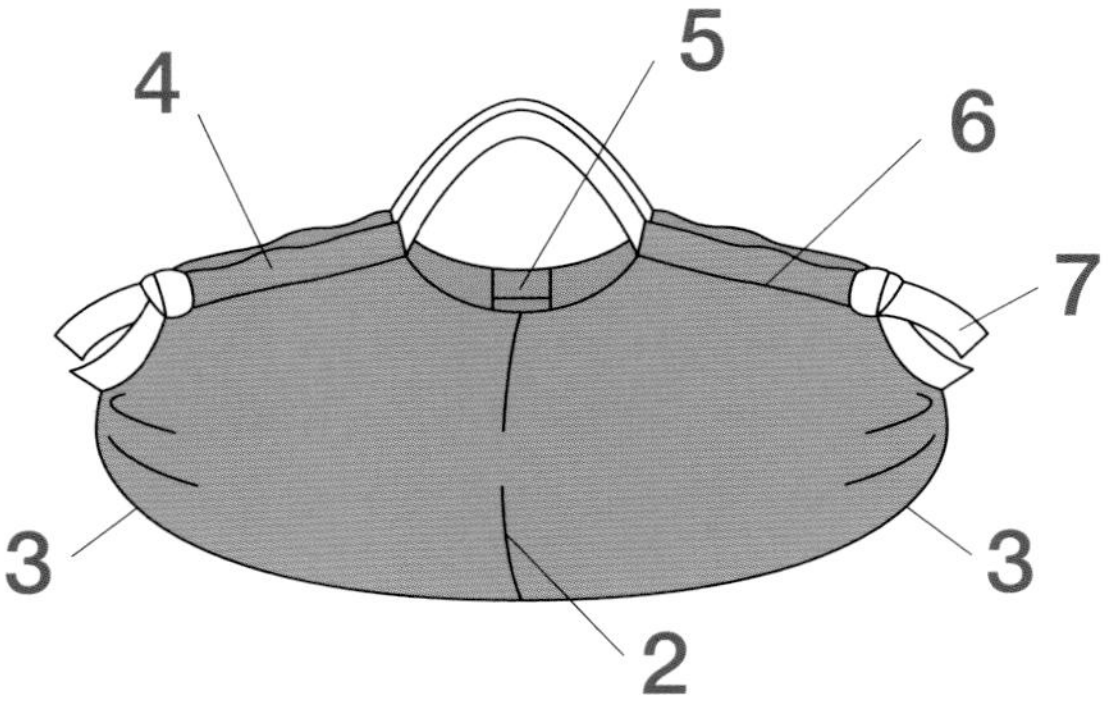

布を裁つ 1

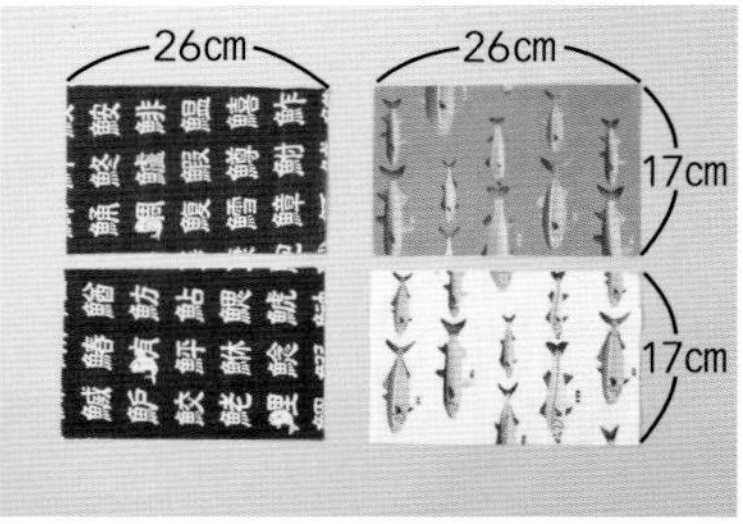

口布　4枚

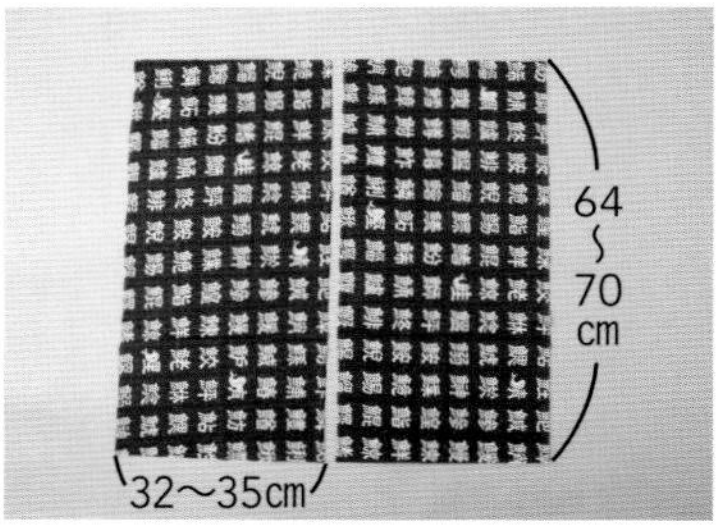

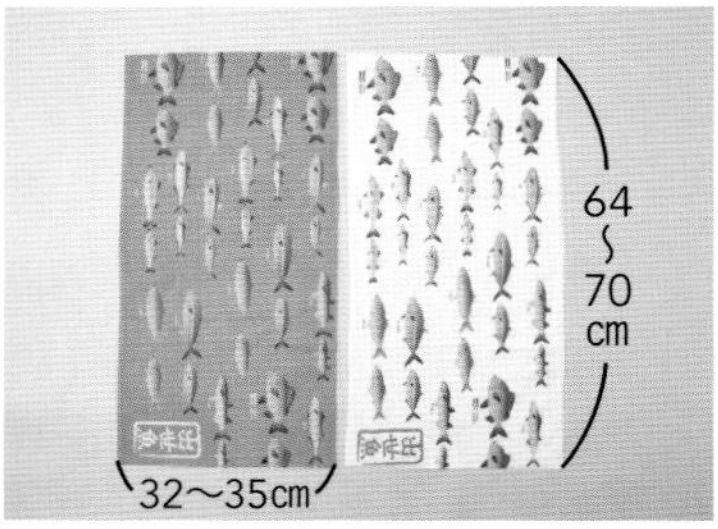

表布（手ぬぐい）　4枚

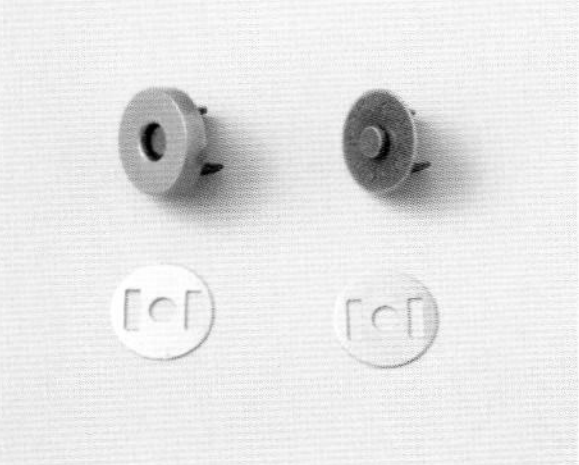

マグネットボタン　1組

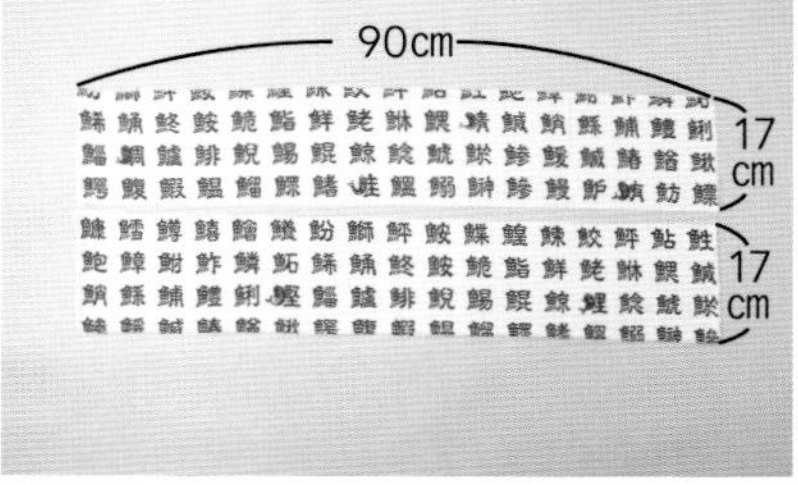

リボン持ち手布　2枚

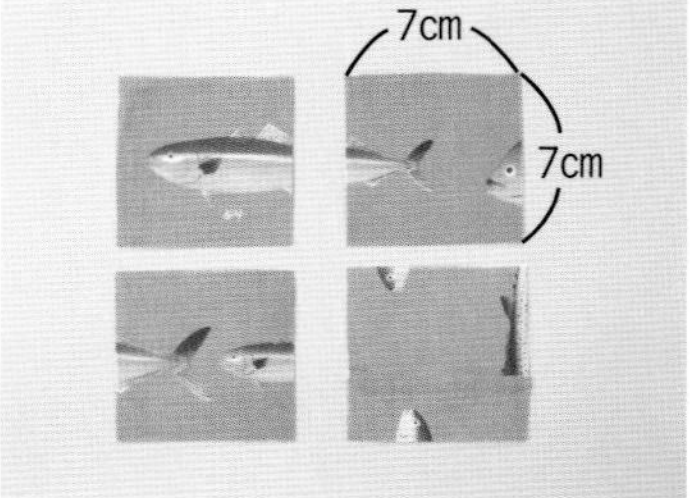

バッグ口止め布　4枚
※裏に接着芯を貼る

表布を縫う 2

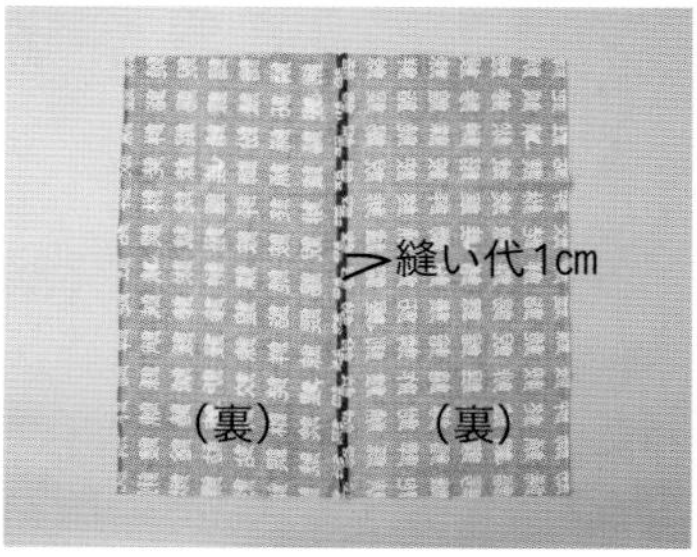
縫い代1cm
(裏)
(裏)

1　片面用の表布2枚を、中表で縫い代1cmで縫い合わせる。縫い代はアイロンで割る。

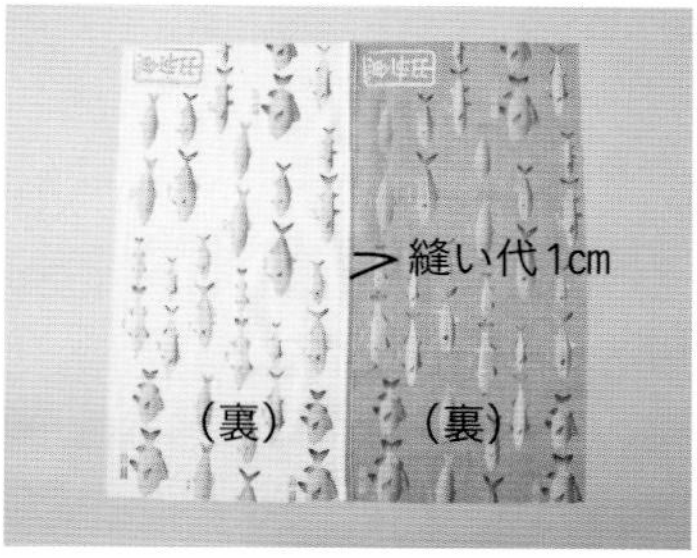
縫い代1cm
(裏)
(裏)

2　もう片面用の表布2枚も、中表で縫い代1cmで縫い合わせる。縫い代はアイロンで割る。

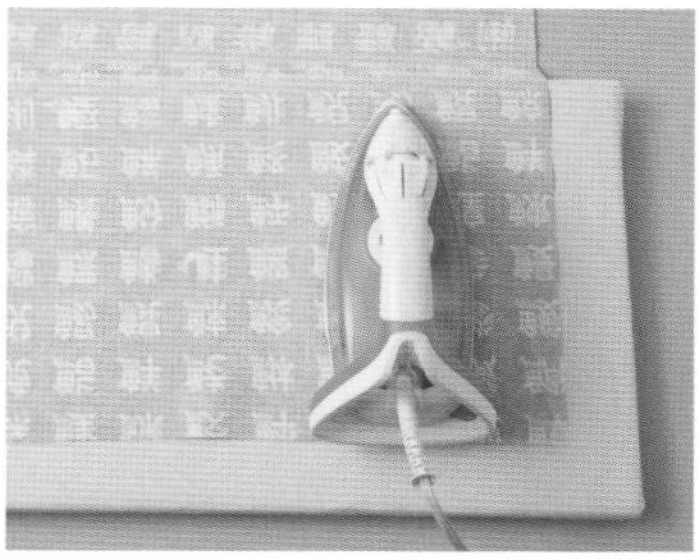

3　片面用の表布の裏に、接着芯を貼る。

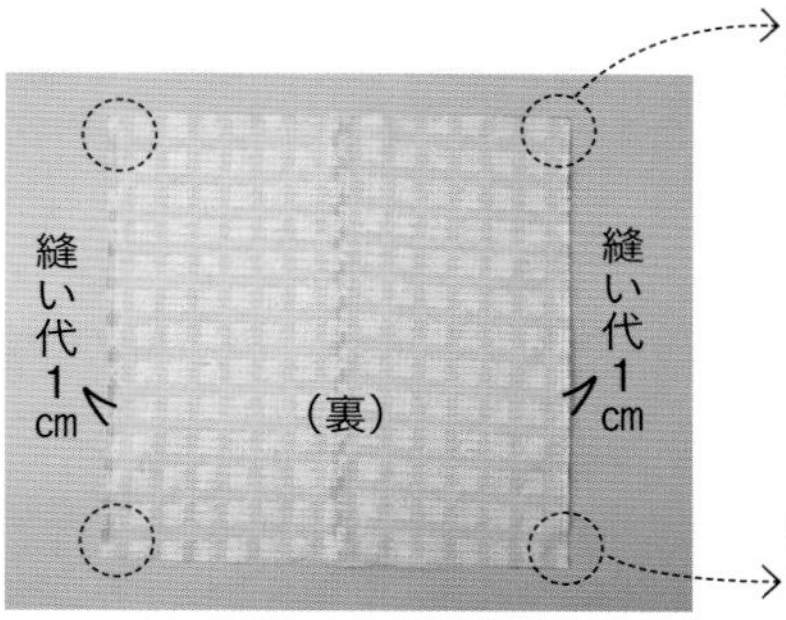
縫い代1cm
(裏)
縫い代1cm

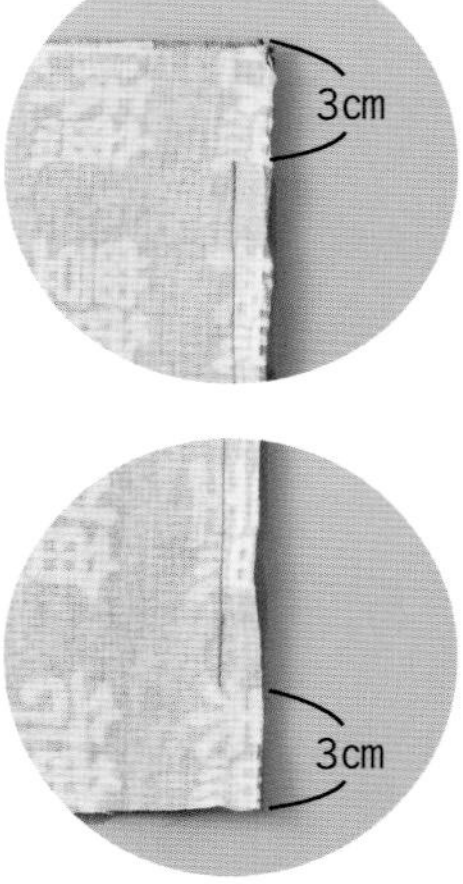
3cm
3cm

4　縫い合わせた表布を中表に合わせ、両サイドを上下3cmずつ残して、縫い代1cmで縫う。

※4か所3cmずつ縫い残す。

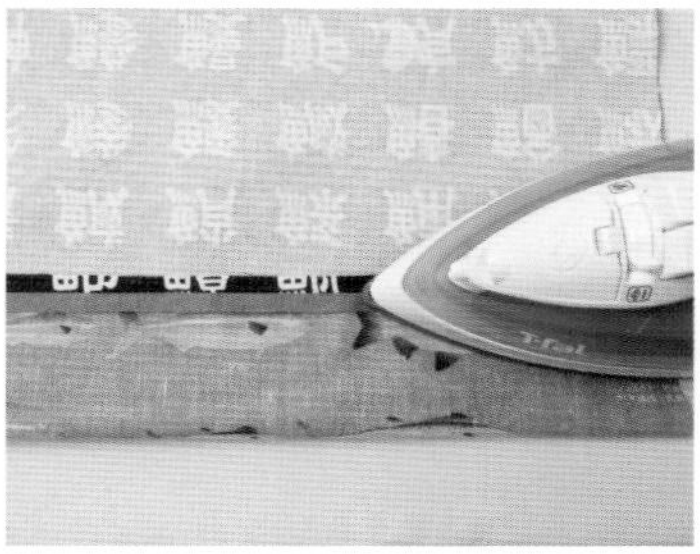

5　縫い代はアイロンで割る。

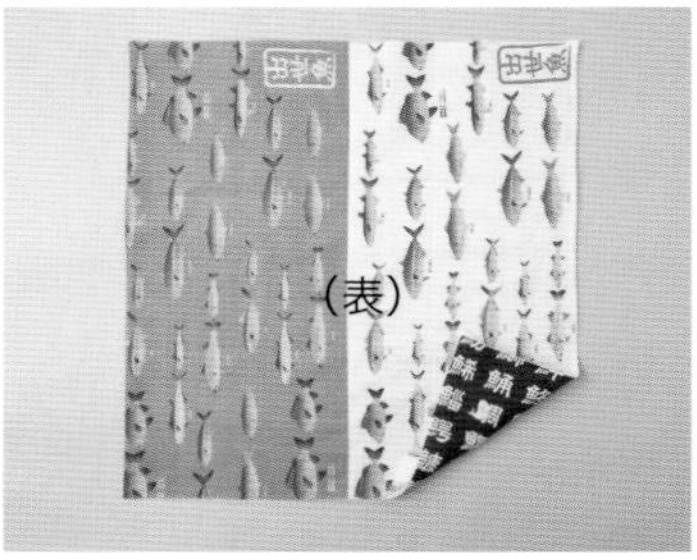
(表)

6　表に返す。

綿テープを通す 3

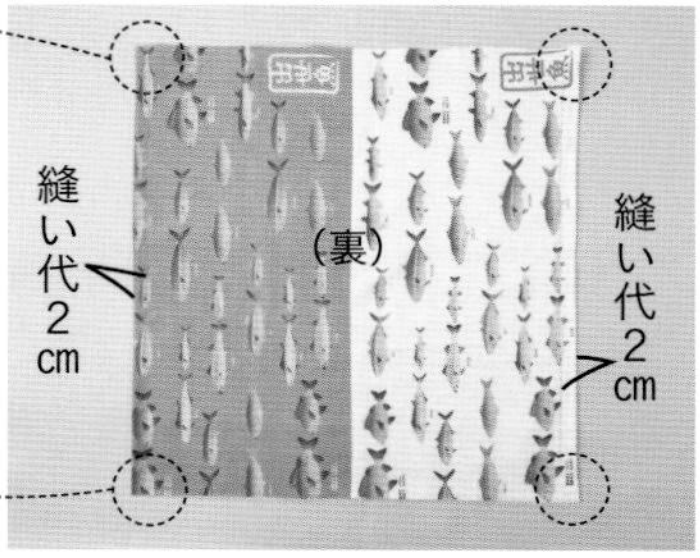
縫い代2cm
(裏)
縫い代2cm

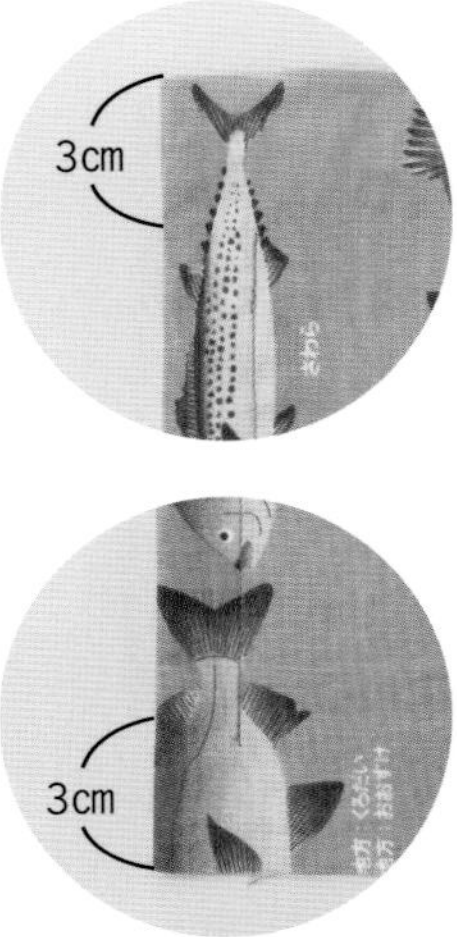
3cm
3cm

1　綿テープを通す部分（両サイド）を、上下3cmずつ残し、縫い代2cmで縫う。

※4か所3cmずつ縫い残す。

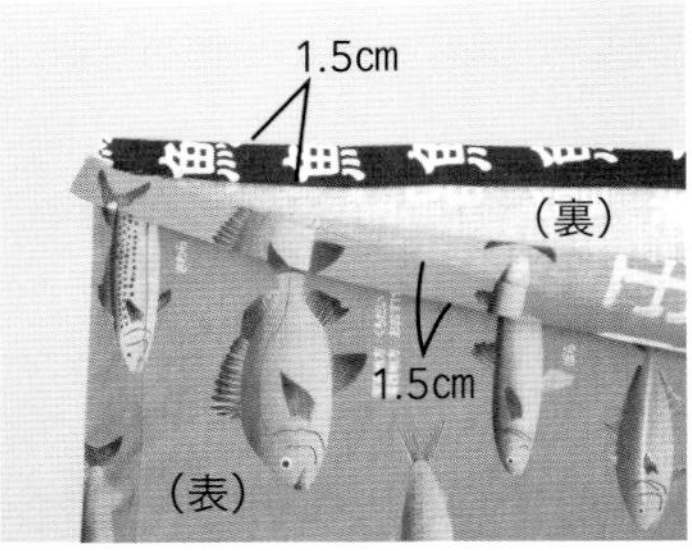

2　上下3cmの縫い残し部分を、1.5cm内側に折り、アイロンで押さえる。

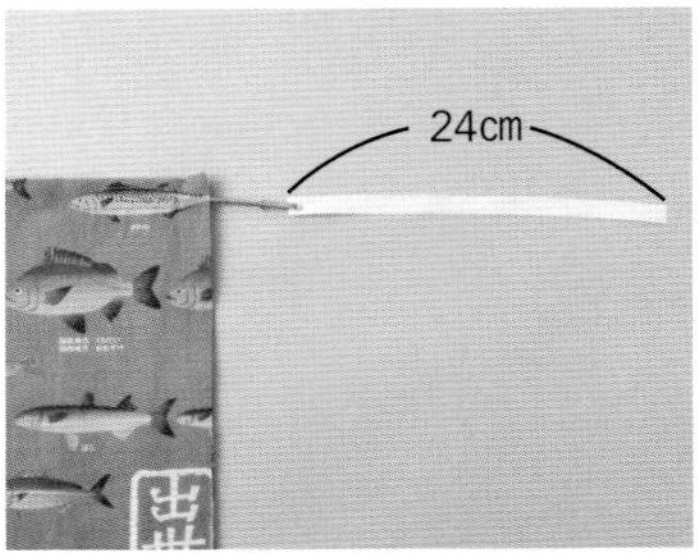

3　1で縫ったところへ、24cmの綿テープを通す。

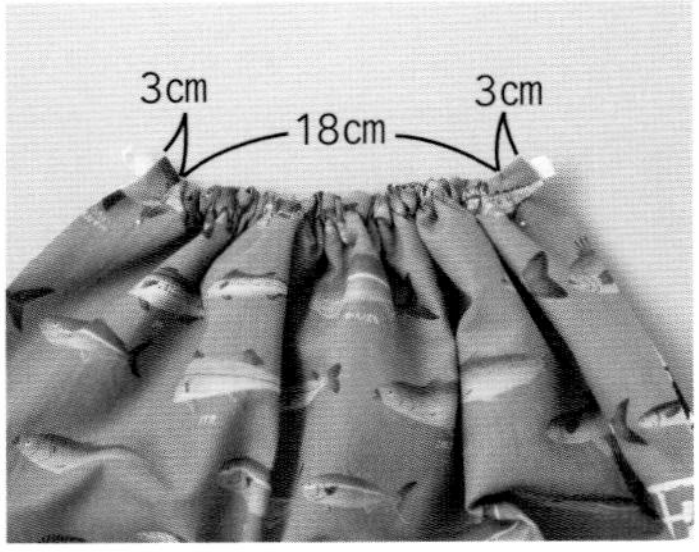

4　綿テープを通し、両サイドから3cmのところにまち針で留め、間を18cmに縮める。

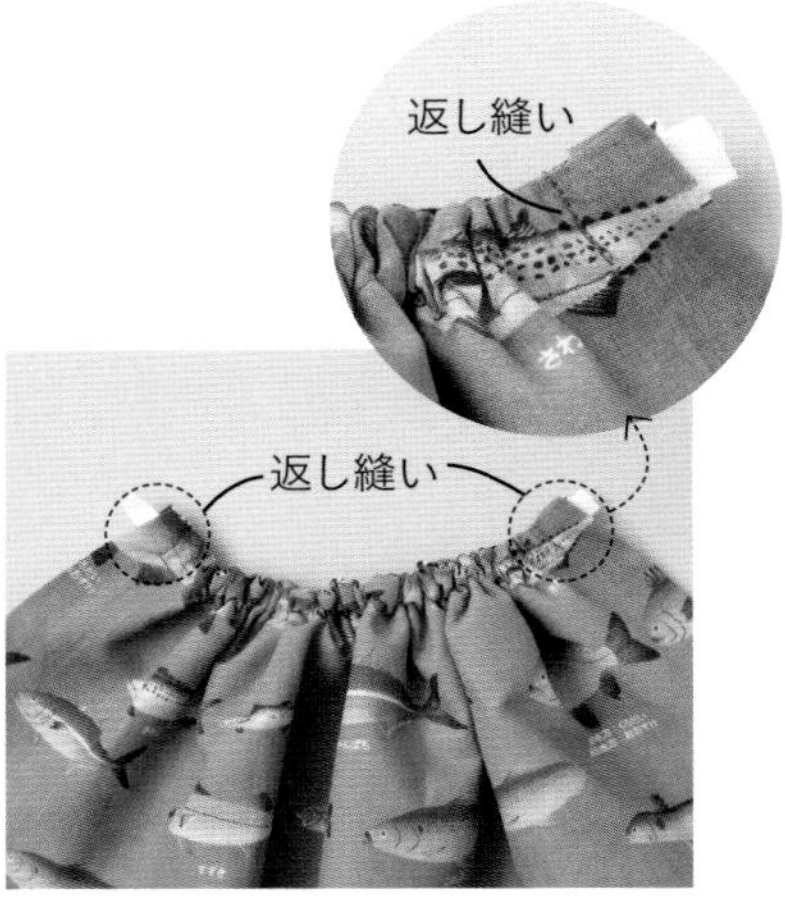

5　両サイドを返し縫いで縫い止める。

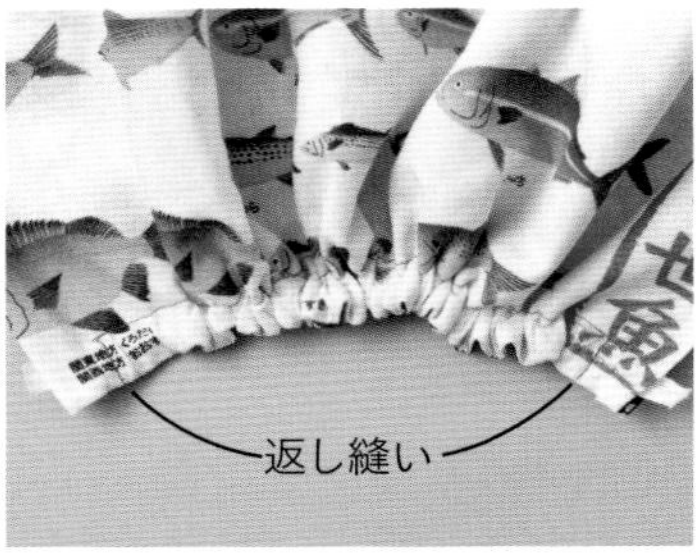

6　もう片側のサイドにも綿テープを通し、間を18cmに縮め、返し縫いで縫い止める。

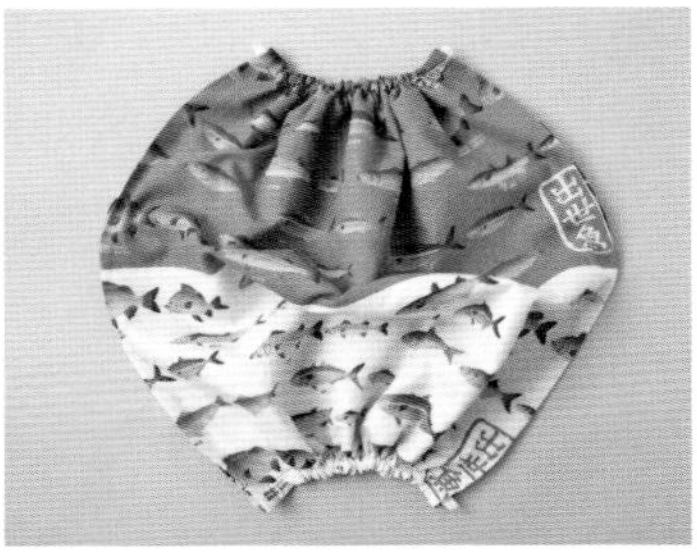

7　このような形になる。

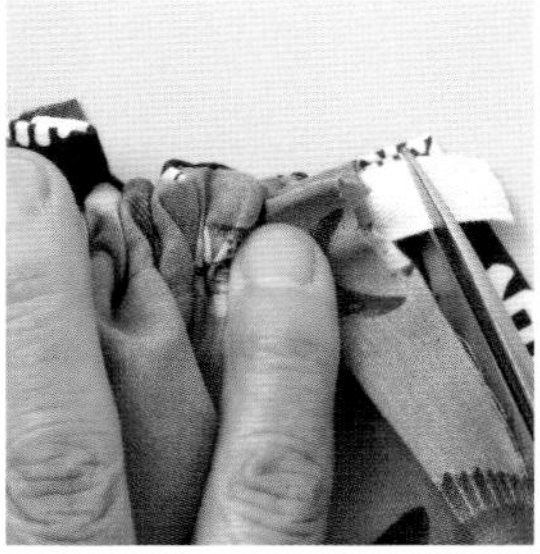

8　余分な綿テープを切り落とす。

口布を縫う 4

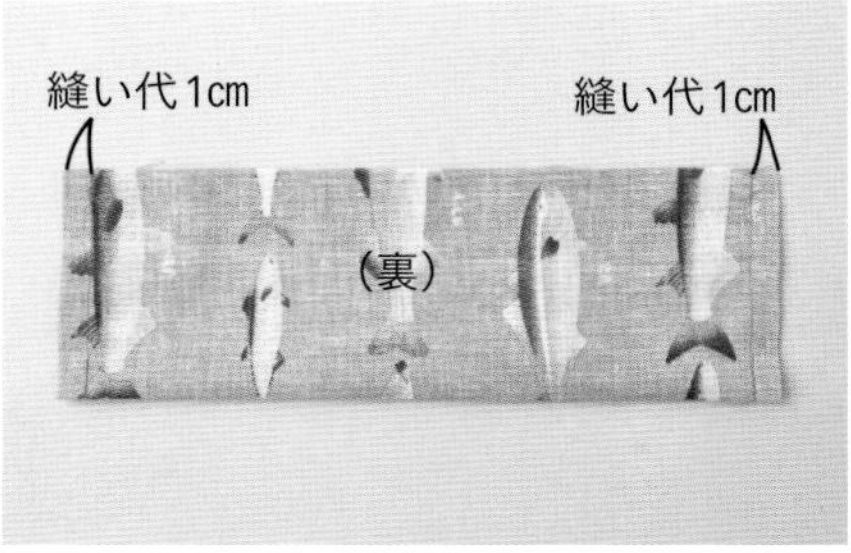

1　口布を中表に半分に折り、両サイドを縫い代1cmで縫う。

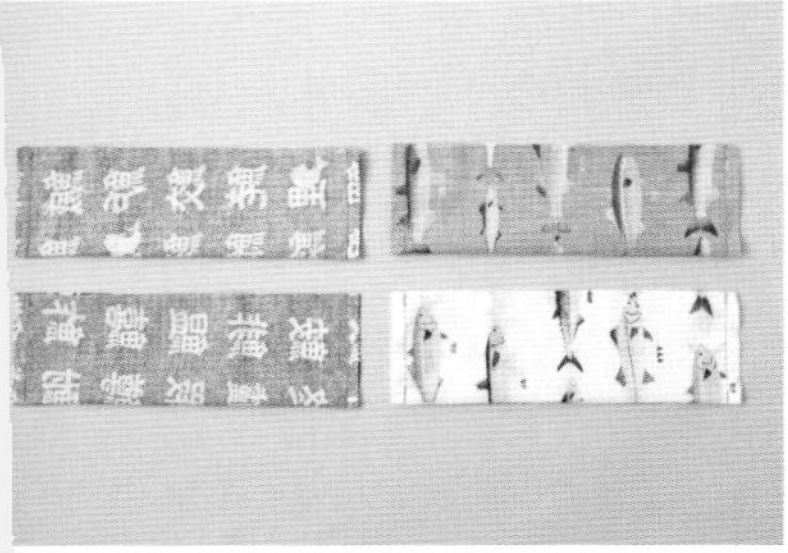

2　4枚とも同様に縫う。

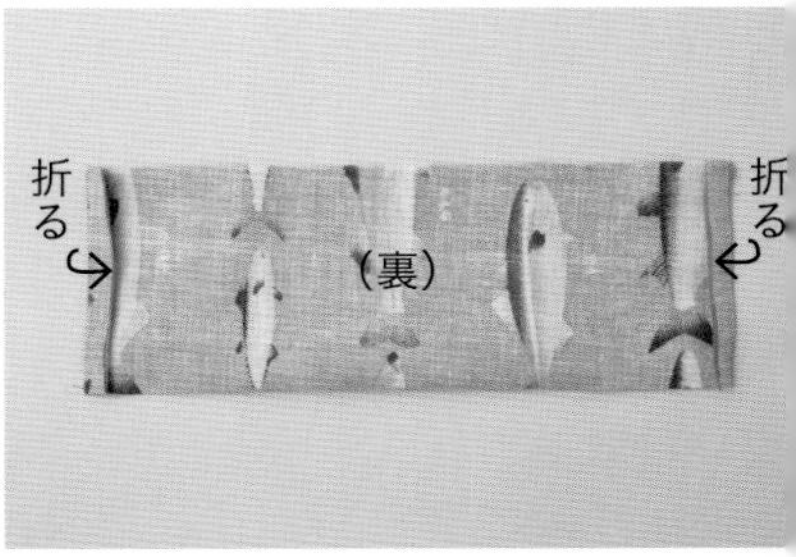

3　縫い代をアイロンで折る。

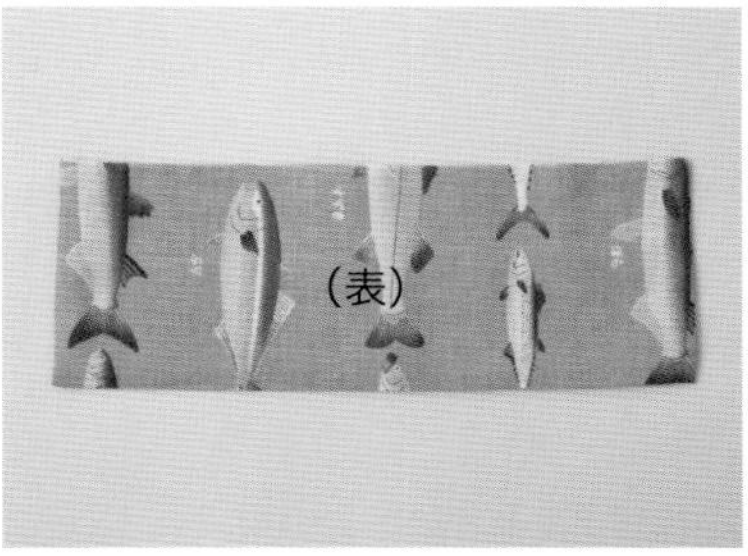

4　表に返す。

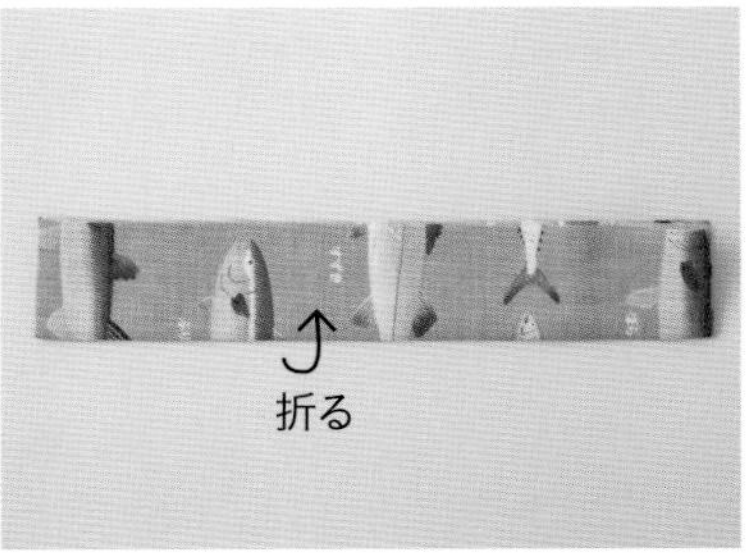

5　さらに半分に折る。

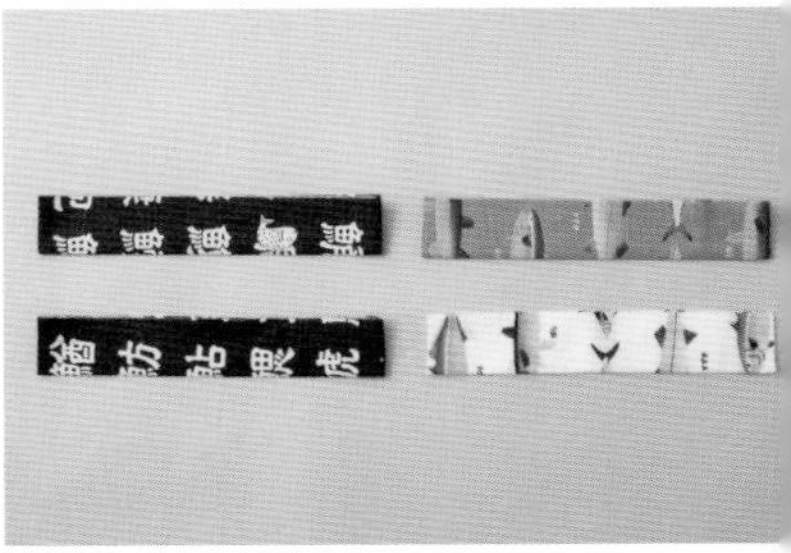

6　口布4枚とも同様に縫って表に返し半分に折る。

5　バッグ口止め布にマグネットボタンをつける

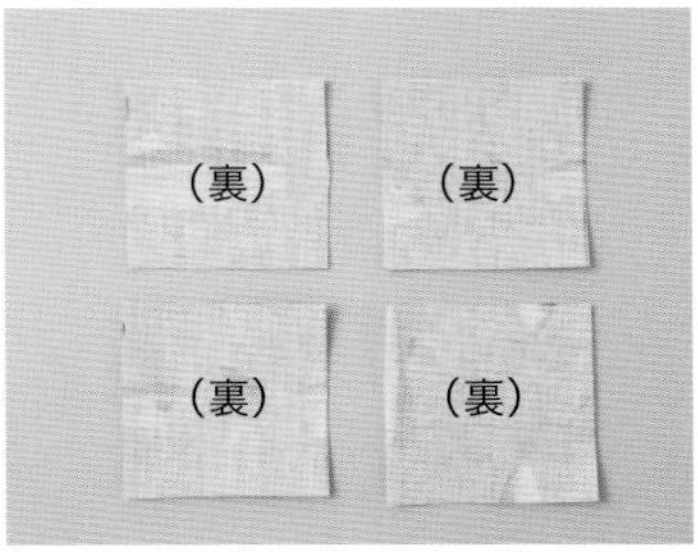

1　バッグ口止め布4枚の裏に接着芯を貼る。

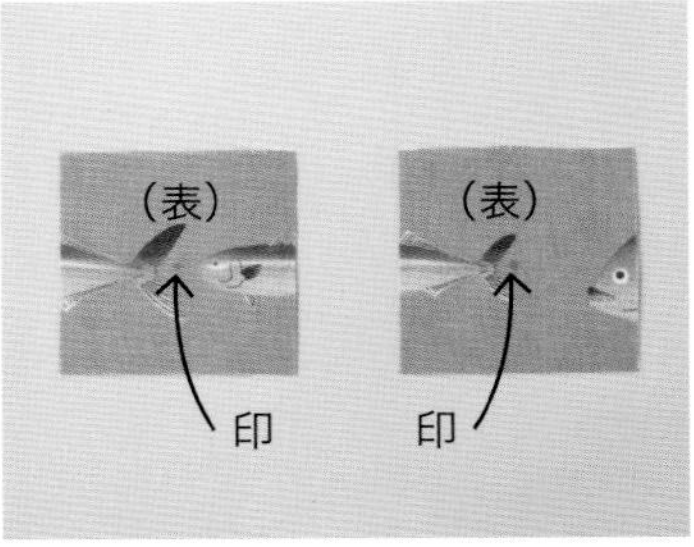

2　バッグ口止め布の中心に印をつける。

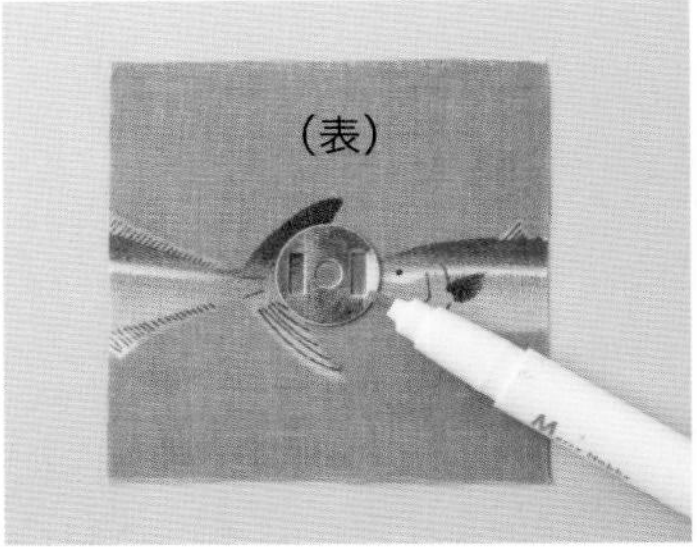

3　マグネットボタンの足の位置の印をつける。

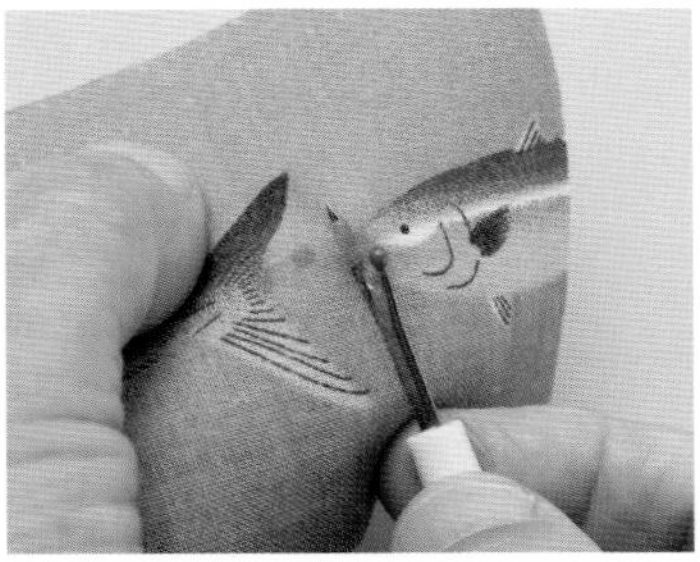

4　リッパーで、足の位置に穴をあける。

5　穴にマグネットボタンの足を入れる。

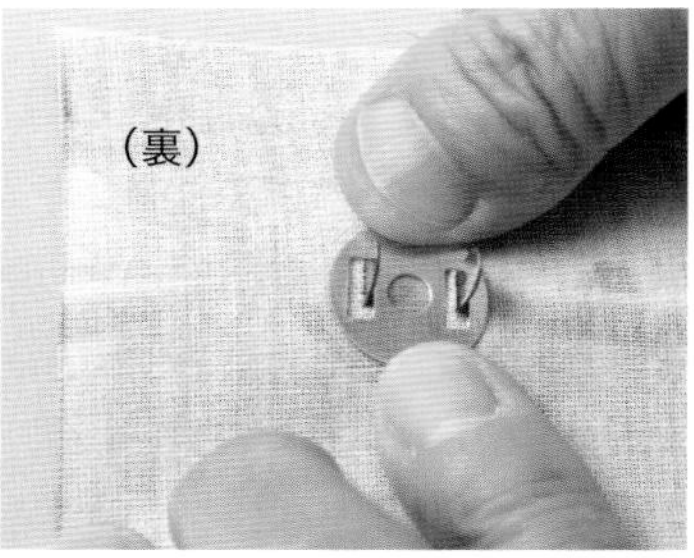

6　マグネットボタンの裏側のパーツをはめる。

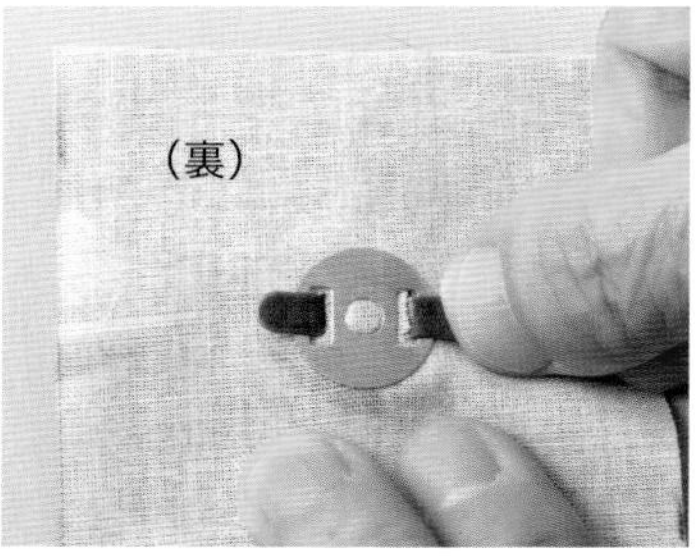

7　マグネットボタンの足を曲げる。

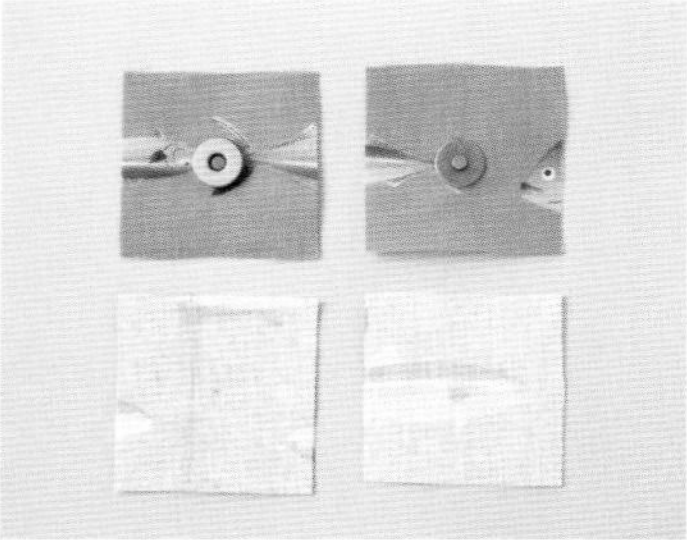

8　マグネットボタンの凹凸ともにつけ、内布を用意する。

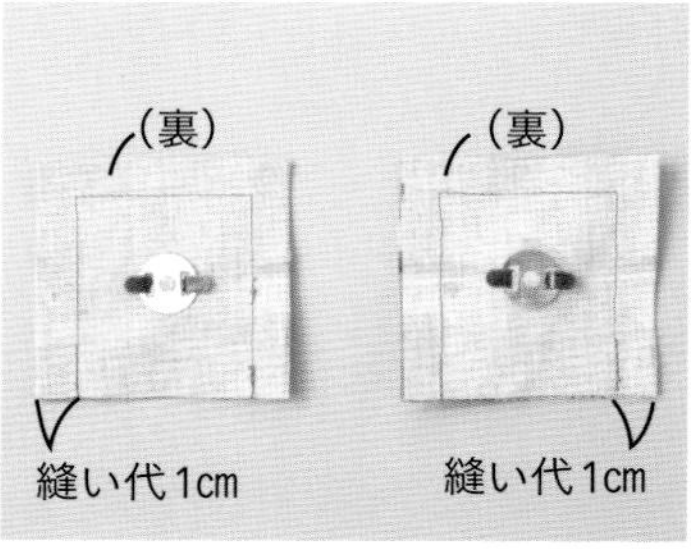

9　内布と中表に合わせて、縫い代1cmで3辺を縫う。

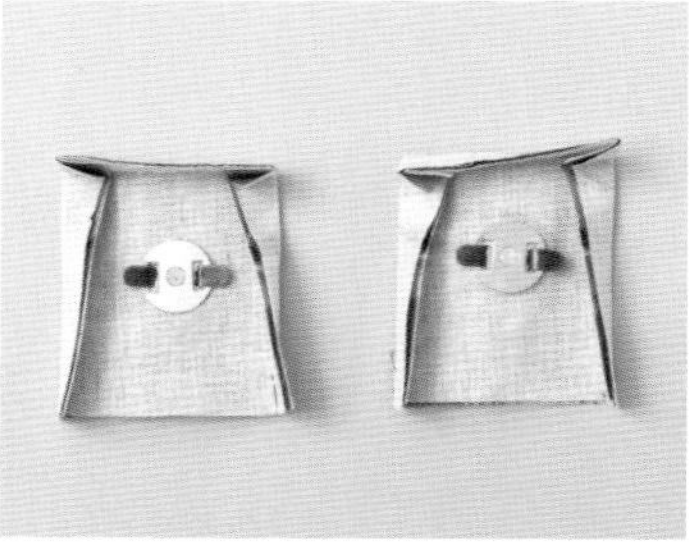

10 アイロンで縫い代を折る。

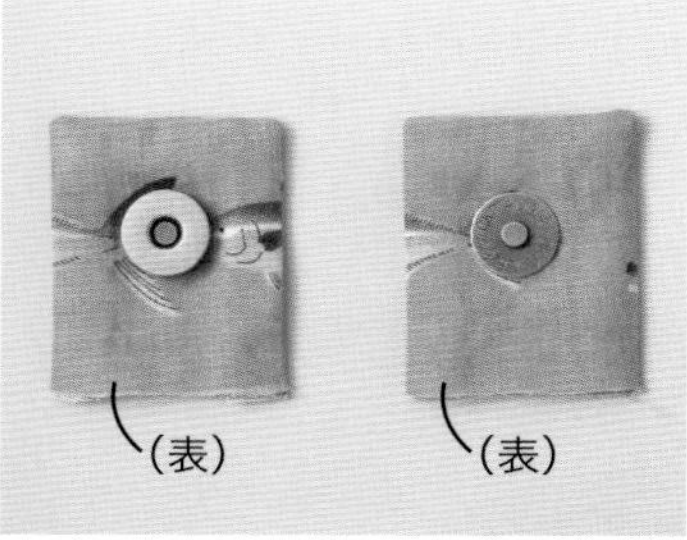

11 縫ってない辺から表に返す。

口布、バッグ口止め布を縫いつける 6

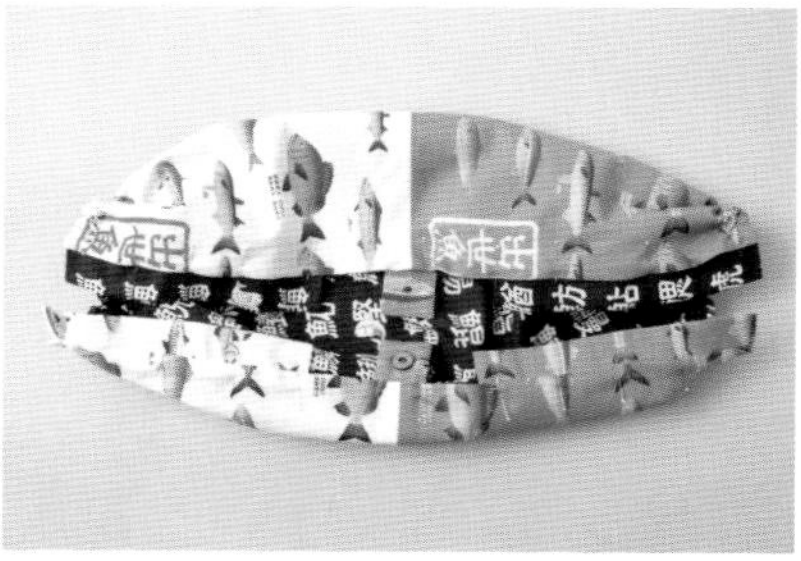

1　1.5cm折り込んだところに、口布と止め布を1cm挟み込んでまち針で留める。マグネットボタンの表裏に注意する。

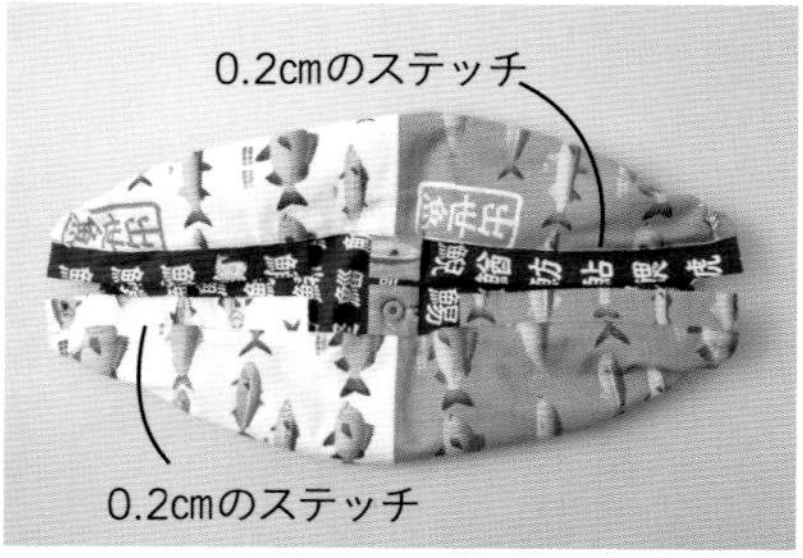

2　0.2cmのステッチで縫いつける。

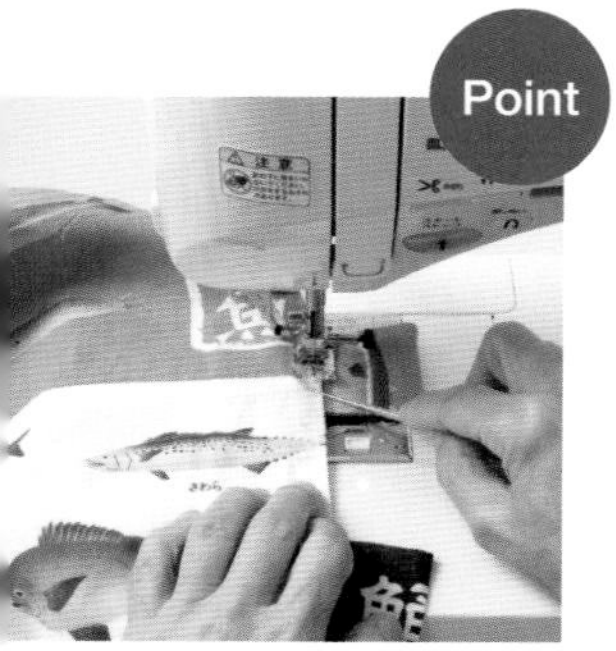

何枚も重なって縫いづらい場合は、目打ちで押さえながら縫うとよい。

リボン持ち手を縫う 7

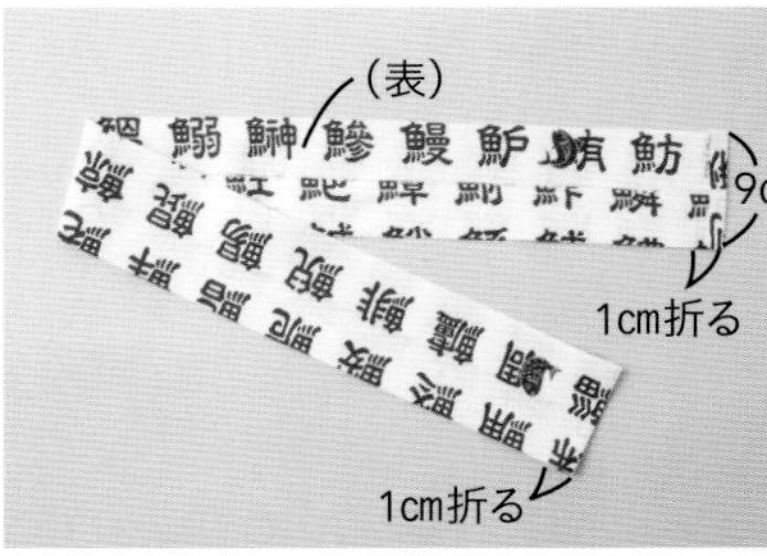

1 リボン持ち手を、真ん中に向かって1度折る。両端を1cm折る。

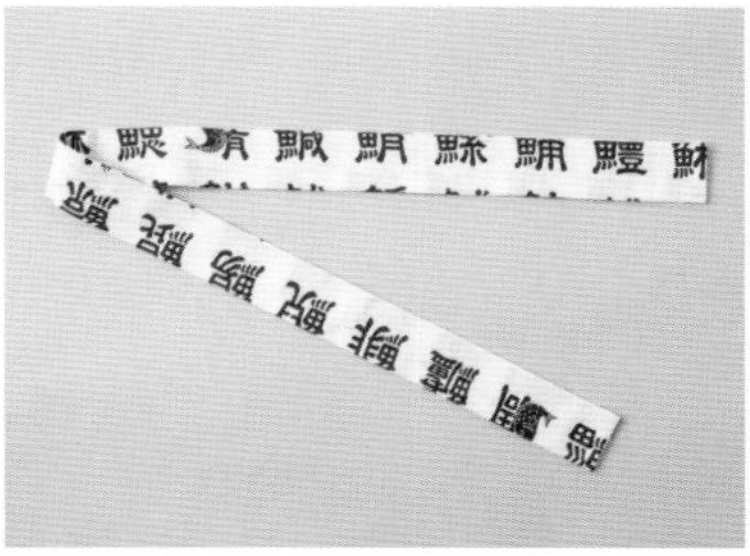

2 さらに半分に折る（四つ折り）。

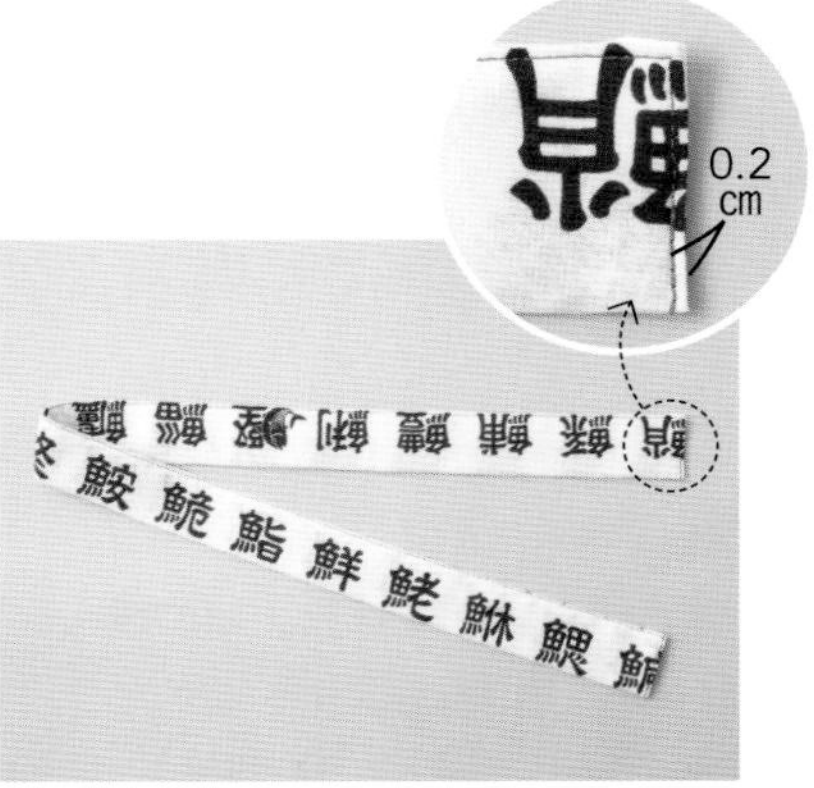

3 0.2cmのステッチで縫う。2本作る。

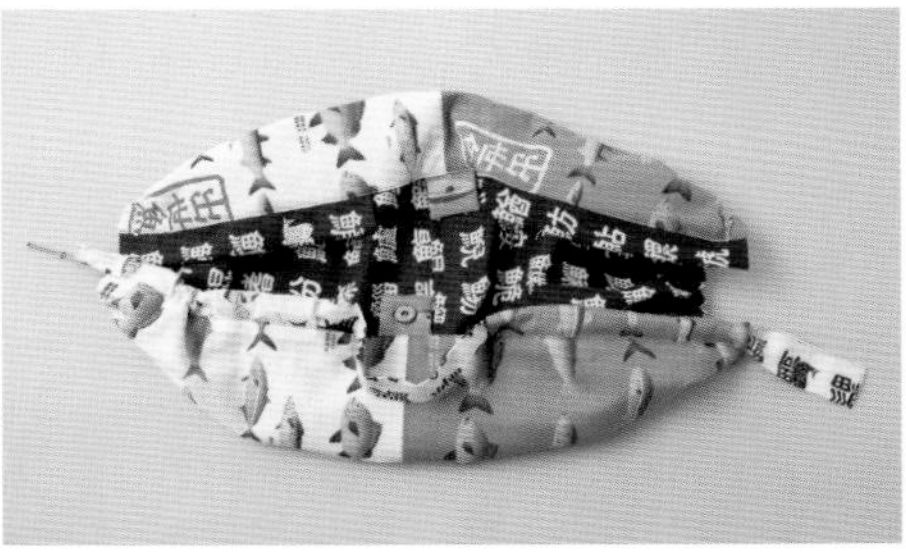

4 ひも通しで、口布に通す。

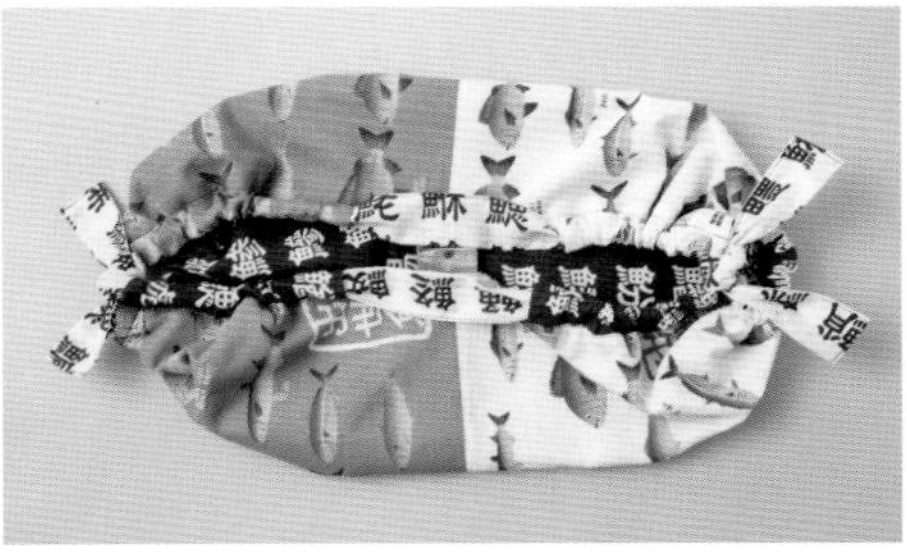

5 両サイドで結ぶ。

6 ほどけないように本結びする。

仕上がり寸法

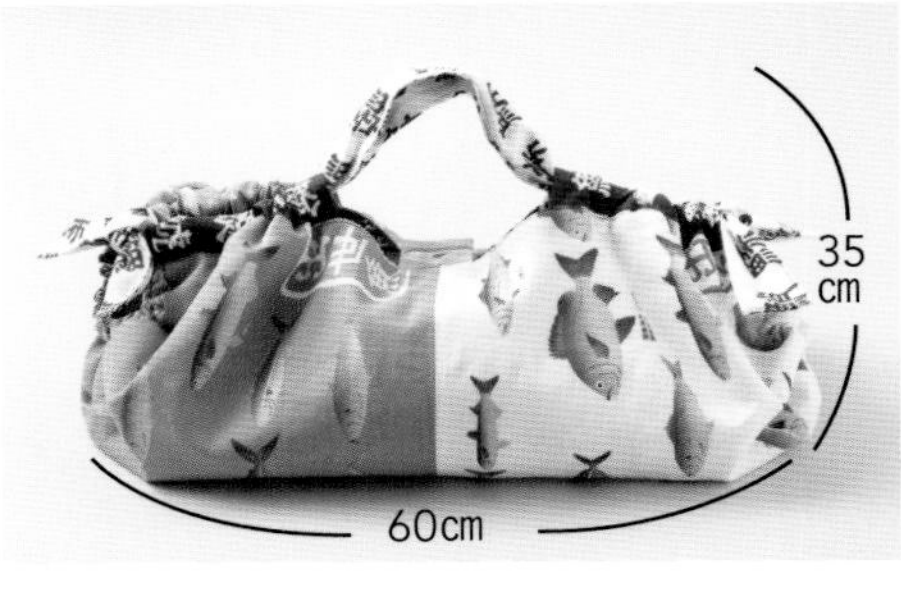

左右60cm 高さ35cm

B
マチつきあずま袋

How to make ▼ 26 page

かご：ラタン透かしよろけ編み（ギャラタン今村榮子）

布によってイメージが変わる マチつきあずま袋

江戸時代に西洋人のカバンを真似て作ったのがルーツというあずま袋。通常は長方形の布を折りたたんで作りますが、それだと深さが浅くなってしまうので、ちょっと工夫して平行四辺形にしてから作りました。深さがたっぷりあるうえ、マチもつけています。

麻布は高価ですが、麻の着物が驚くほど安く手に
入ることがあります。透け感があり張りもあるので、
夏のおしゃれなかごの内袋にぴったりでした。

作り方を
動画でも
チェック

マチつきあずま袋 B

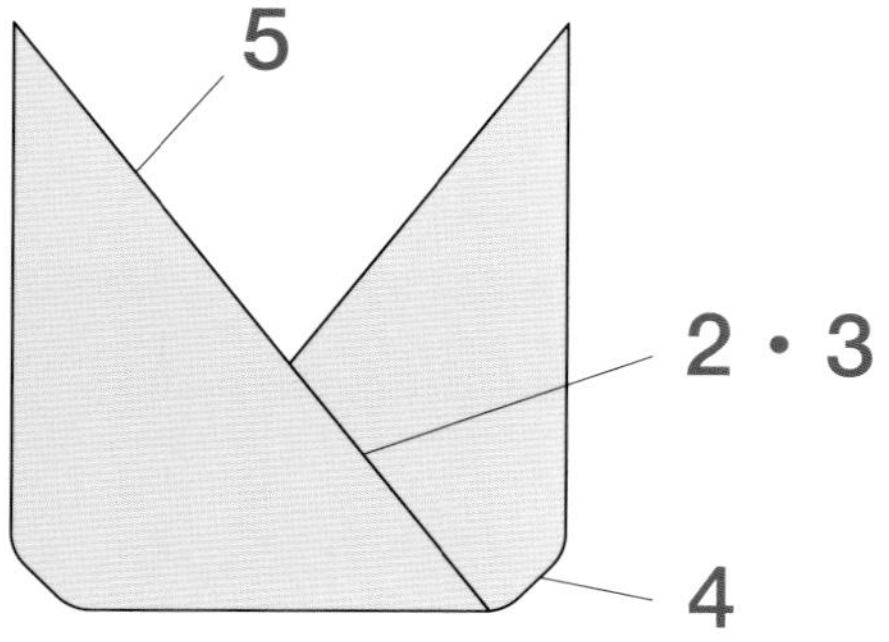

材料

○ きもの地（手ぬぐい）…
36（34）cm×120（114）cm

工程

1 布を裁つ。
2 両端を斜めに切って縫う。
3 3等分して折って縫う。
4 マチを縫う。
5 入れ口を縫う。

布を裁つ 1

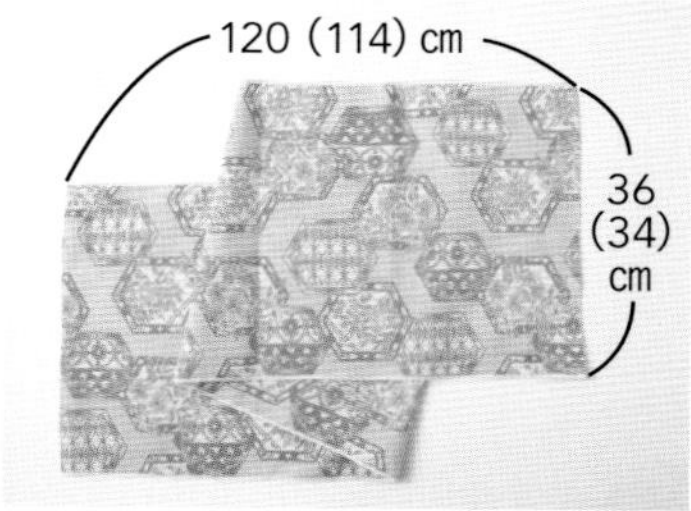

縦36（34）cm、横120（114）cmに裁つ。

両端を斜めに切って縫う 2

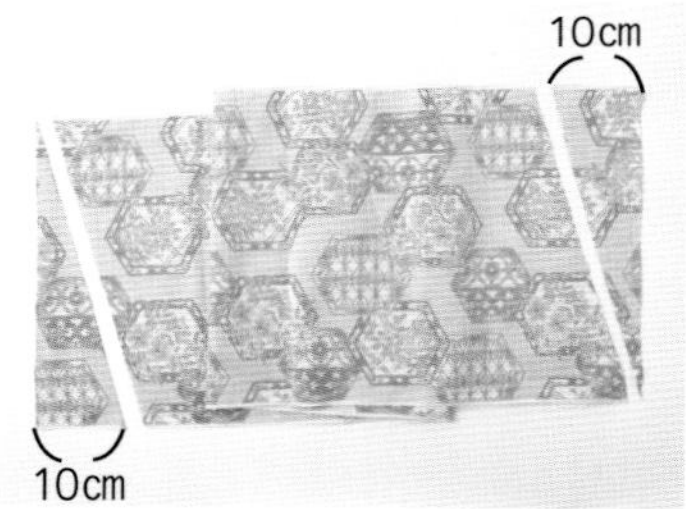

1 両サイドを斜めにカットする。

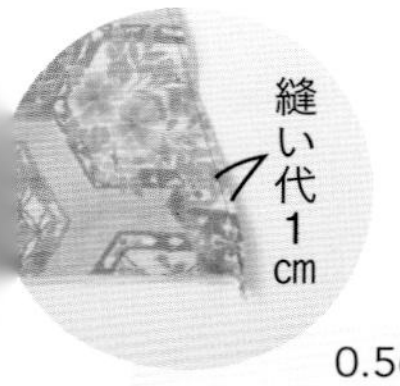

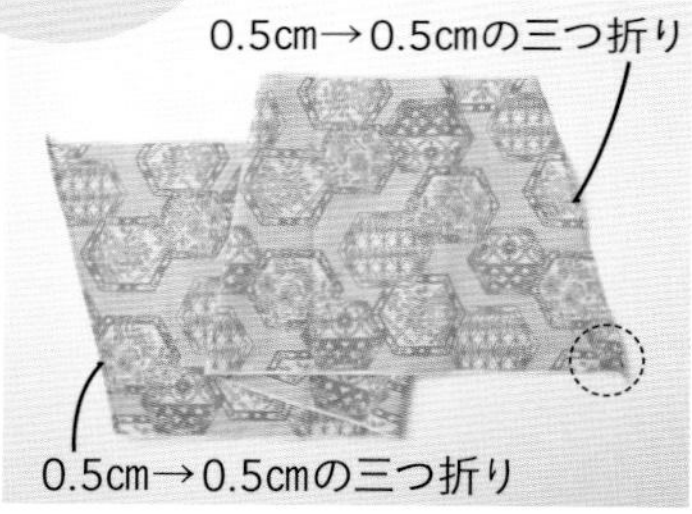

2 斜めにカットしたところを、0.5cm→0.5cmに三つ折りして、縫い代0.1cmで縫う。

3等分して折って縫う 3

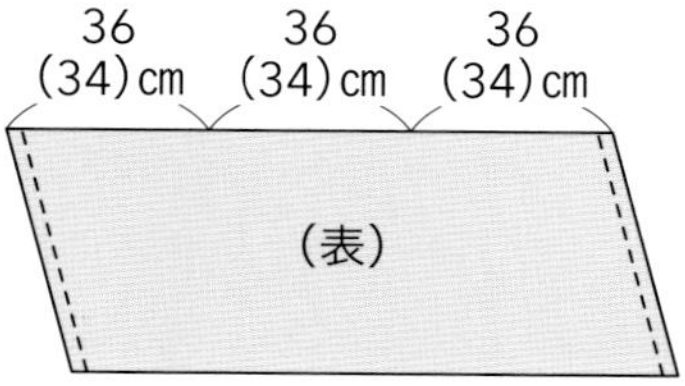

1 3等分して印をつける。

2 布を折り、右端と印を合わせる。

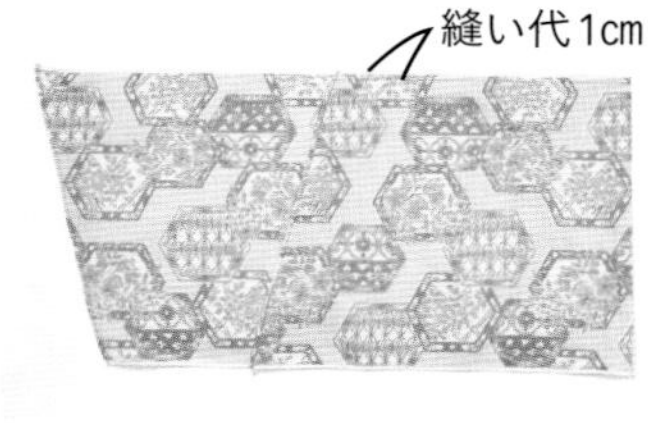

3 縫い代1cmで縫う。

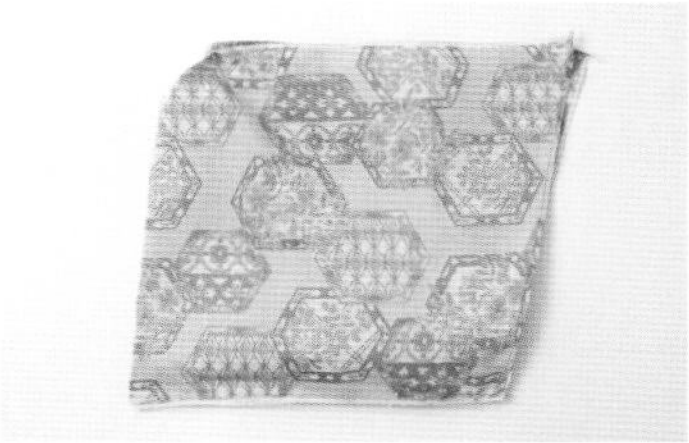

4　下側の右の印と左端を合わせる。

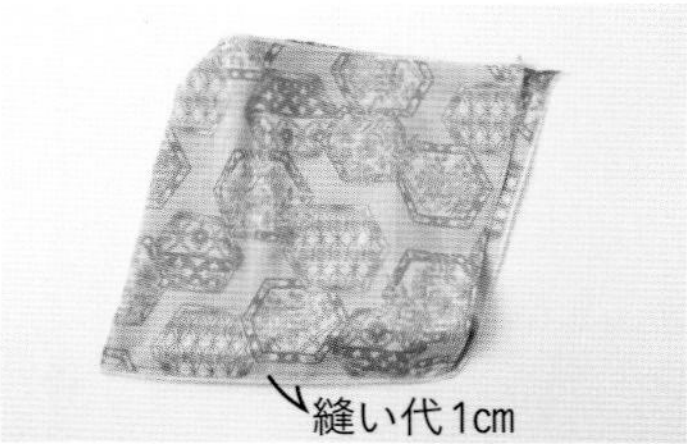
縫い代1cm

5　縫い代1cmで縫う。

6　表に返してアイロンで整える。

マチを縫う 4

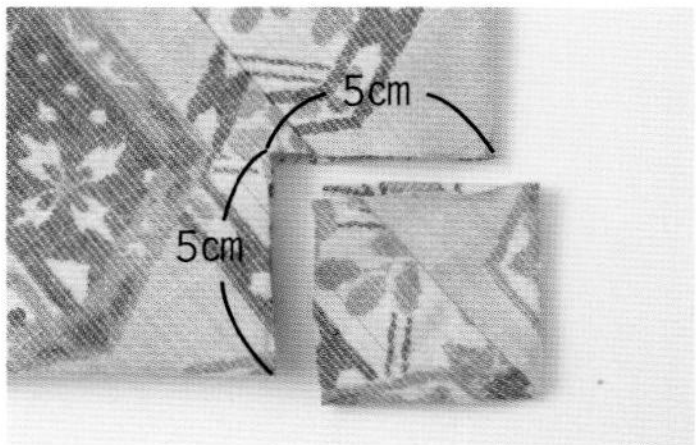
5cm
5cm

1　マチ部分5cm、5cmを切る。

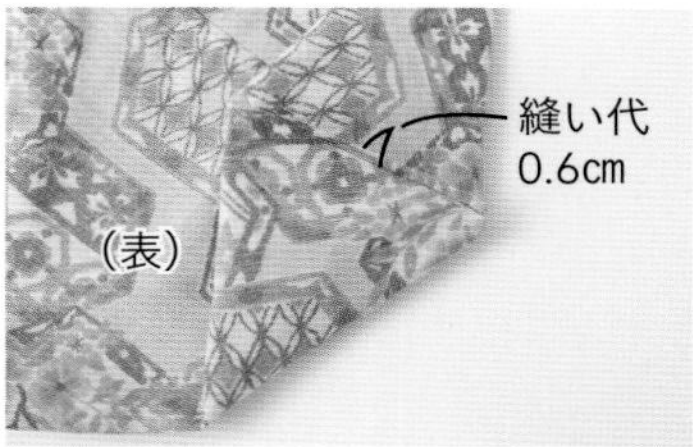
縫い代
0.6cm
（表）

2　表のまま、縫い代0.6cmでマチを縫い合わせる。

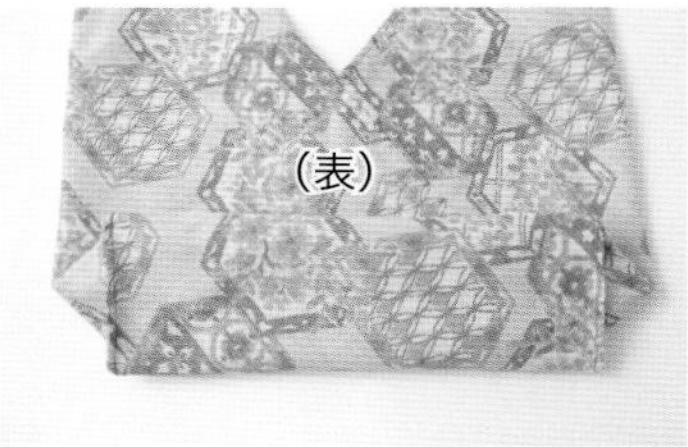
（表）

3　両サイドのマチを縫う。

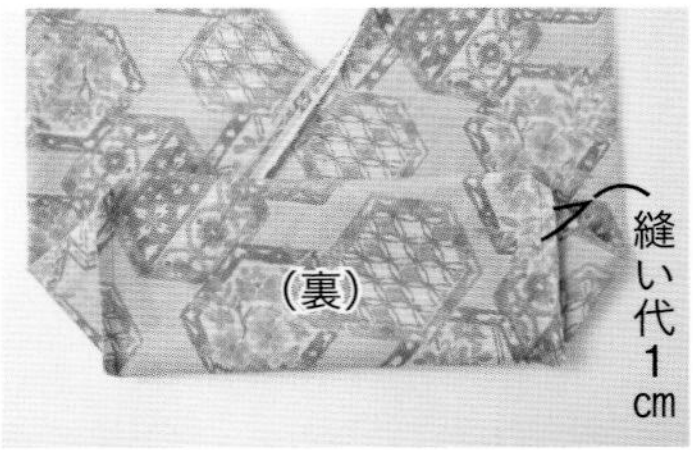
縫い代1cm
（裏）

4　裏に返して、もう1度マチを、縫い代1cmで縫う（袋縫い）。

入れ口を縫う 5

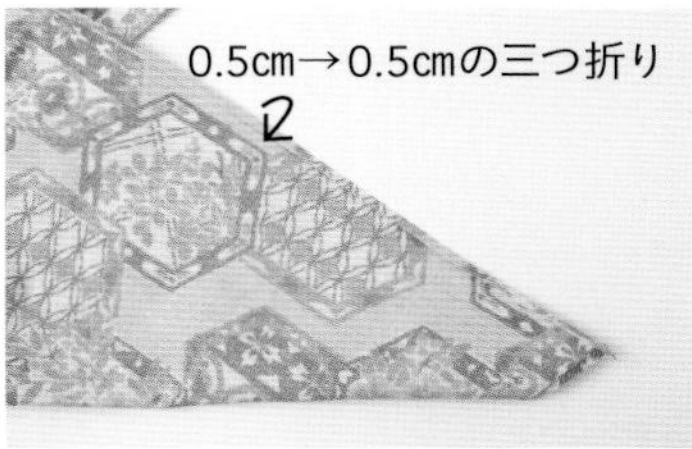
0.5cm→0.5cmの三つ折り

1　入れ口部分を0.5cm、0.5cmの三つ折りにする。

2　はみ出した部分はカットする。

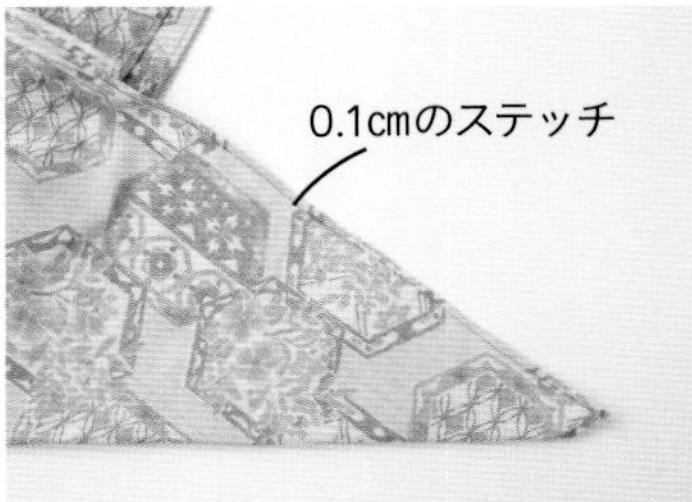
0.1cmのステッチ

3　0.1cmのステッチで押さえる。

4　完成。

仕上がり寸法

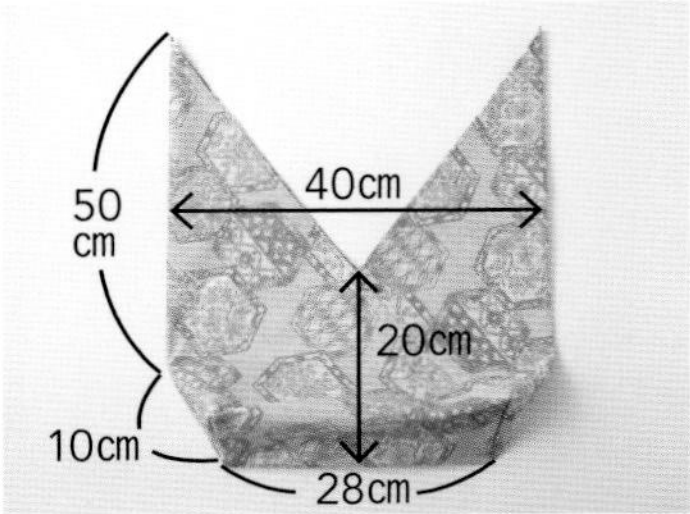
50
cm
40cm
20cm
10cm
28cm

Chapter 02

小物作りの HOW TO

どんなバッグを作ろうかと考えたとき、
持ち手はこんなふうにしたいとか、
中にポケットがあったら便利とか、
パソコンを持ち運びたいとか、
ショルダーバッグにして肩からかけたいなど、
いろんなイメージがふくらんできますね。
この章では、小物作りのごく基本となる
道具や材料に加え、どんなバッグにも応用できる
いろいろなポケットの作り方をご紹介します。

基本的な道具

**裁縫をするときに、「これだけあれば」という、
ごく基本的な道具を紹介します。**

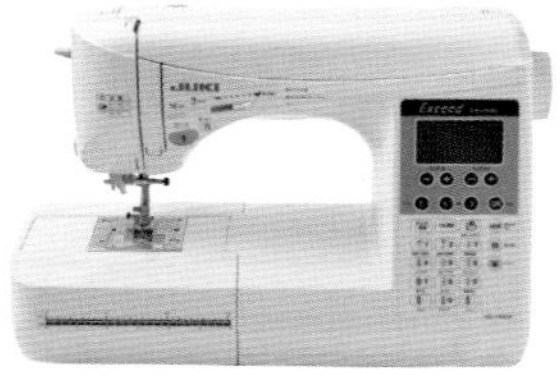

家庭用ミシン

直線縫いができるミシン。
安定感のあるものがおすすめ。

まち針

合わせた布がずれないように、まち針で留めておきます。

ミシン針

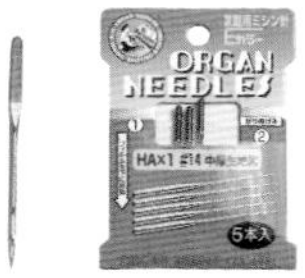

ミシン用の針。この本では中厚生地用を使いました。

定規・ものさし

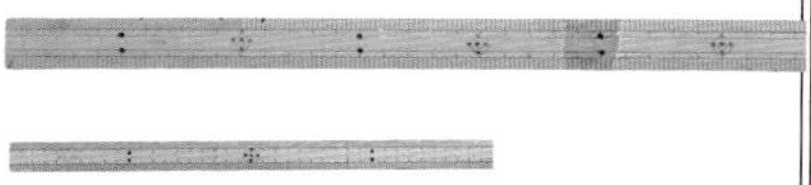

寸法を測る、縫い代をつけるなどに使います。

裁ちばさみ

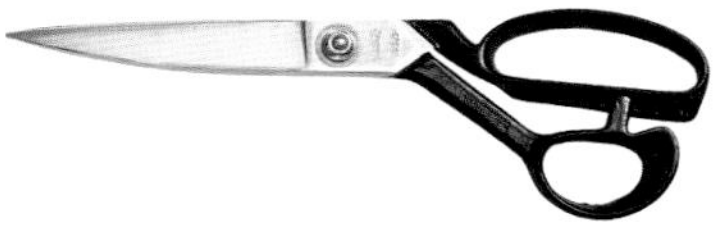

布を裁つときに使います。

糸切りばさみ

糸を切るときに使います。

リッパー

リッパーは縫い目を切るときに使います。

目打ち

糸をほどく、角を整えるのに使います。

ゴム通し

ウエストにゴムを通すなどに使います。

手縫い糸

手縫いするときに使います。

ミシン糸

布地に合わせた色の糸を使いましょう。

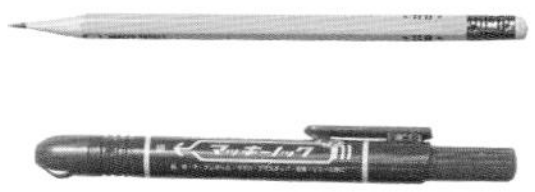

油性ペン・えんぴつ

印つけなどに使います。

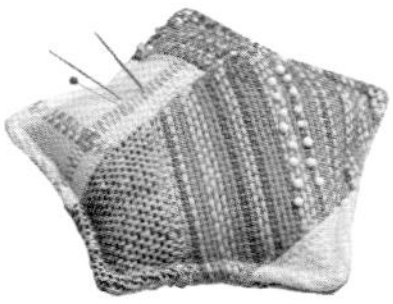

ピンクッション

作業中に一時的に針を刺しておきます。

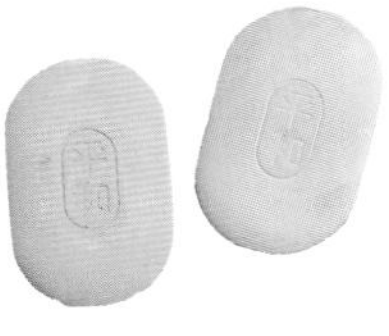

チャコ

布地に印をつけるときに使います。

ウエイト

布に型紙をのせてウエイトで固定します。

本書でよく出てくる基本の用語と縫い方です。

基本の用語と縫い方

縫い始め、縫い終わり

縫い始めと縫い終わりは1cmほど重ねて返し縫いする。

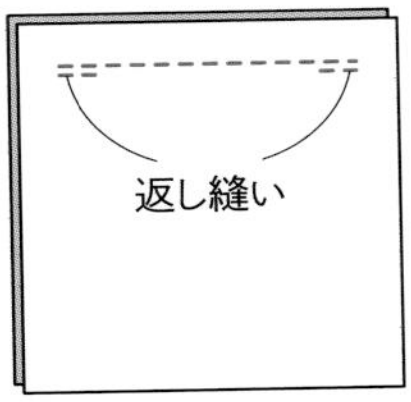
返し縫い

わ

布地を2つに折ってできる部分を「わ」という。

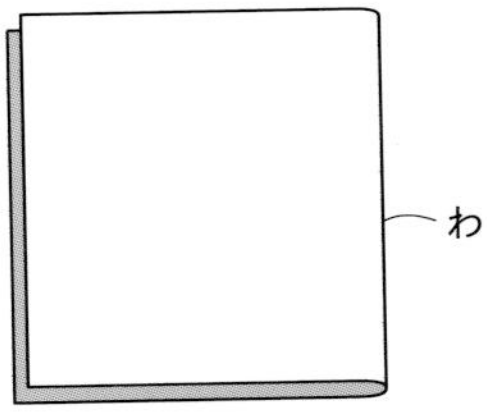
わ

中表と外表

布地の表どうしを向かい合わせることを「中表」、裏どうしを向かい合わせることを「外表」という。

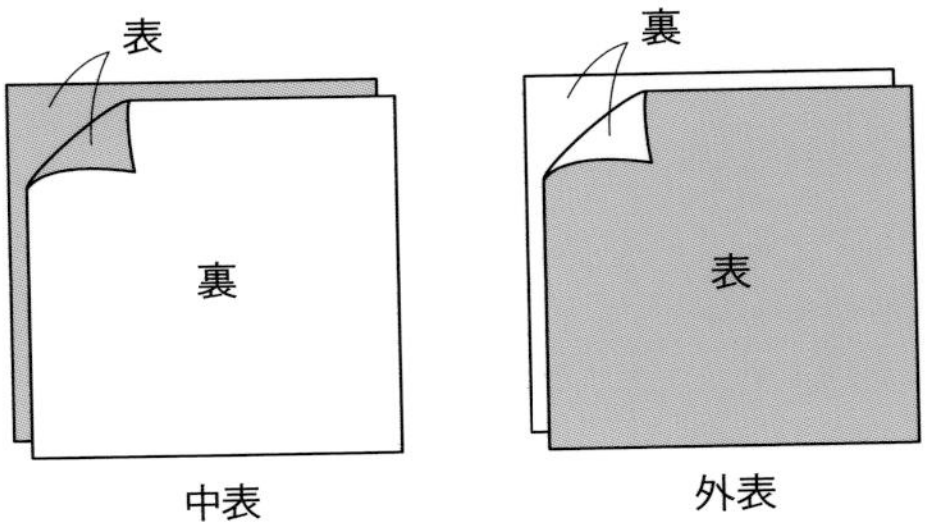
表
裏
中表
裏
表
外表

三つ折り

でき上がり線で1度折り、さらに布端を内側に入れて折る。

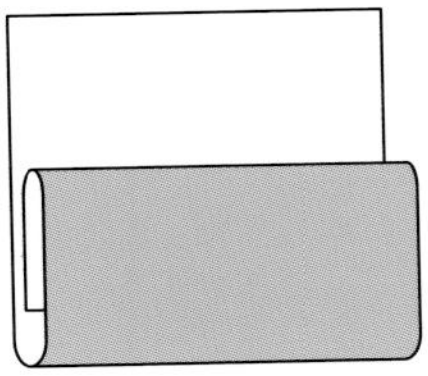

二つ折り

布を2つに折る。

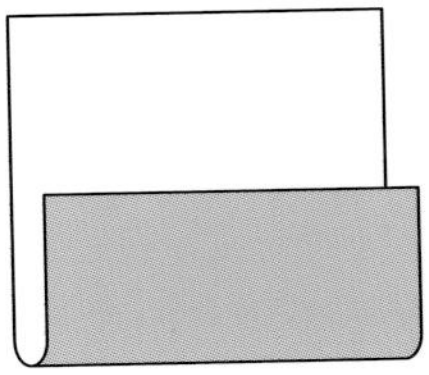

四つ折り

布の両端を中心に合わせて折り、さらに中心で折る。

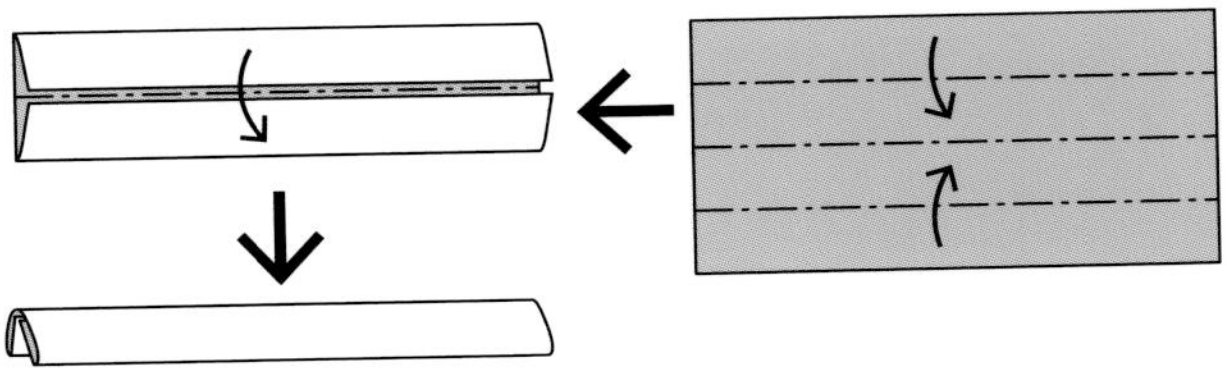

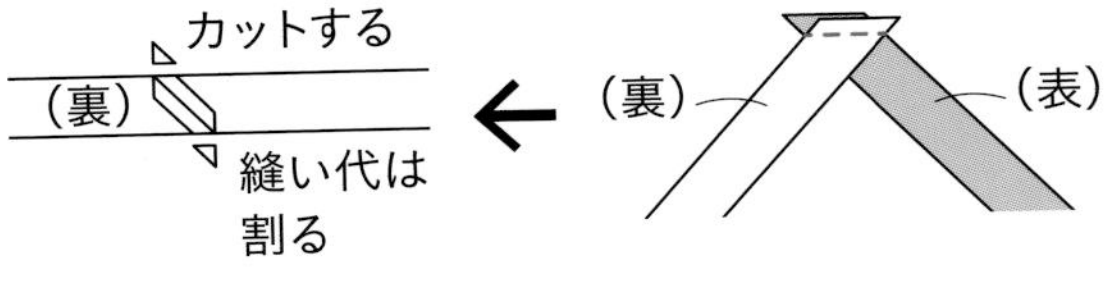
カットする
(裏)
縫い代は
割る
(裏)
(表)

バイアステープのはぎ方

2枚のバイアステープを中表に直角に合わせて縫う。縫い代を割り、余分な縫い代をカットする。

バイアステープの作り方

布目に対して45度の角度で必要な布幅にカットする。

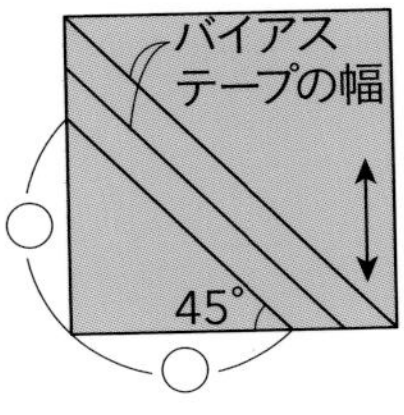
バイアステープの幅
45°

バッグや小物作りには、洋服を縫うのとはまた違った、独特の材料があります。

小物ならではの材料

ファスナー

本書では、ポケットの入れ口に使用しました。ポケットのサイズによってファスナーの長さを選んでください。

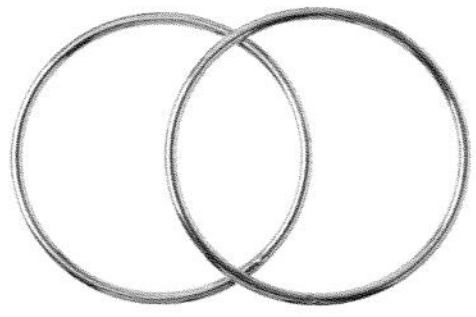

リング持ち手

バッグの持ち手に使うリング。材質は金属、プラスチック、木製などお好みで。

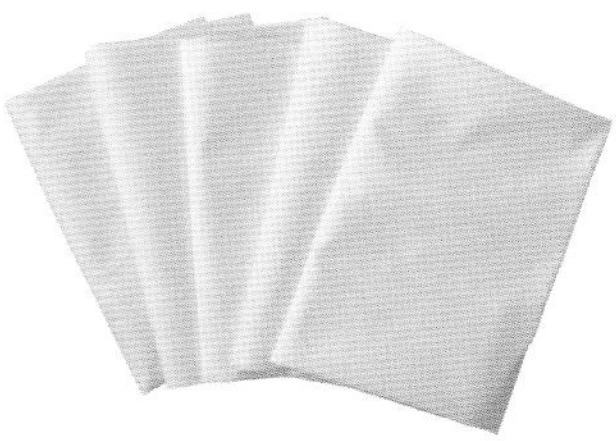

接着芯

上から、薄手のもの、薄くて張りのあるもの、厚手、厚くて張りのあるもの、キルト芯となっています。布の厚さや用途によって選んでください。

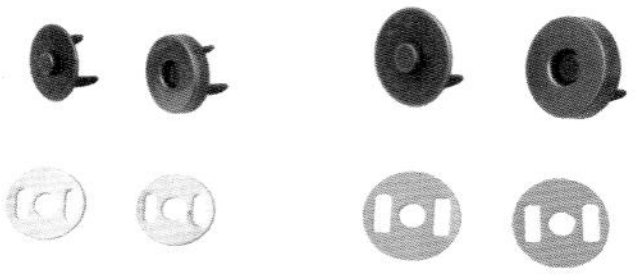

マグネットボタン

磁石でくっつくボタンです。表側パーツが磁石になっていて、裏側パーツは足を通して折り、布を傷つけないための金具です。

ナスカン、リング

バッグや小物の持ち手の接合部やストラップに使用します。リングはＤカンの代わりに使用できます。

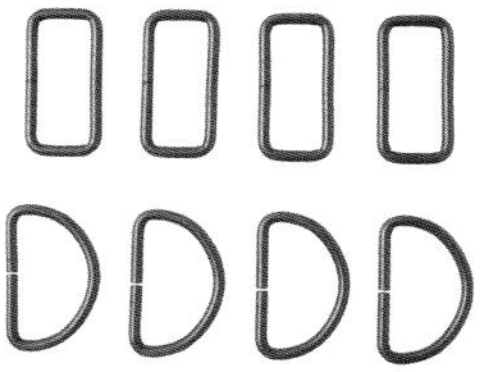

Ｄカン・角カン

バッグの持ち手の接合部に使用したり、長さ調節に使用します。色はゴールド、シルバーのほか、アンティーク調の金古美（きんふるび）などあります。

平ゴム

ゴムテープの伸縮性を生かして、バッグの入れ口などに使用します。

手縫い糸

ボタンつけには丈夫な手縫い糸を使います。また、まつり縫いするには、布地の色に合った色の糸を使いましょう。

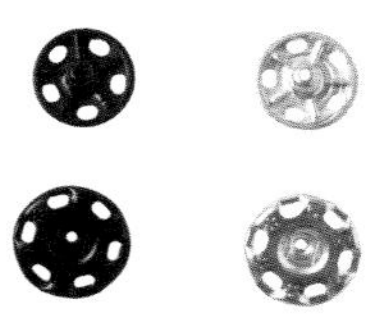

スナップボタン

凹凸を押し合わせて留めるタイプのボタンです。手縫い糸で布地に縫いつけます。

底板

バッグの底に敷きます。本など重いものを入れても、バッグの形がくずれにくくなります。

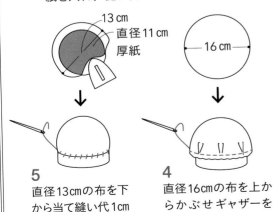

カバンテープ

本書では、ショルダーひもに使用しました。Dカンと組み合わせて長さ調節できるようにしてもよいですね。

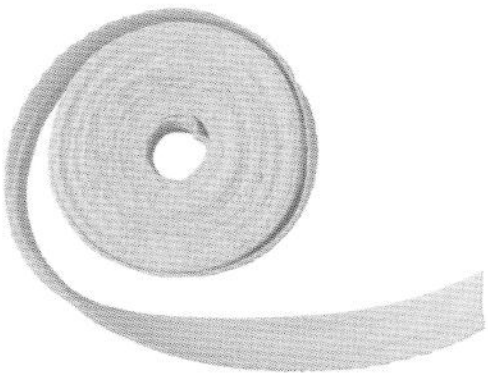

綿テープ

小物のタグに使ったり、飾りにしたり、補強に使ったり、使い方はいろいろ。

アイロン用仕上げうま、ミニアイロン台

カーブ部分や、すぼまった部分などをアイロンがけしたいときに便利です。

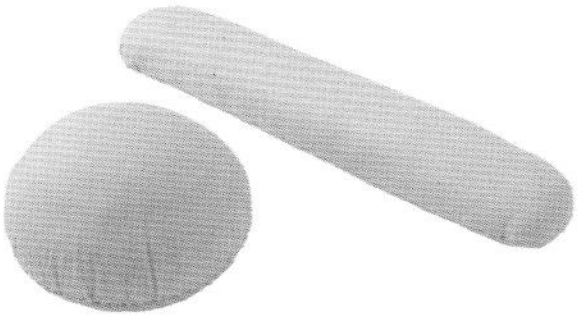

接着剤

布やテープのほつれ止めに使用します。布同士を接着して使う場合もあります。

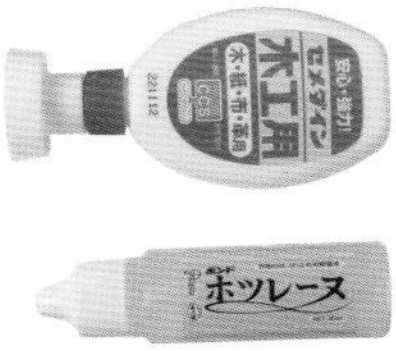
木工用
ボンド
ピッツレース

作り方を動画でもチェック

アイロン用仕上げうまの作り方

材料

- ○ 使い古しのタオル 2枚
- ○ シーチング生地
  直径16cm、直径13cm

6 cm幅 ×3 本
5 cm幅 ×3 本
4 cm幅 ×3 本
3 cm幅 ×3 本
2.5 cm幅 ×2 本

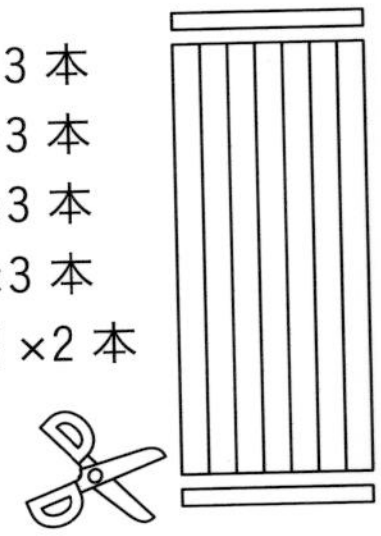

1
タオル2枚の縫ってある部分を切り離し縦に裂く

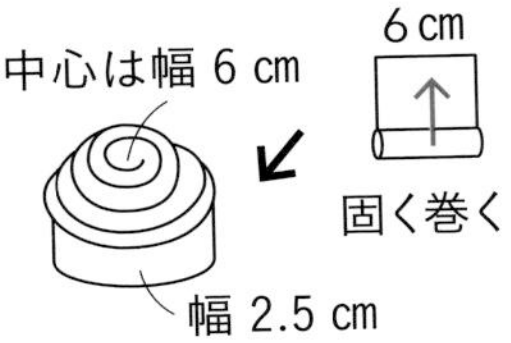
中心は幅 6 cm
6 cm
固く巻く
幅 2.5 cm

2
6cm幅の巻きを中心に外側へきつく巻いていく。山形の巻きができ上がる

3 直径16cm、直径13cmのシーチング生地を用意する。直径13cmに直径11cmの厚紙を入れ、縫い代1cmを折る

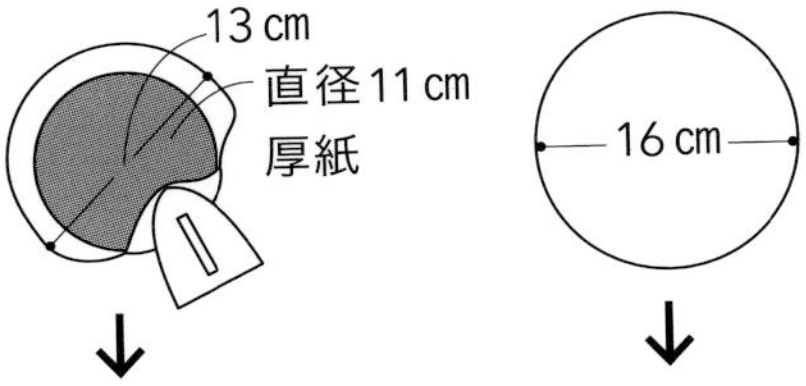
13 cm
直径 11 cm
厚紙
16 cm

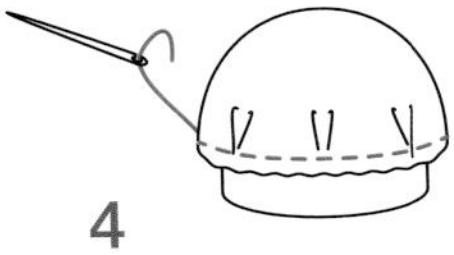

4
直径16cmの布を上からかぶせギャザーをよせ縫い止める

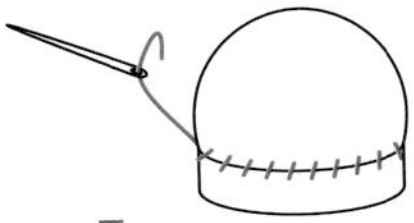

5
直径13cmの布を下から当て縫い代1cm折りまつる

作り方を動画
でもチェック

「I　ペタンコショルダー」の外側ポケット。
厚みがあってたっぷり入ります。

ポケットいろいろ　1

タックのあるポケット

1　同じ大きさの布2枚を用意する。

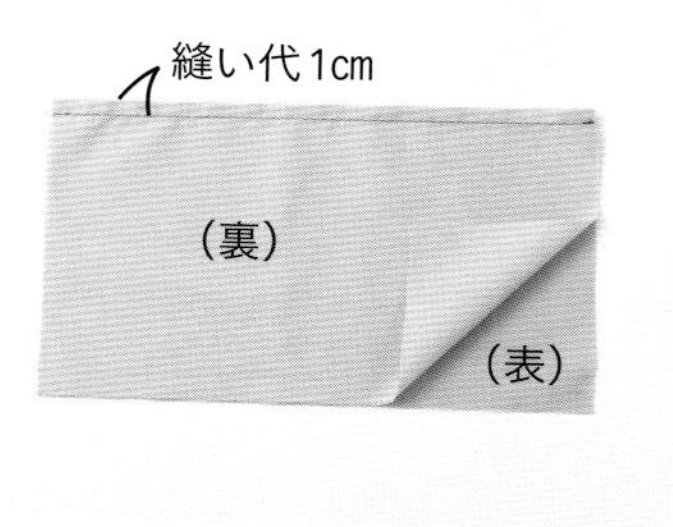
縫い代1cm
（裏）
（表）

2　中表に合わせ、上の辺を縫い代1cmで縫う。

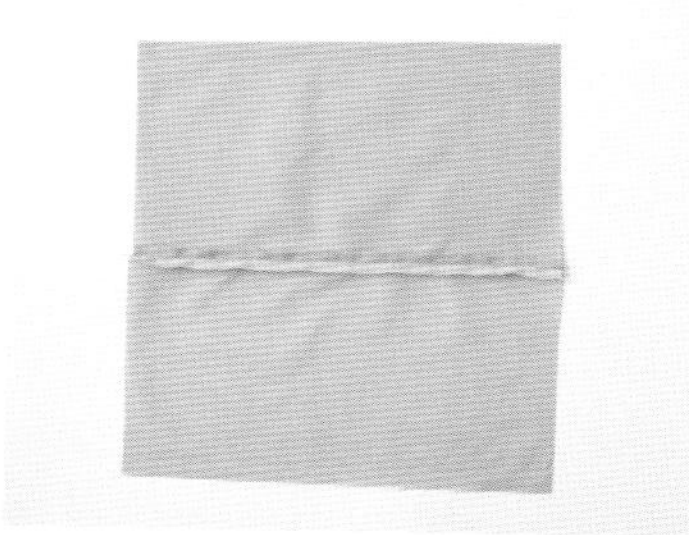

3　縫い代をアイロンで割る。

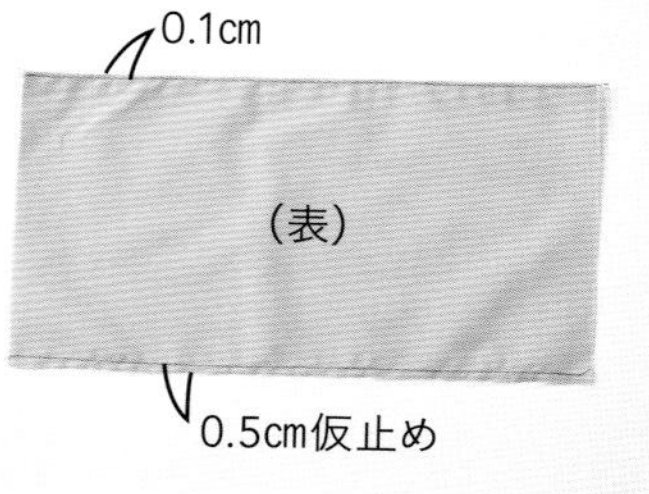
0.1cm
（表）
0.5cm仮止め

4　表に返して、表から上辺を0.1cmのステッチ、下辺は縫い代0.5cmで仮止めする。

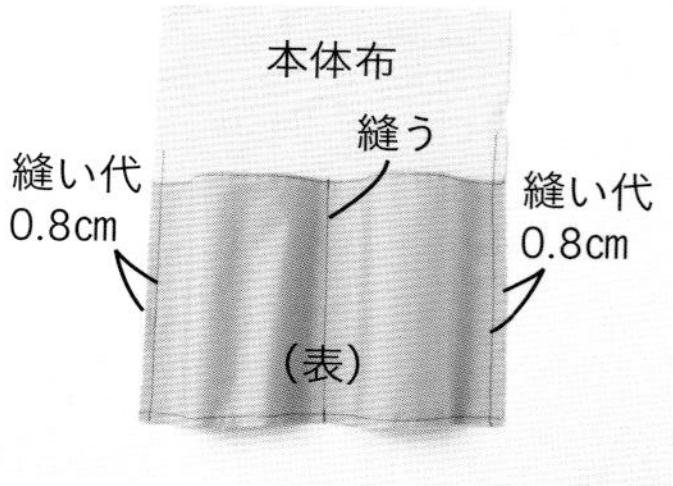
本体布
縫う
縫い代
0.8cm
縫い代
0.8cm
（表）

5　本体布にのせ、中心を縫い、両サイドを縫い代0.8cmで仮縫いする。

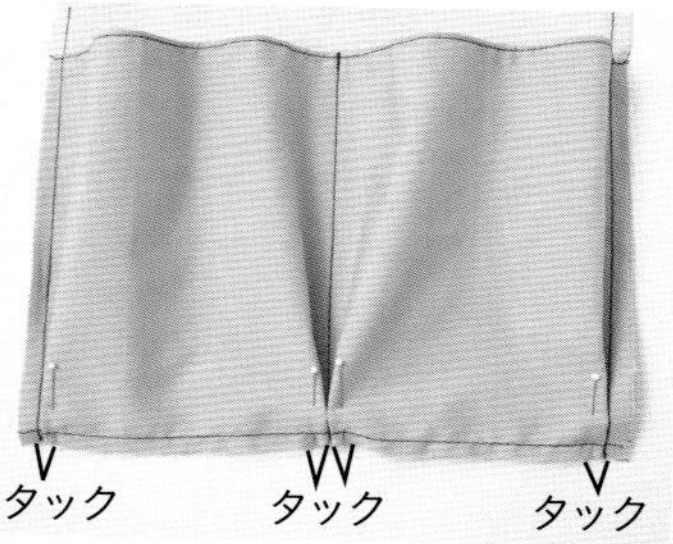
タック
タック
タック

6　底辺の浮いた部分を、各ポケットの左右でたたんでタックを作り、まち針で留める。

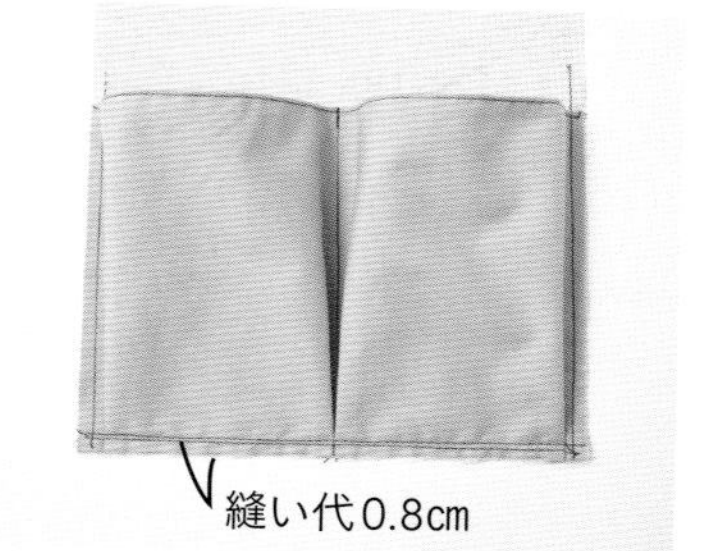
縫い代0.8cm

7　底辺を、縫い代0.8cmで縫い仮止めする。

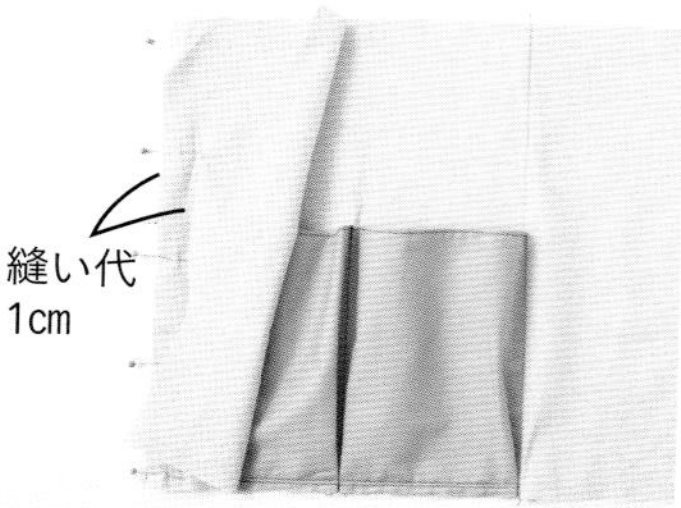
縫い代
1cm

8　バッグの脇布を中表で合わせ、縫い代1cmで縫う。

9　タックのあるポケットの完成。

作り方を動画でもチェック

「G　PCも入るビジネスバッグ」に使用しているポケット。
ペットボトルを立てて入れられます。

ポケットいろいろ　2

マチのあるポケット

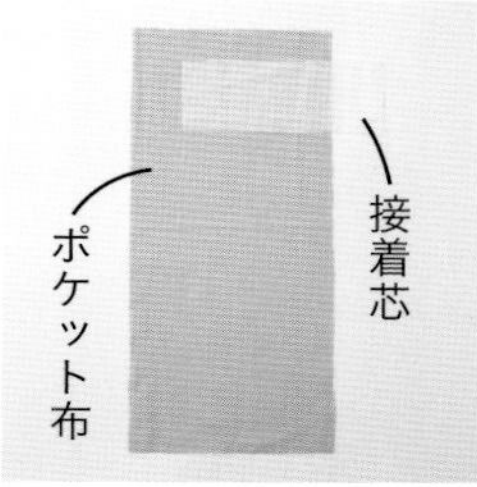
ポケット布
接着芯

1　ポケット布（22cm×48cm）と接着芯（22cm×8cm）を用意する。

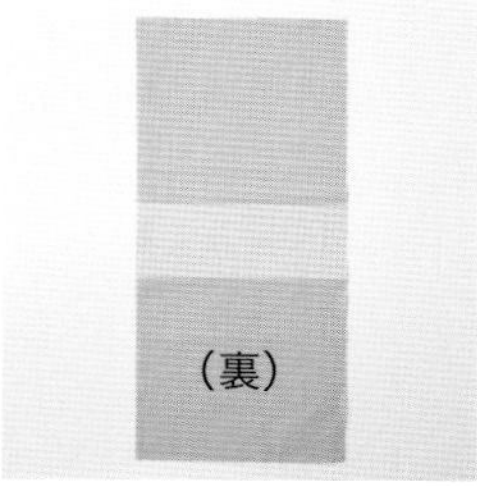
（裏）

2　入れ口になる部分（布の中心）に接着芯を貼る。

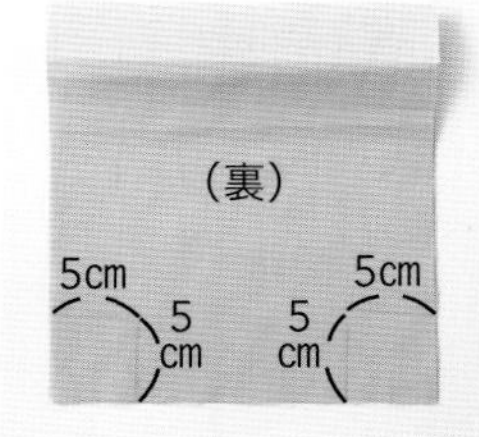
（裏）
5cm
5
cm
5
cm
5cm

3　中表に半分に折り、5cm、5cmのマチの印をつける。

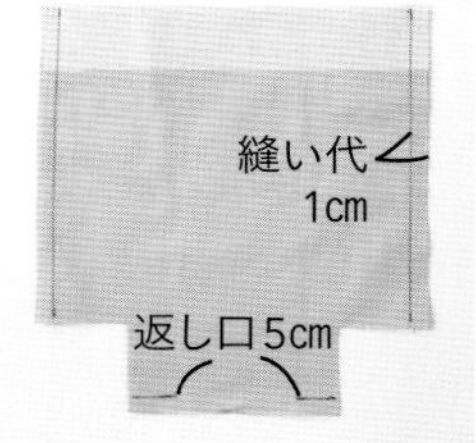
縫い代
1cm
返し口5cm

4　マチ部分を切り取り、両サイドを縫い代1cmで縫い、底を返し口5cmを残して縫い代1cmで縫う。

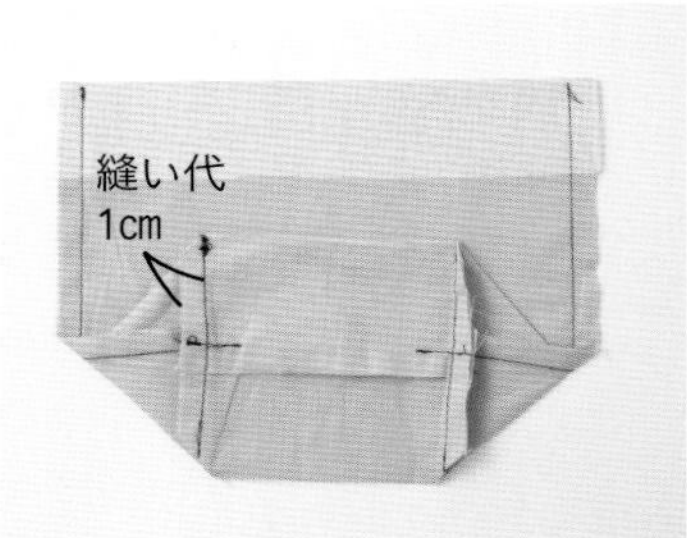
縫い代
1cm

5　マチを合わせて、縫い代1cmで縫う。

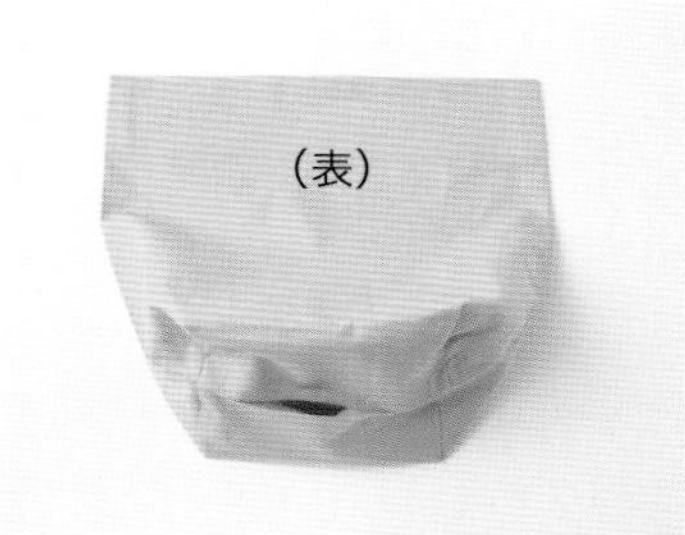
（表）

6　返し口から表に返す。

7　底を半分に折る。

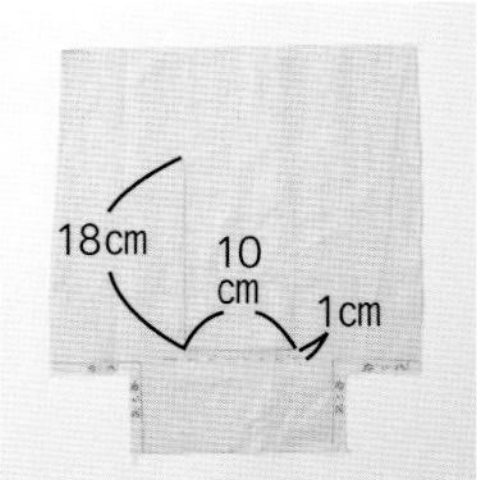
18cm
10
cm
1cm

8　本体のポケットつけ位置に印をつける。

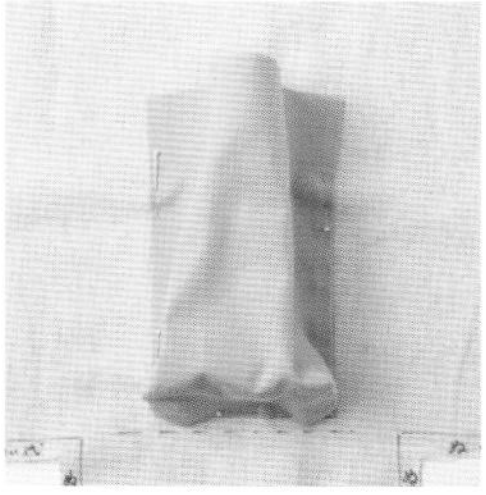

9　ポケットつけ位置にまち針で留める。

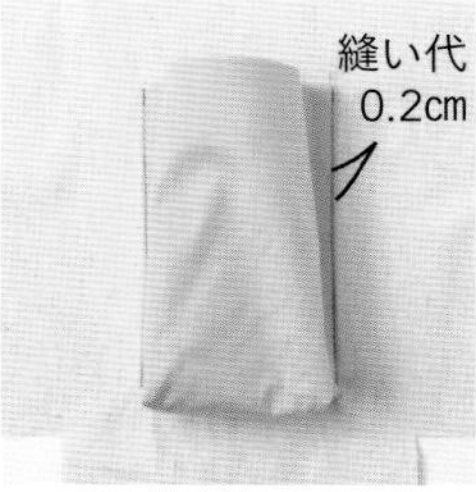
縫い代
0.2cm

10 縫い代0.2cmのステッチで両サイドと下側を縫いつける。

11 マチのあるポケットの完成。

「G　PCも入るビジネスバッグ」などに
使用しているポケット。
長財布を出し入れしやすいサイズ。

ポケットいろいろ　3

ファスナーポケット ❶

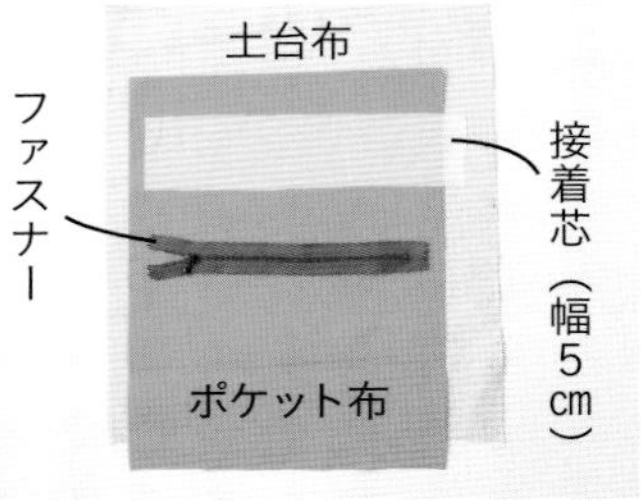

1　土台の布、ポケット布、ファスナー、接着芯を用意する。

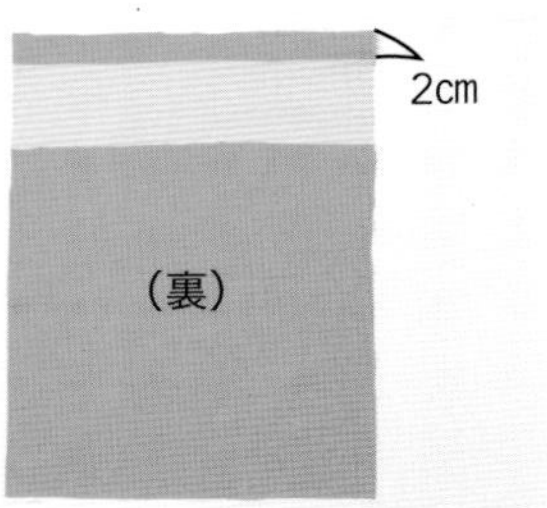

2　ポケット布の上から2cmのところに、接着芯を貼る。

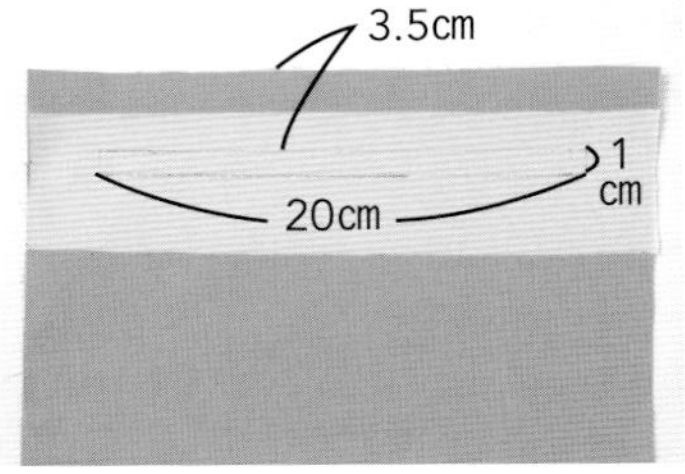

3 ファスナーの位置に、幅1cm、長さ20cm（ファスナーの長さ）の印をつける。

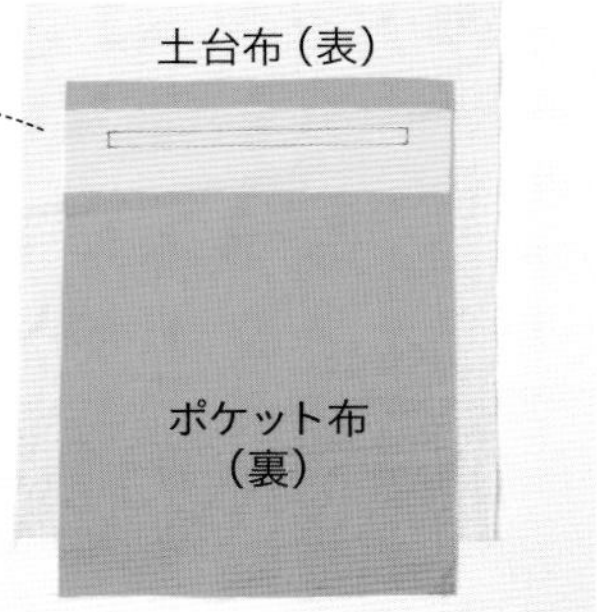

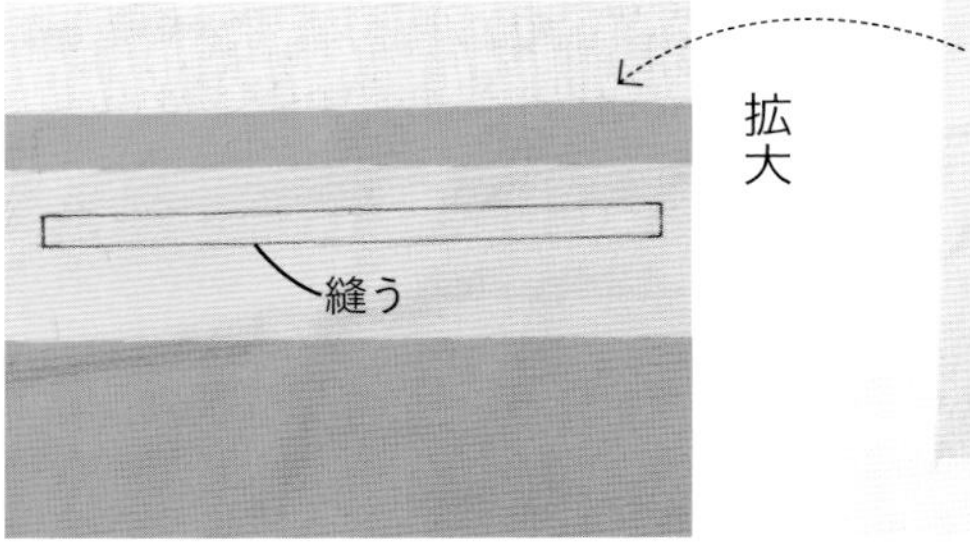

4　土台布にポケット布を中表に合わせ、3で印したところを縫う。

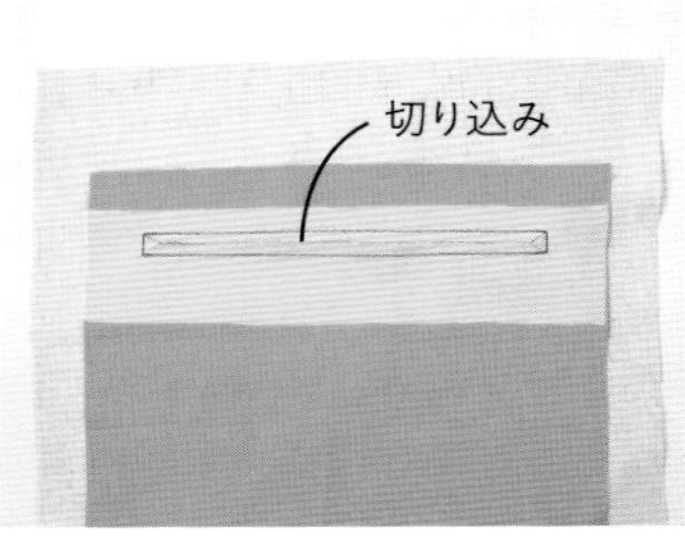

5　縫った四角の中に、Y字に切り込みを入れる。

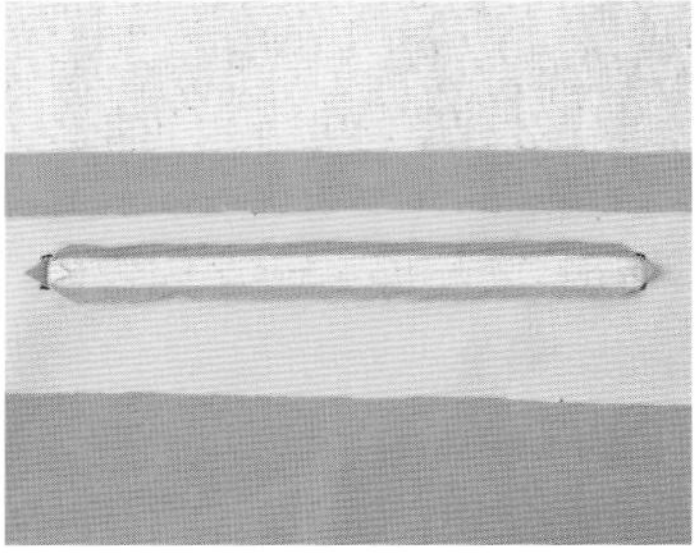

6　ポケット布の切った縫い代部分をアイロンで折る。

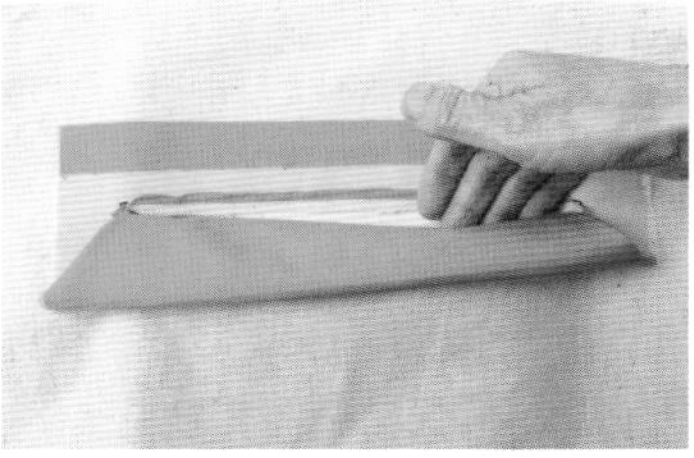

7　ポケット布を切り込みの中に入れ、土台布の裏側へ出す。

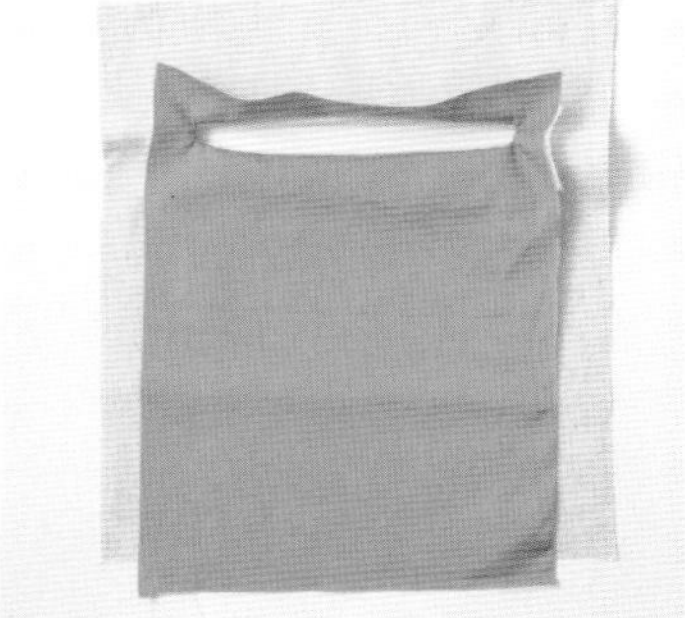

8　裏に出したところ。

作り方を動画
でもチェック

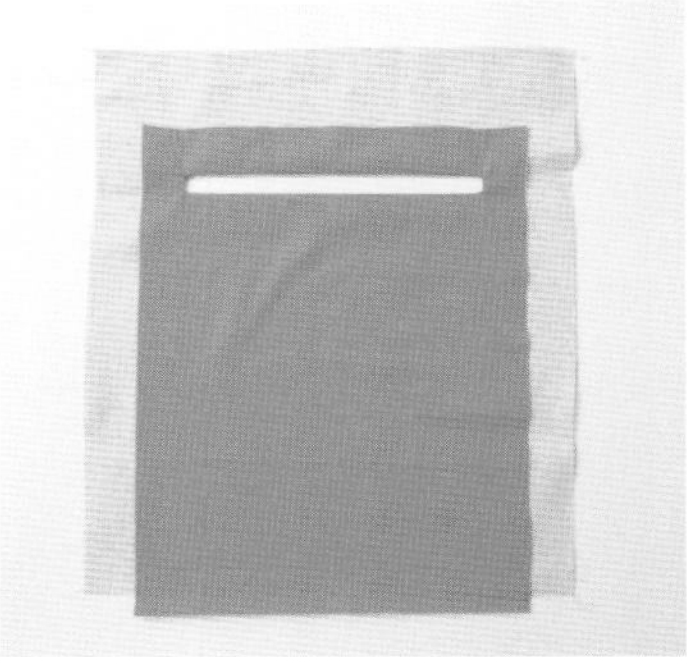

9 アイロンで整える。

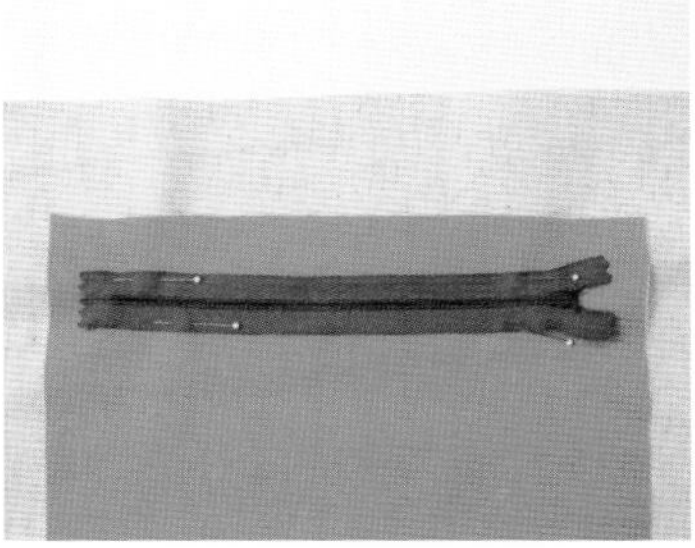

10 ファスナーを穴のあいているところに中表で合わせる。

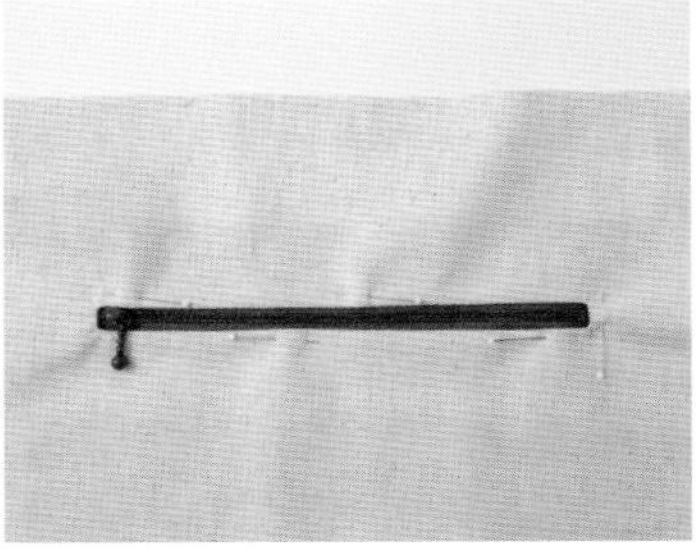

11 表側もまち針で留める。

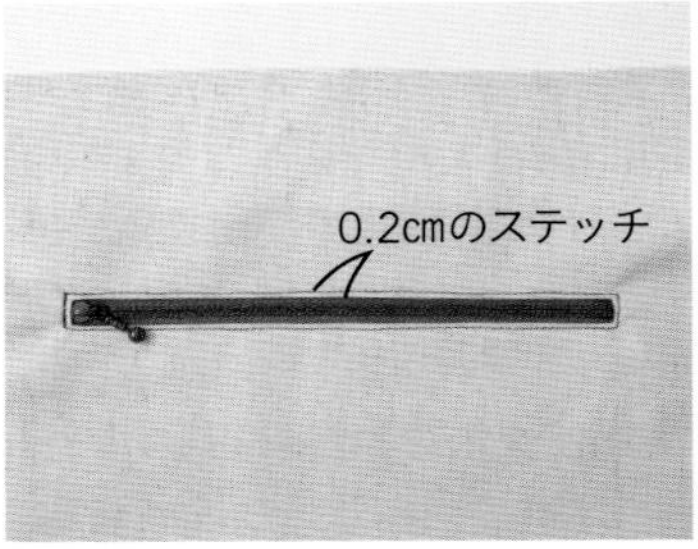

12 縫い代0.2cmのステッチで押さえる。

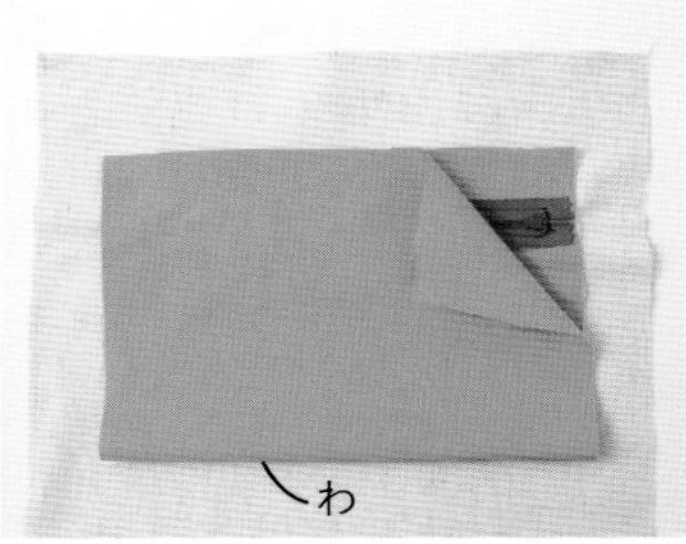

13 ポケット布を2つに折る。

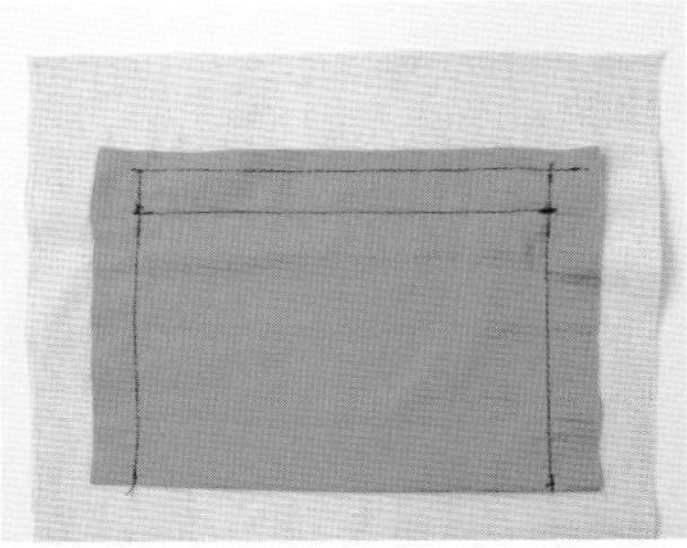

14 ポケット部分のみを、中表で縫う。

Point

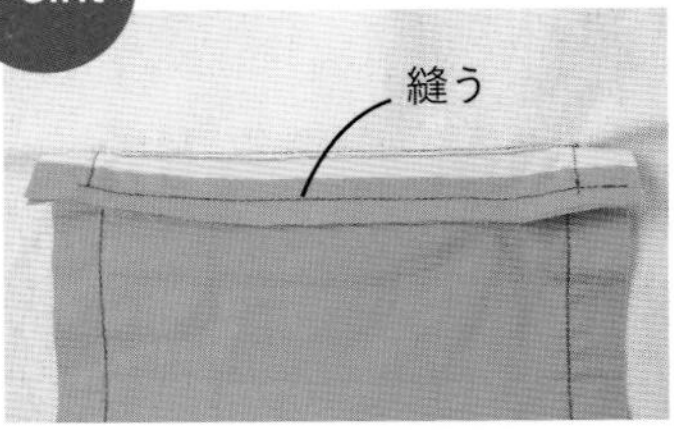

❶
ポケット部分のみを縫う。

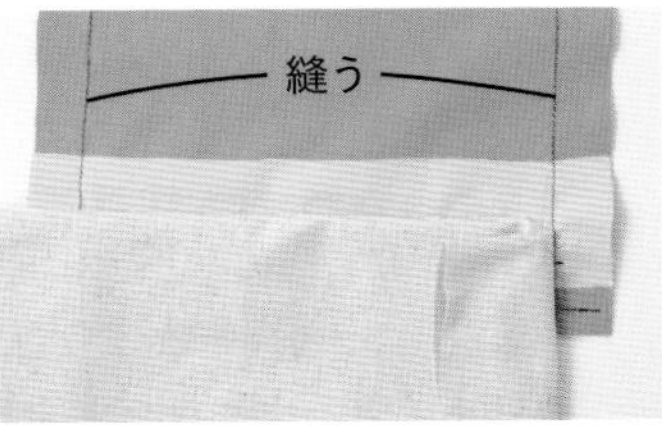

❷
土台布をよけてポケット部分のみを縫う。

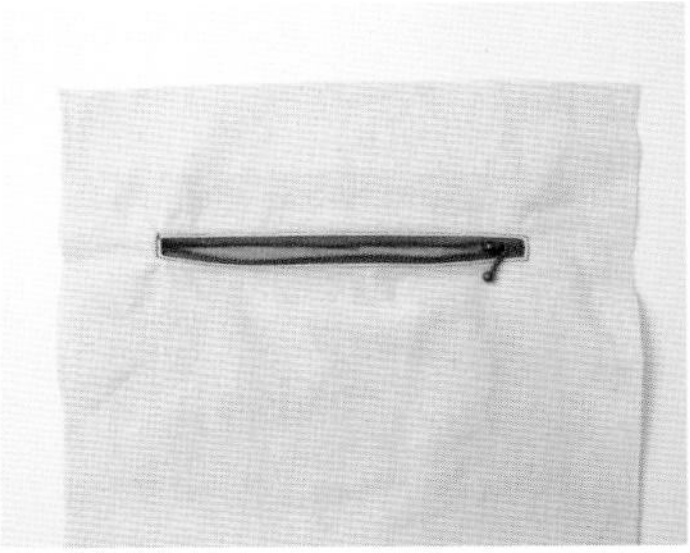

15 ファスナーポケット❶の完成。

ポケットいろいろ　4

ファスナーポケット ❷

「C　ささっとリュックになるトートバッグ」などで
使用しているポケット。
サイド布との色合わせが楽しめる。

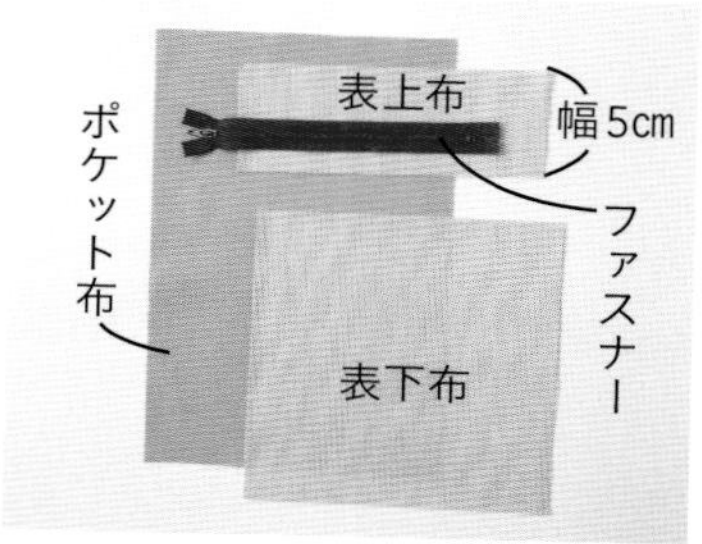

1　表上布、表下布、ポケット布、ファスナーを用意する。

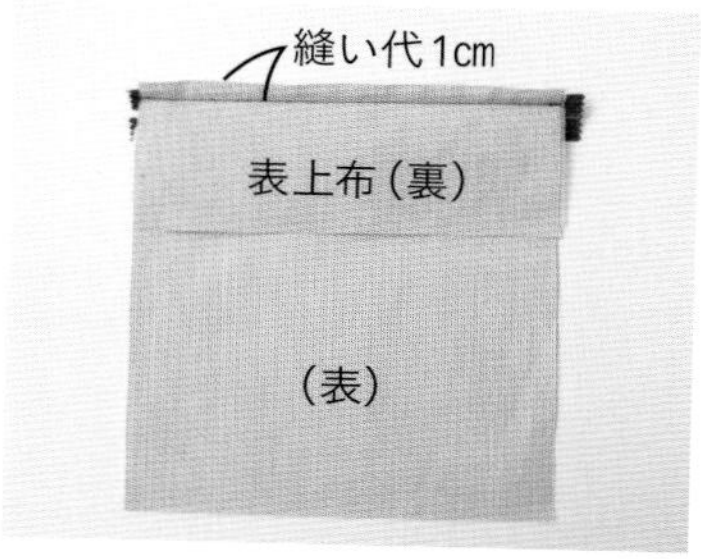

2　表上布とファスナーを中表で縫い代1cmで縫い合わせる。

Point

ファスナーと表上布をまち針で留めてから縫うとよい。

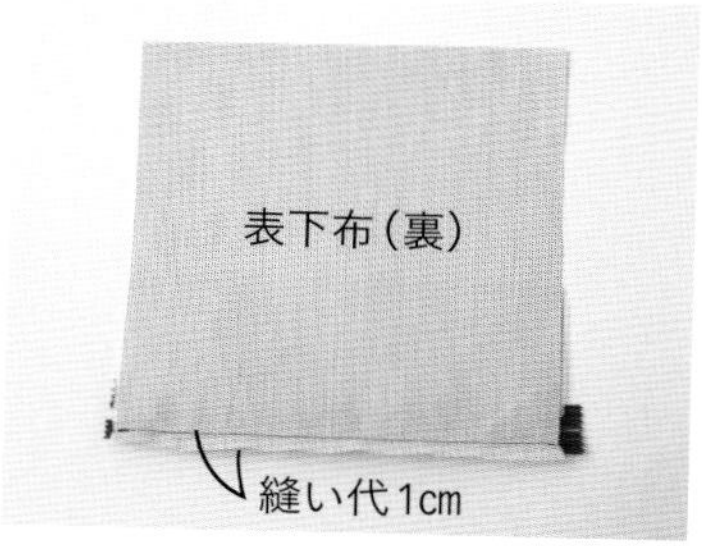

3　表下布もファスナーと中表に合わせて縫い代1cmで縫い合わせる。

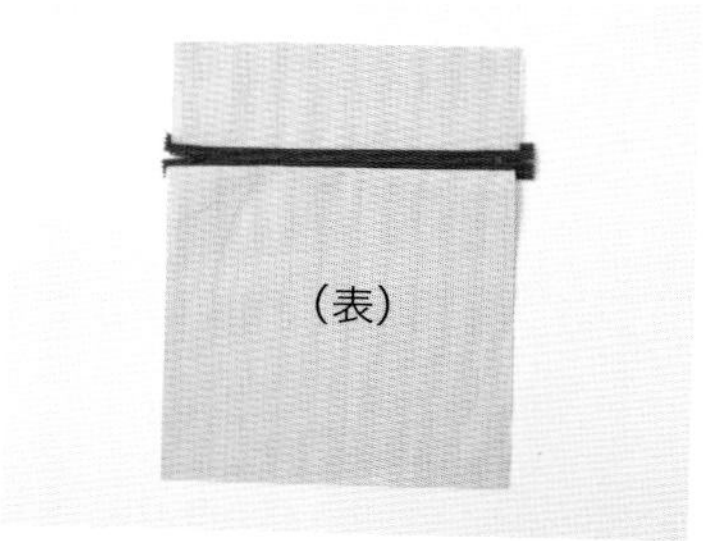

4　表に返してアイロンで整える。

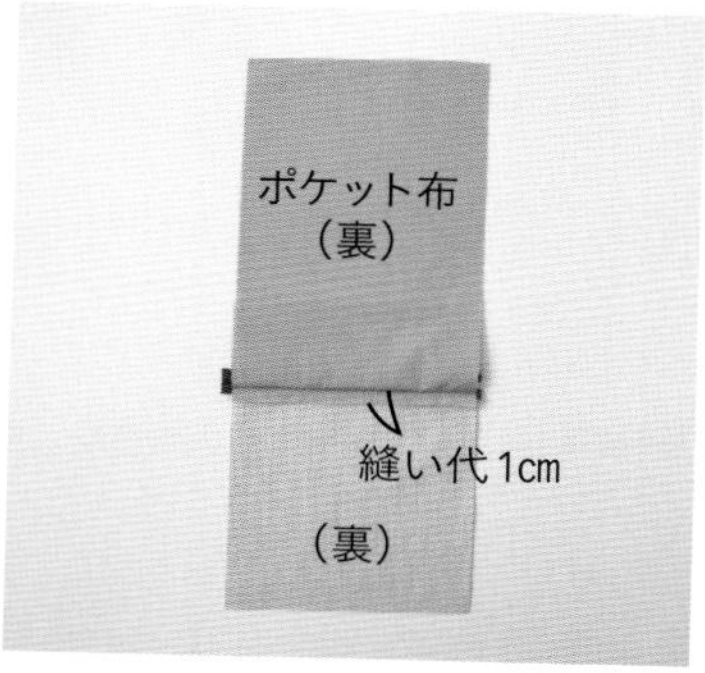

5　裏にして、ファスナーの下とポケット布の表を合わせて、縫い代1cmで縫う。

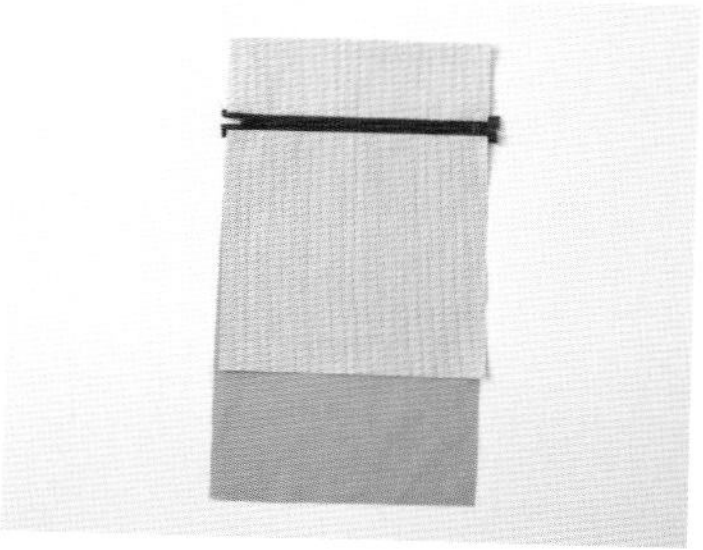

6　表に返す。

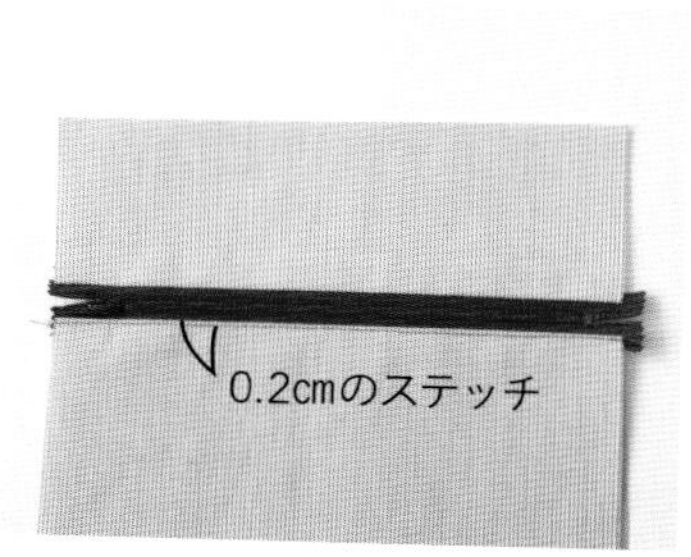

7　表から、表下布とファスナーを0.2cmのステッチで押さえる。

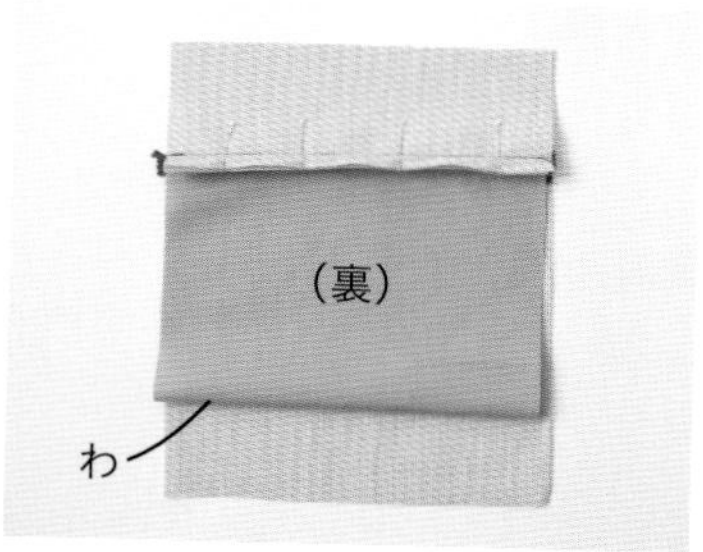

8　裏にして、ポケット布を2つに折り、表上布と中表に合わせてまち針で留める。

作り方を動画
でもチェック

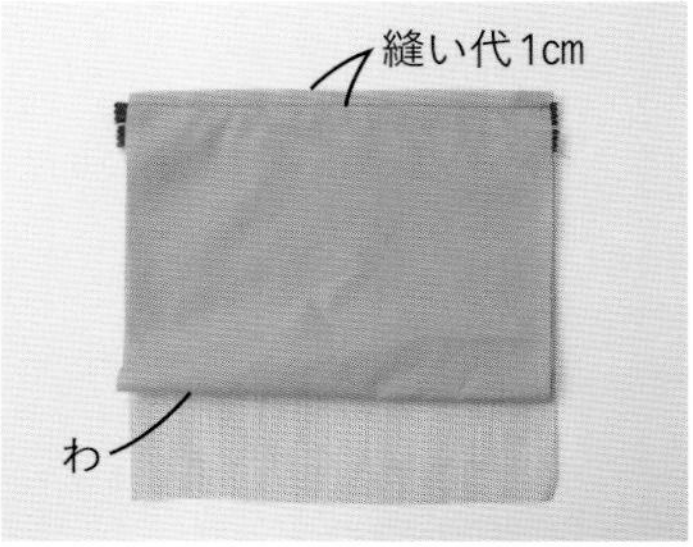

縫い代1cm
わ

9　縫い代1cmで縫う。

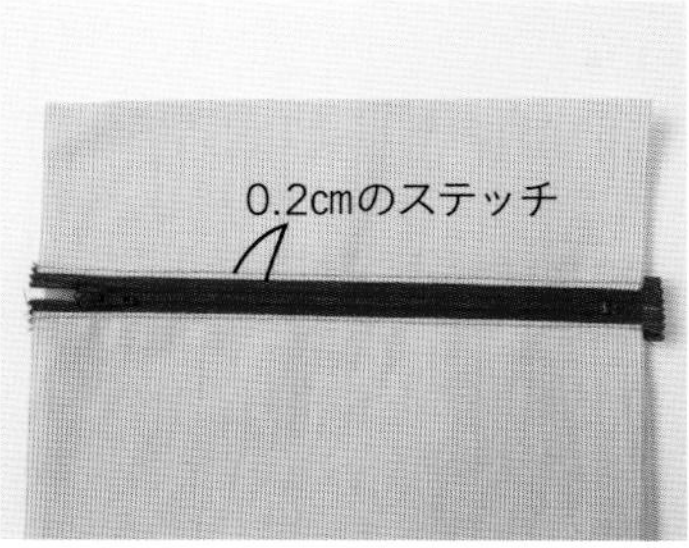

0.2cmのステッチ

10 表から、表上布とファスナーを0.2cmのステッチで押さえる。

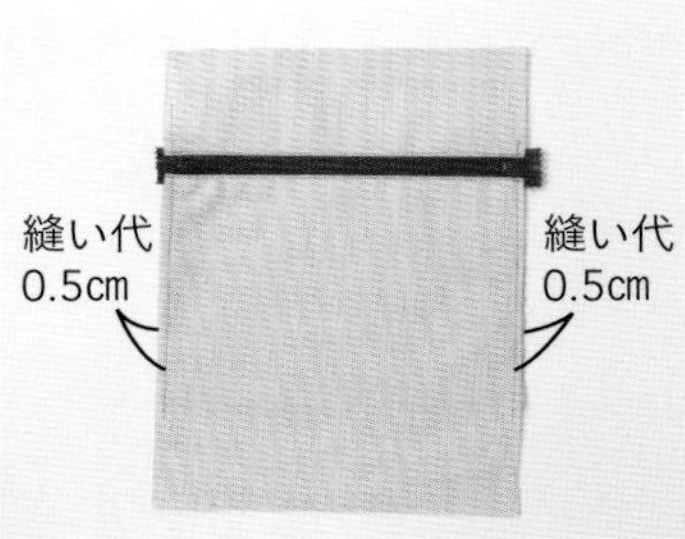

縫い代
0.5cm
縫い代
0.5cm

11 両サイド、表布とポケット布を縫い代0.5cmで仮縫いする。

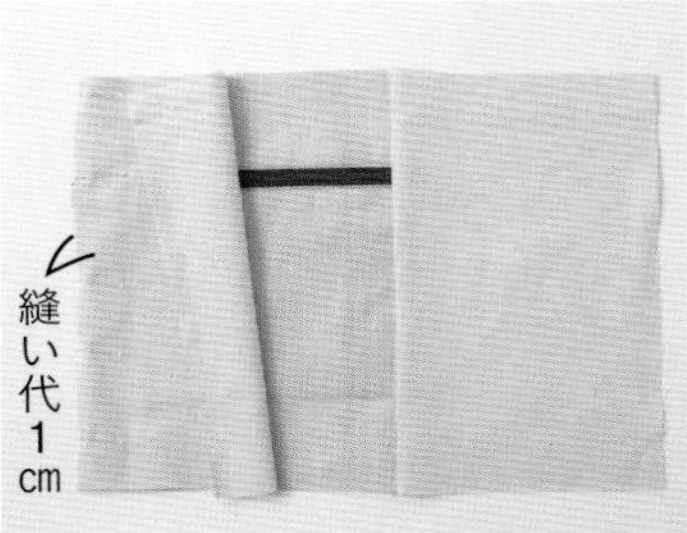

縫い代1cm

12 サイド布と中表に合わせ、縫い代1cmで縫う。

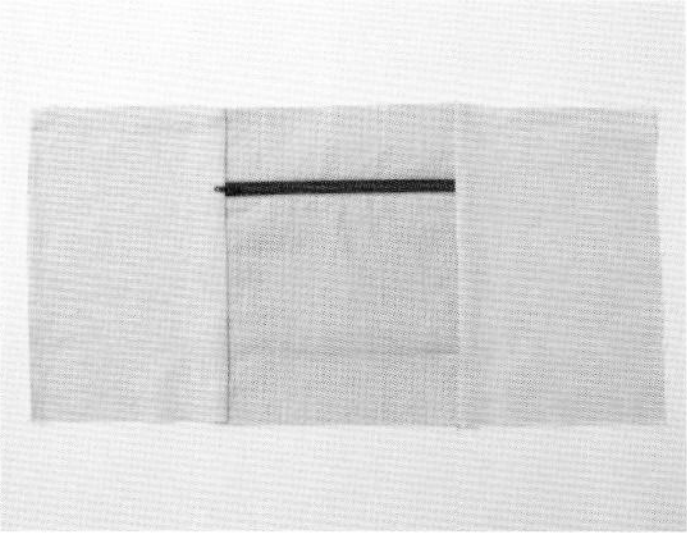

13 ファスナーポケット❷の完成。

基本のポケット

本書のさまざまなバッグで使用しているポケット。

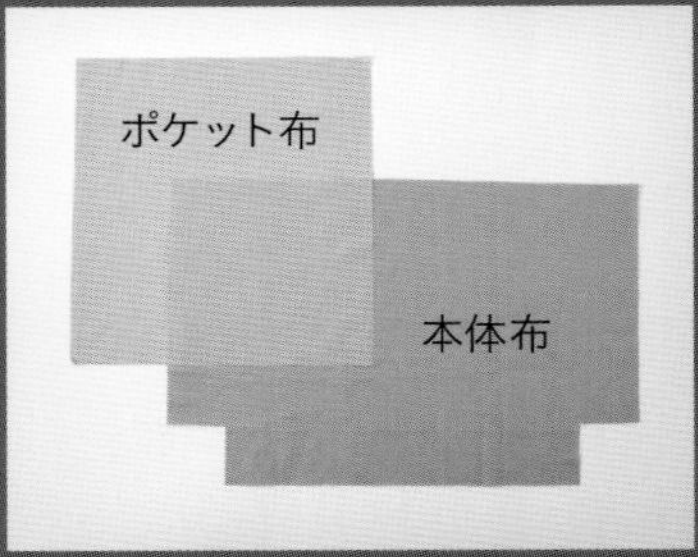

ポケット布
本体布

1　ポケット布と本体布を用意する。

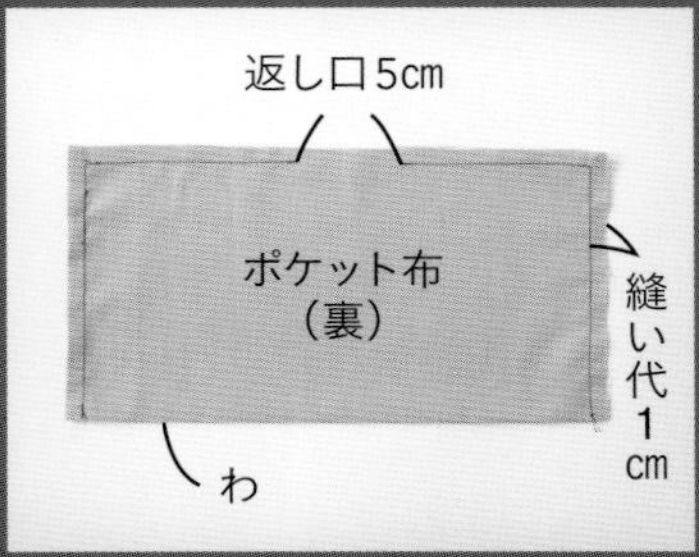

返し口5cm
ポケット布
（裏）
縫い代1cm
わ

2　ポケット布を中表に半分に折り、返し口5～6cmを残して、縫い代1cmで縫う。返し口から表に返し、アイロンで整える。

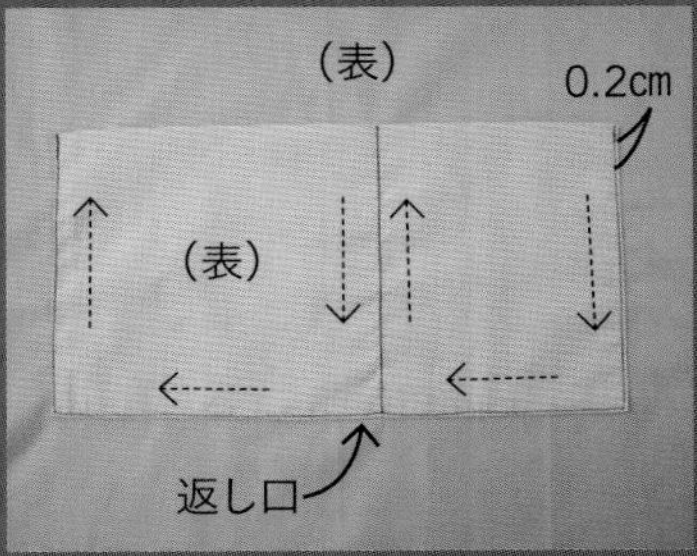

（表）
0.2cm
（表）
返し口

3　本体布にのせ、返し口を下にして縫い代0.2cmの縫い代で、一筆書きで縫う。

ポケットいろいろ　5

玉縁ポケット

「F　ボディバッグ」に使用しているポケット。
スマホを入れておくのに便利。

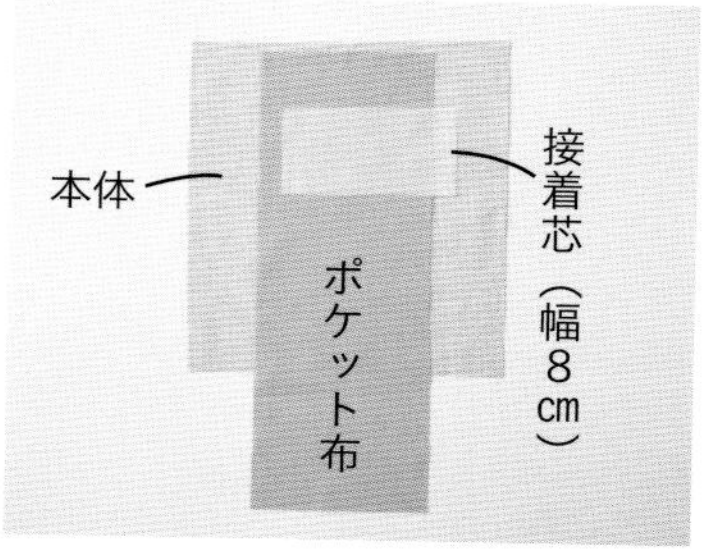

1　本体、ポケット布、接着芯を用意する。

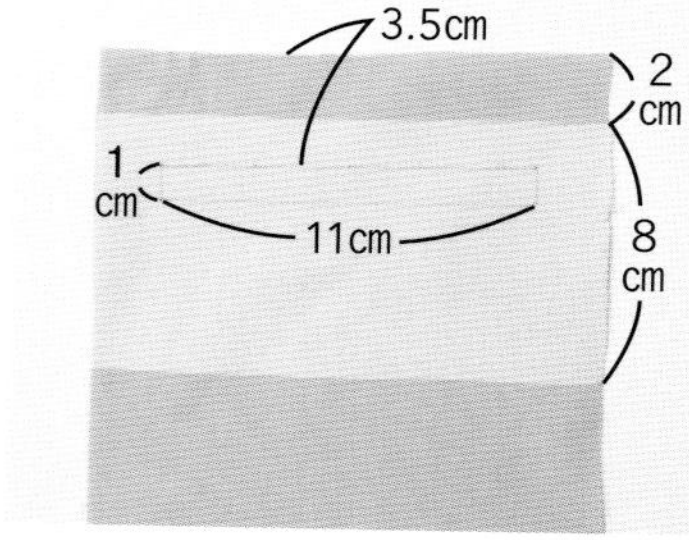

2　ポケット布の上から2cm下に接着芯を貼り、玉縁ポケットつけ位置の印をつける。

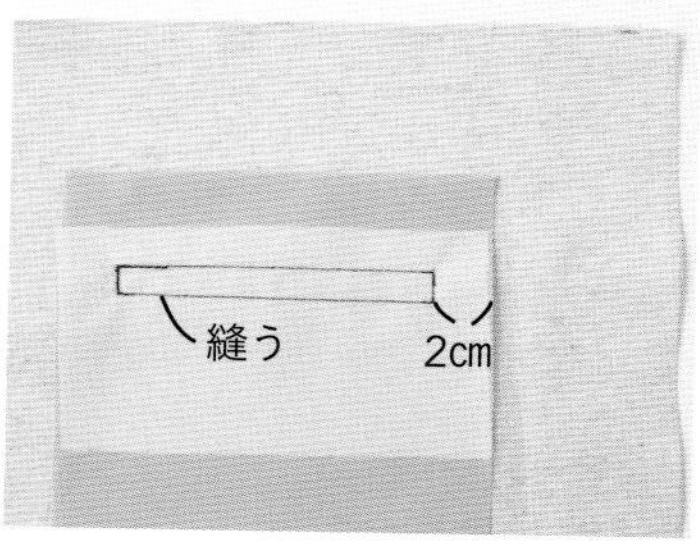

3　本体と中表に合わせて2で印をしたところを縫う。

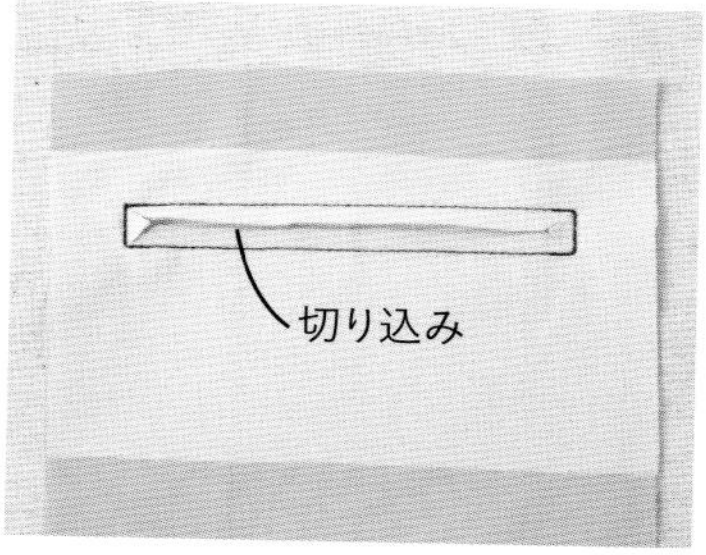

4　縫った四角の中を、Y字に切り込みを入れる。

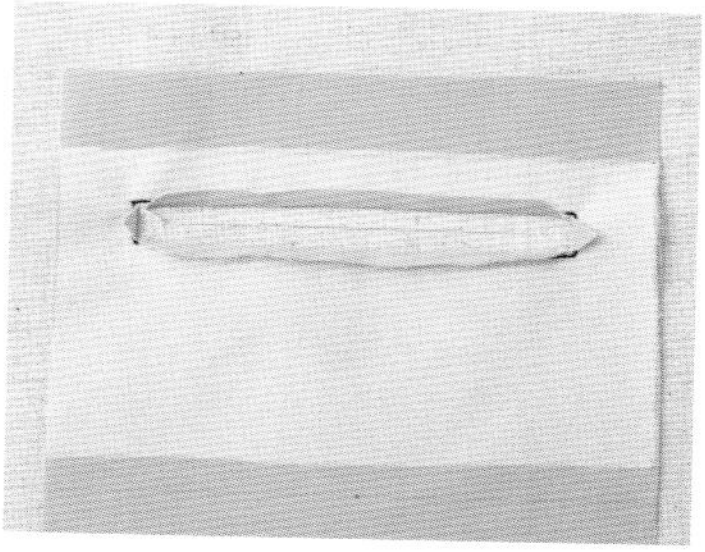

5　ポケット布の、切った縫い代を、アイロンで折る。

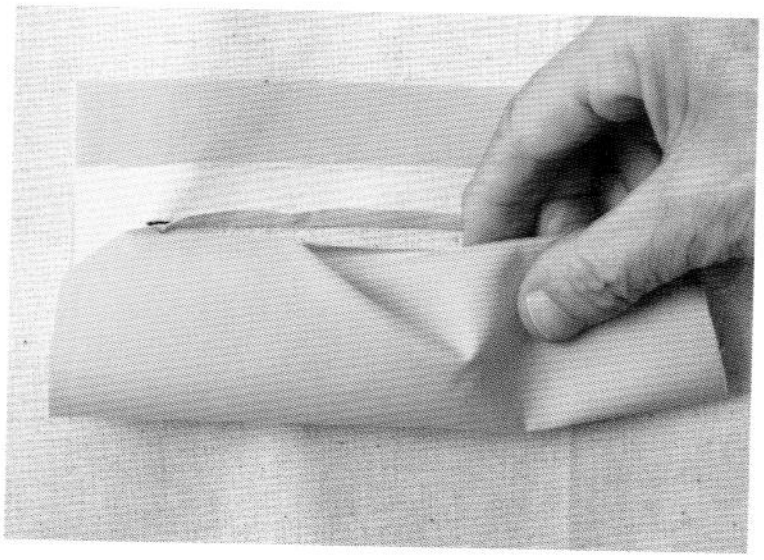

6　ポケット布を裏側へ入れ込む。

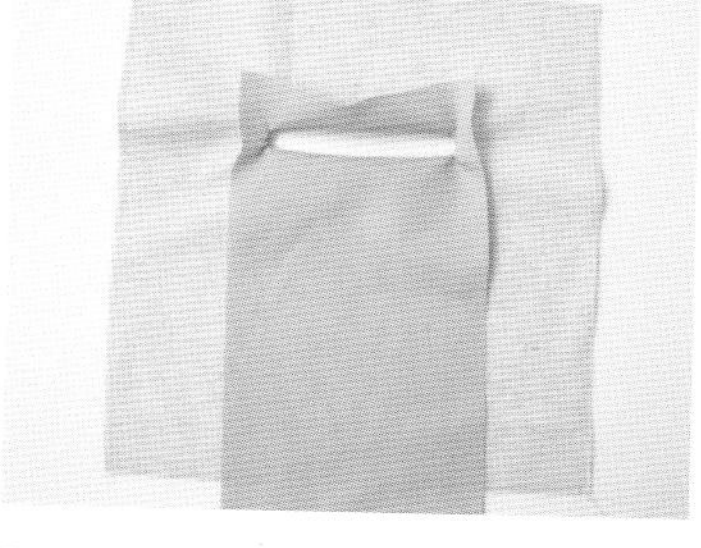

7　ポケット布を裏側へ出す。

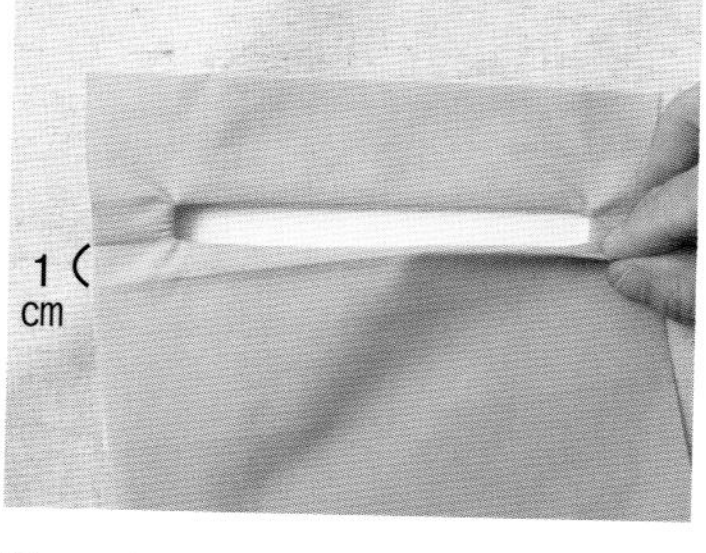

8　ポケット布を1cmたたむ。

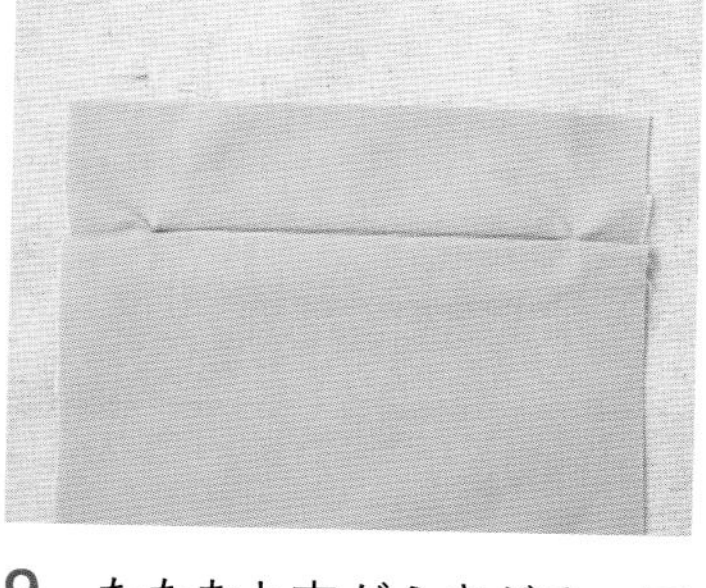

9　たたむと穴がふさがる。アイロンで整える。

▲
作り方を動画
でもチェック

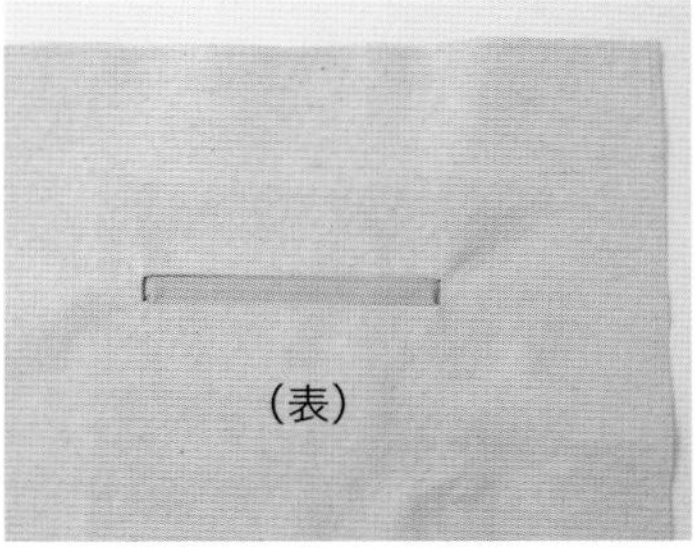

10 表に返す。

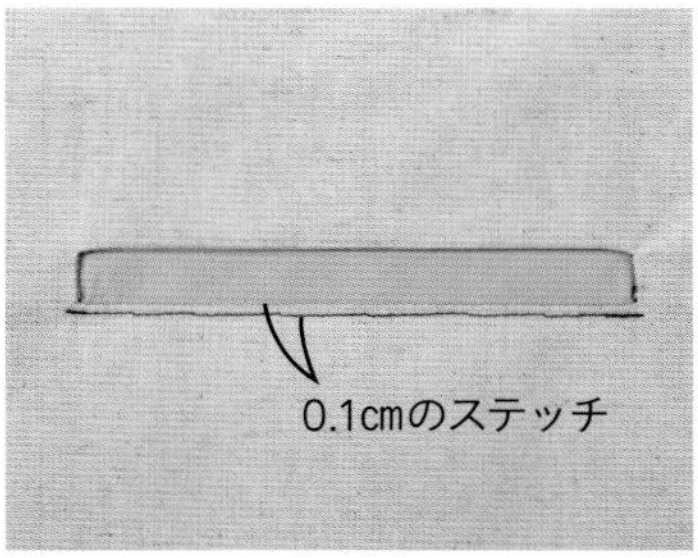

11 下側だけ0.1cmのステッチで押さえる。

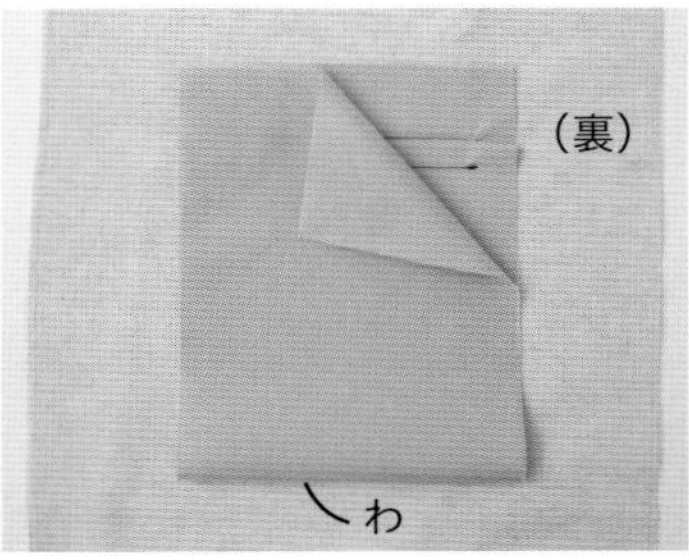

12 ポケット布を2つに折る。

13 裏返して本体をたたむ。

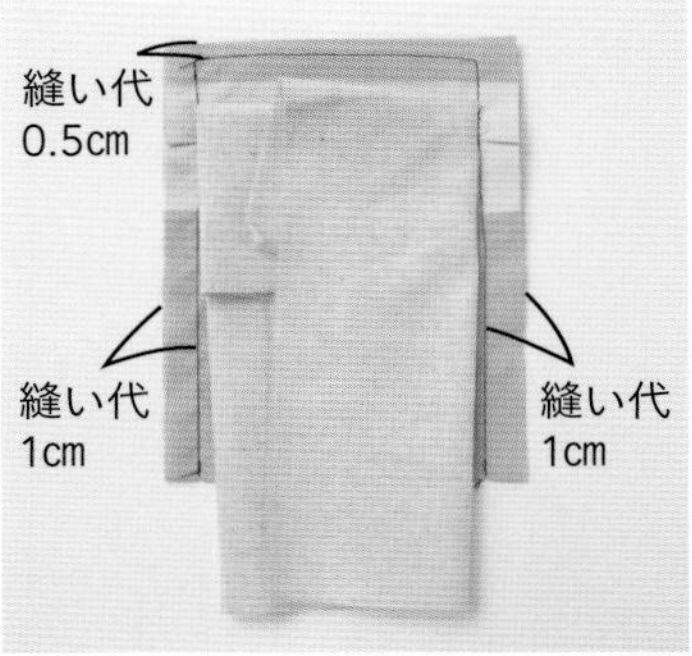

14 本体をよけ、ポケット布を縫う。左右は縫い代1cm、上辺は縫い代0.5cm。

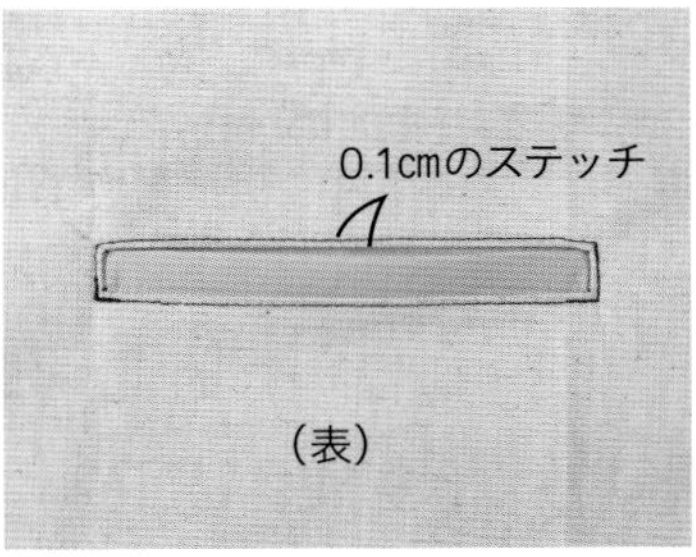

15 表からポケット口の周りを0.1cmのステッチで押さえる。

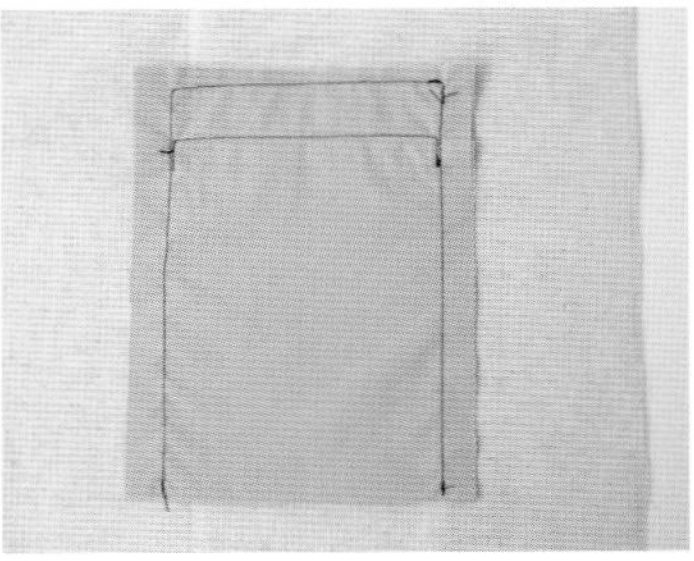

16 裏側の、**15**でステッチしたところ。

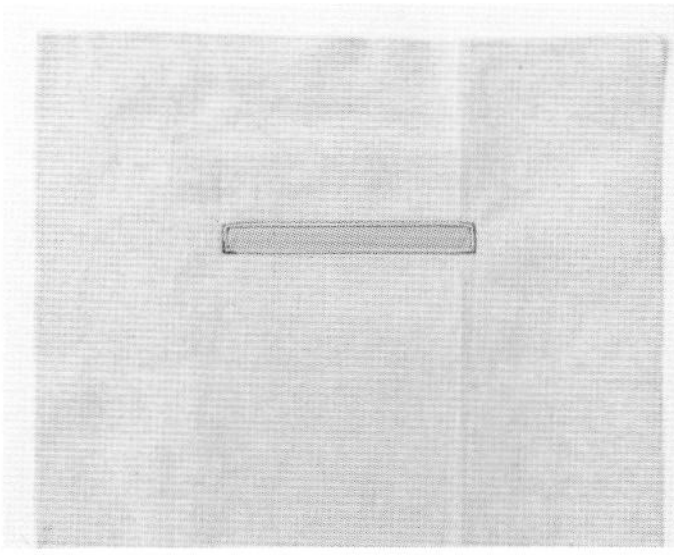

17 玉縁ポケットの完成。

Chapter

03

いろんなタイプのバッグ

いろんなシーンで使えるバッグを考えました。
おしゃれして、街歩きに持っていきたい、
書類を入れて仕事で使いたい、
旅行でも便利に使えるものに、
デニムをリメイクしたい。
などなど、お出かけバッグの要望はさまざま。
生地を変えるだけで、かわいくなったり、
大人っぽくなったり、ということもあります。
目的に合ったバッグをぜひ作ってみてください。

C
ささっと リュックになる トートバッグ

How to make ▶ 46 page

荷物が増えたら ささっとリュックに

11号帆布を使い、中心布とサイド布との色の組み合わせを楽しみました。

やわらかくて人気のある11号帆布を使いました。家庭用ミシンでも縫いやすい帆布です。両サイドにDカンをつけて、長さも調整できるショルダーひもに。リュックにもなってとても便利。貴重品を入れられるよう背中側にファスナーポケットもつけました。

サイド布に帯、中心布に帯芯を組み合わせました。

作り方を動画でもチェック

ささっとリュックになるトートバッグ C

工程

1 布を裁つ。
2 内側サイドポケットを縫う。
3 内布のサイド布にポケット布を縫いつける
4 表布の中心布にファスナーを縫いつける。
5 表布を中表で縫い合わせる。
6 表に返して縫い代をサイド側に倒してステッチする。
7 内布の中心にマグネットボタンをつける。
8 内布を中表で縫い合わせる。
9 表布、内布のマチを切り、底を縫う。
10 表布のサイドにカバンテープを通したＤカンを仮止め。
11 表布のマチにカバンテープを差し込みマチを縫う。
12 バッグ口にアイロンをかける。
13 表布と内布を外表に重ねてバッグ口を縫い合わせる。
14 カバンテープをＤカンに縫いつける。

材料

○ 中心布…表布１枚・内布２枚
…表上１枚・表下１枚
○ サイド布…表布・内布各２枚
○ 内側サイドポケット布…２枚
○ ファスナーポケット布…１枚
○ Ｄカン…4㎝　4個
○ カバンテープ…3.8㎝幅
10㎝×２枚　90㎝×２枚
○ ファスナー…20㎝×１本
○ マグネットボタン…1組

1 布を裁つ

中心布（表布１枚・内布２枚、表上布１枚・表下布１枚）、サイド布（表布・内布各２枚）、内側サイドポケット布２枚、ファスナーポケット布１枚を裁つ。

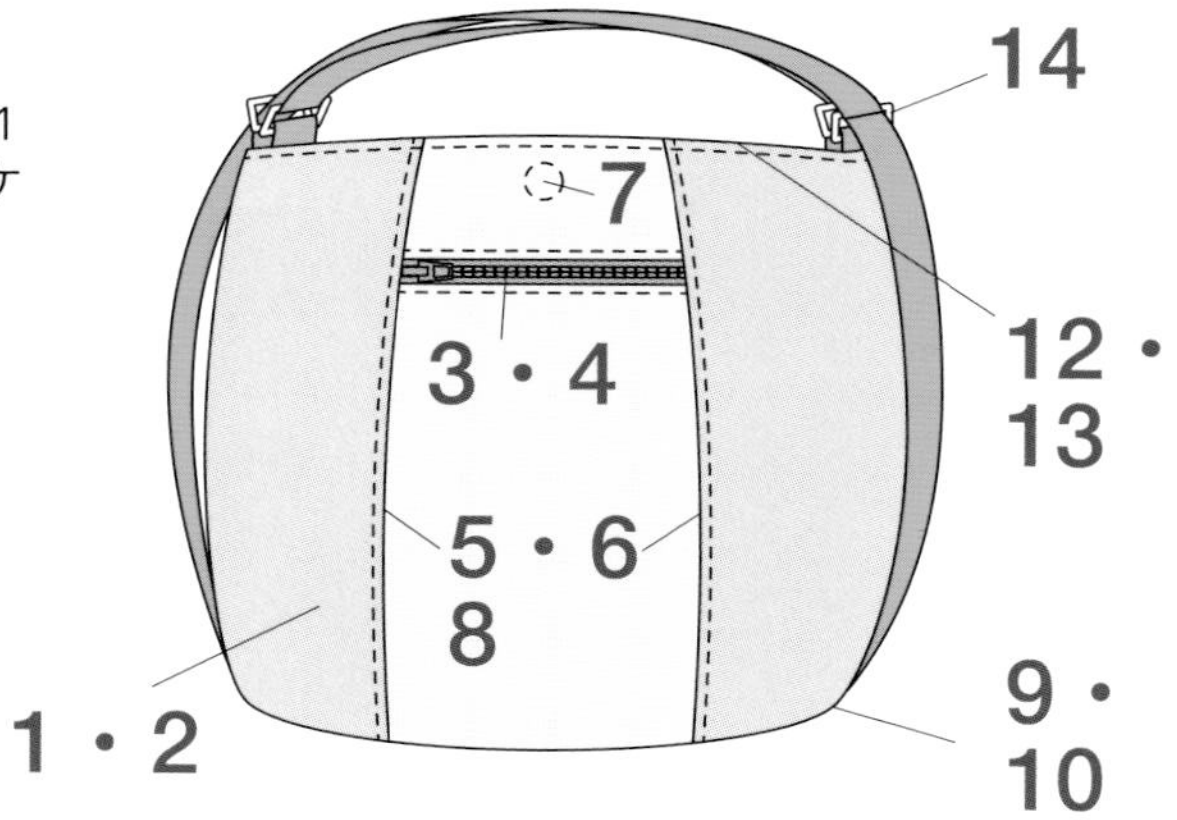

14
7
3・4
12・13
5・6
8
9・10
1・2

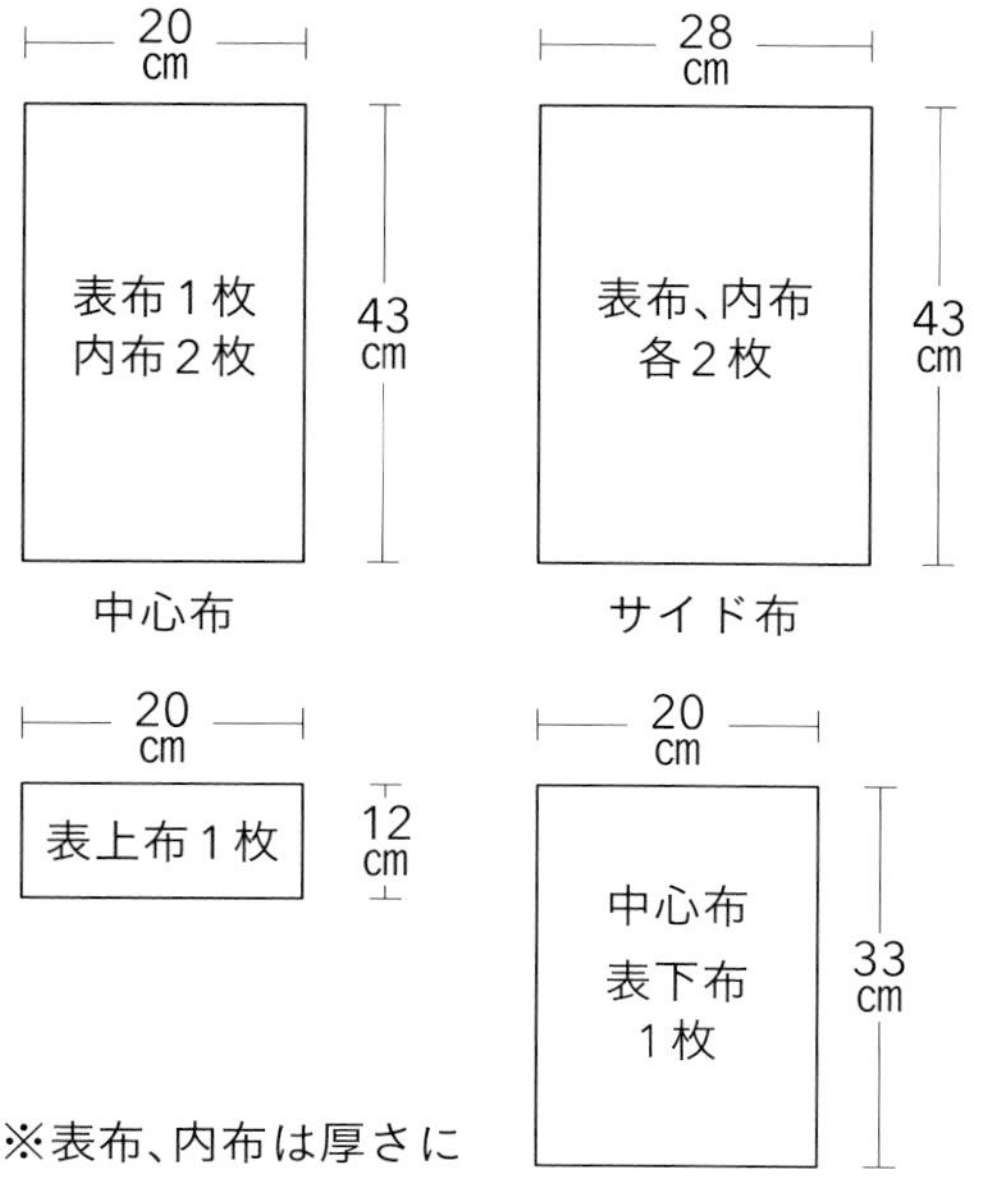

20cm
43cm
表布１枚
内布２枚
中心布
28cm
43cm
表布、内布
各２枚
サイド布
20cm
12cm
表上布１枚
20cm
33cm
中心布
表下布
１枚

※表布、内布は厚さにより接着芯を貼る

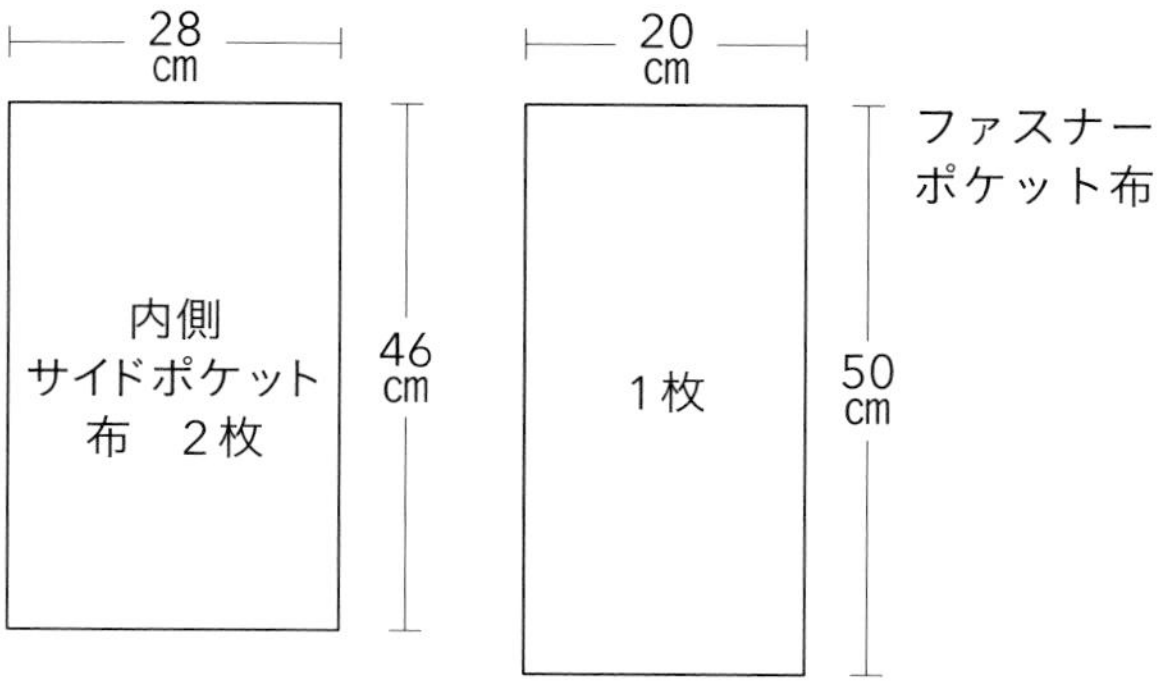

28cm
46cm
内側
サイドポケット
布　２枚
20cm
50cm
１枚
ファスナー
ポケット布

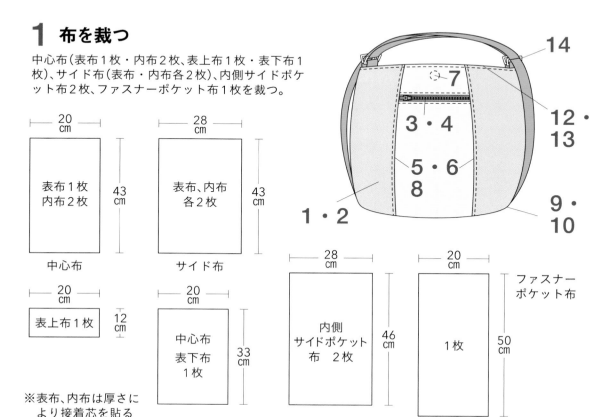

2 内側サイドポケットを縫う

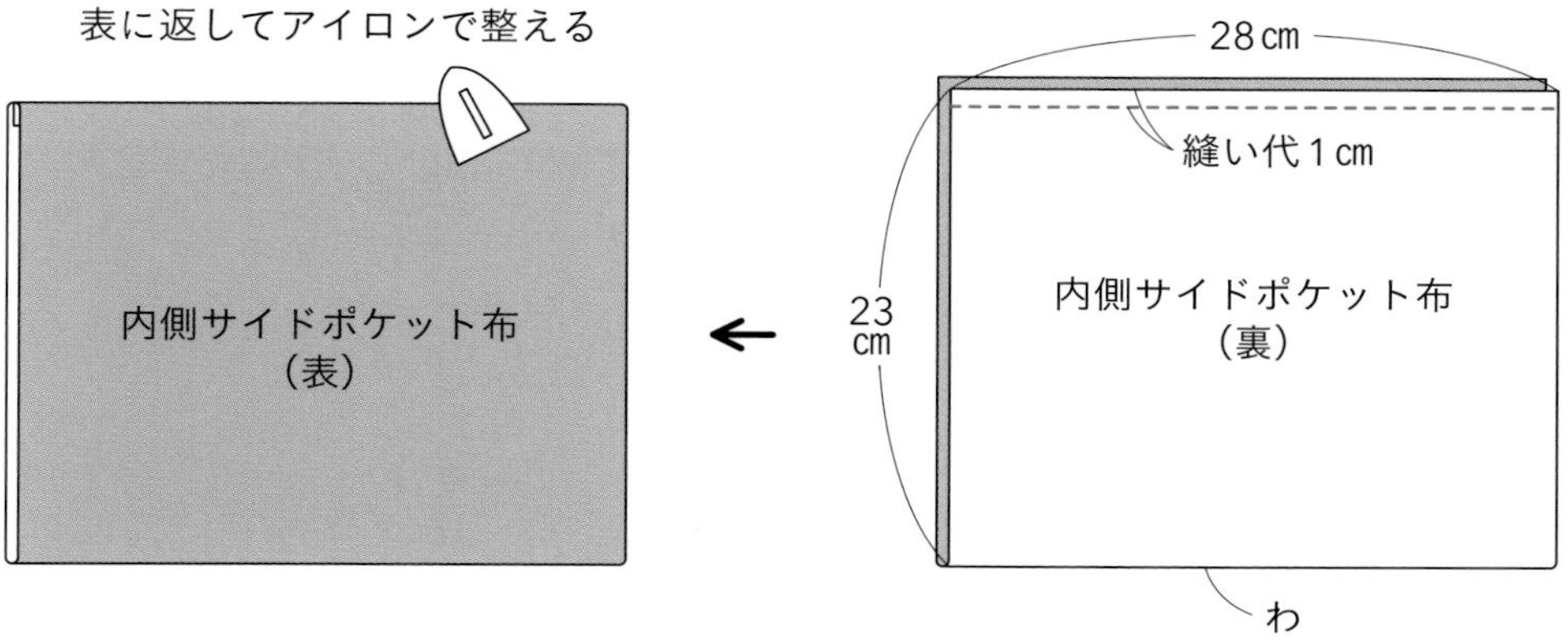
表に返してアイロンで整える
内側サイドポケット布
（表）
28cm
縫い代1cm
23cm
内側サイドポケット布
（裏）
わ

3 内布のサイド布にポケット布を縫いつける

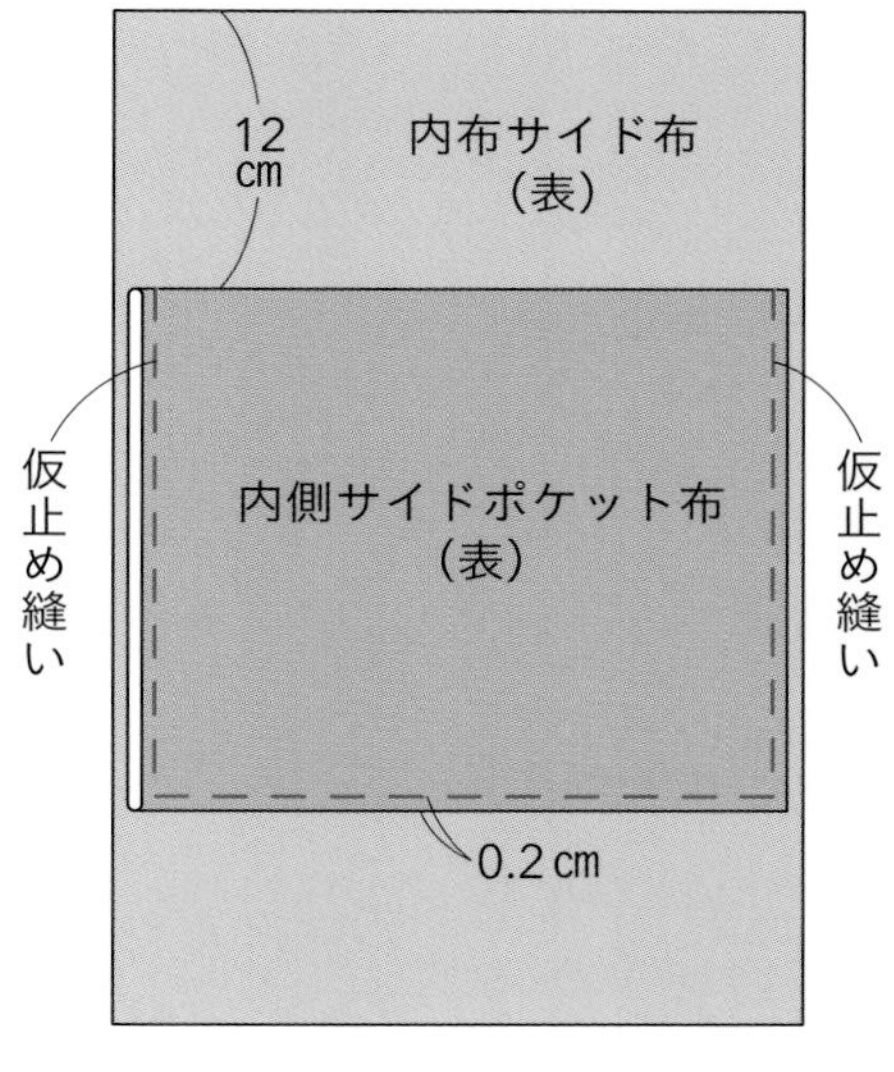
12cm
内布サイド布
（表）
仮止め縫い
内側サイドポケット布
（表）
仮止め縫い
0.2cm

4 表布の中心布にファスナーを縫いつける

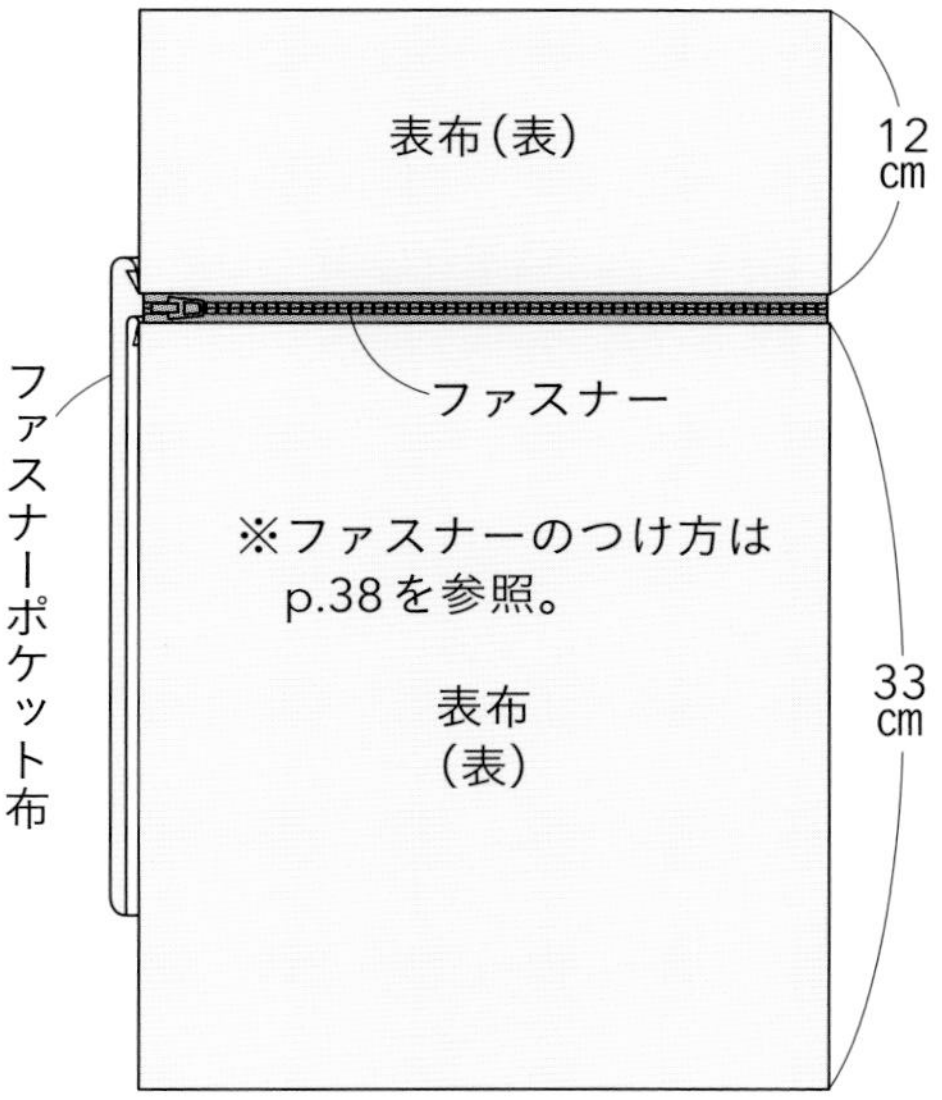
表布（表）
12cm
ファスナー
ファスナーポケット布
※ファスナーのつけ方は
p.38を参照。
表布
（表）
33cm

5 表布を中表で縫い合わせる

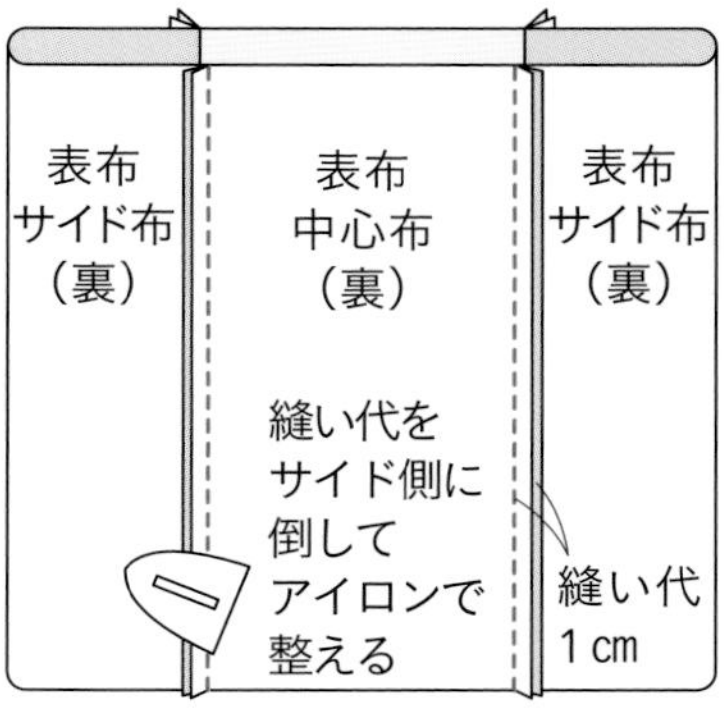
表布
サイド布
（裏）
表布
中心布
（裏）
表布
サイド布
（裏）
縫い代を
サイド側に
倒して
アイロンで
整える
縫い代
1cm

6 表に返して縫い代をサイド側に倒してステッチする

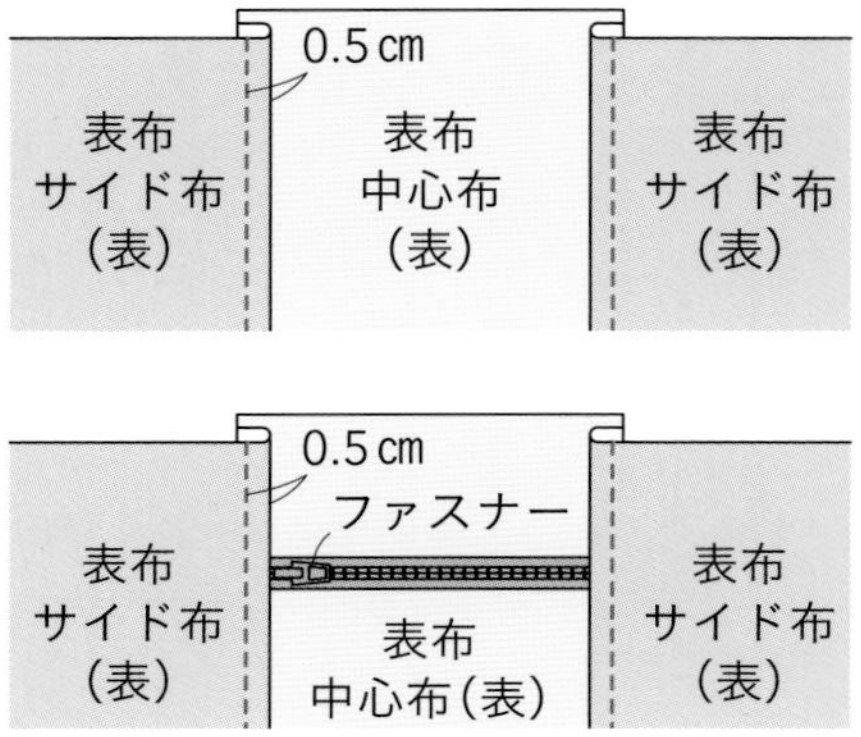
0.5cm
表布
サイド布
（表）
表布
中心布
（表）
表布
サイド布
（表）
0.5cm
ファスナー
表布
サイド布
（表）
表布
中心布（表）
表布
サイド布
（表）

7 内布の中心に マグネットボタンをつける

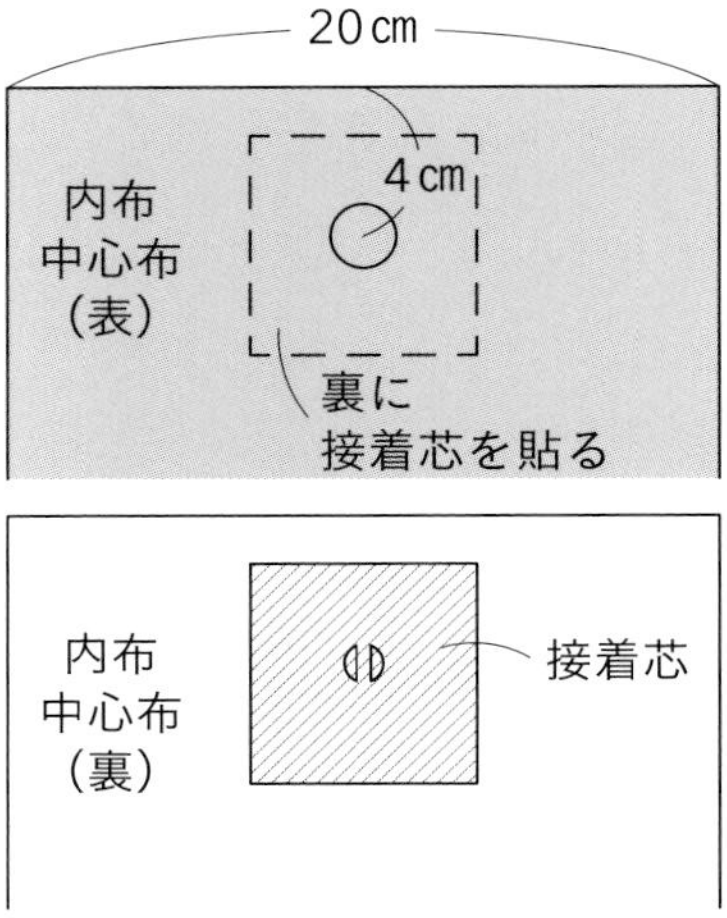
20㎝
4㎝
内布
中心布
(表)
裏に
接着芯を貼る
内布
中心布
(裏)
接着芯

※マグネットボタンのつけ方は
P.21を参照

8 内布を中表で縫い合わせる

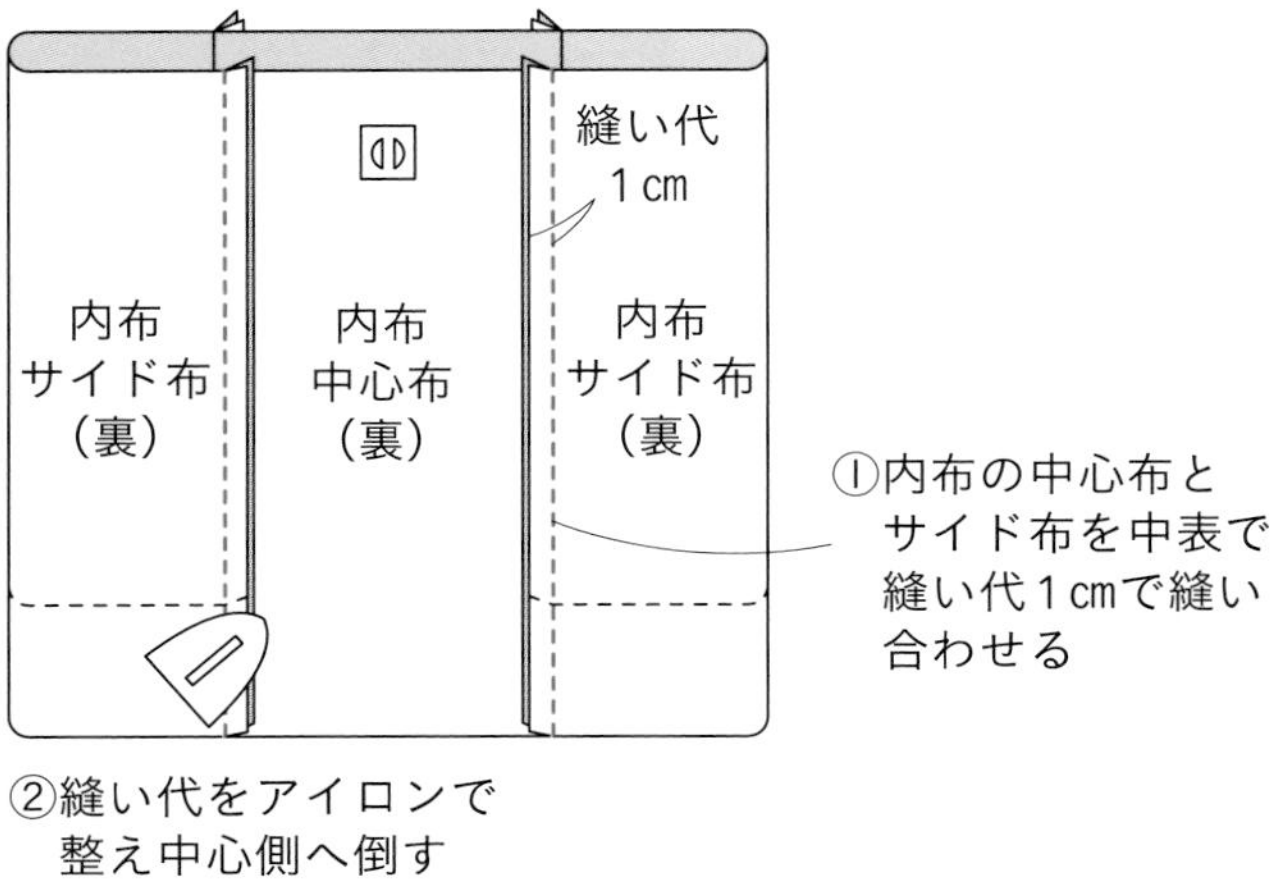
縫い代
1㎝
内布
サイド布
(裏)
内布
中心布
(裏)
内布
サイド布
(裏)
①内布の中心布と
サイド布を中表で
縫い代1㎝で縫い
合わせる
②縫い代をアイロンで
整え中心側へ倒す

9 表布、内布のマチを切り、底を縫う

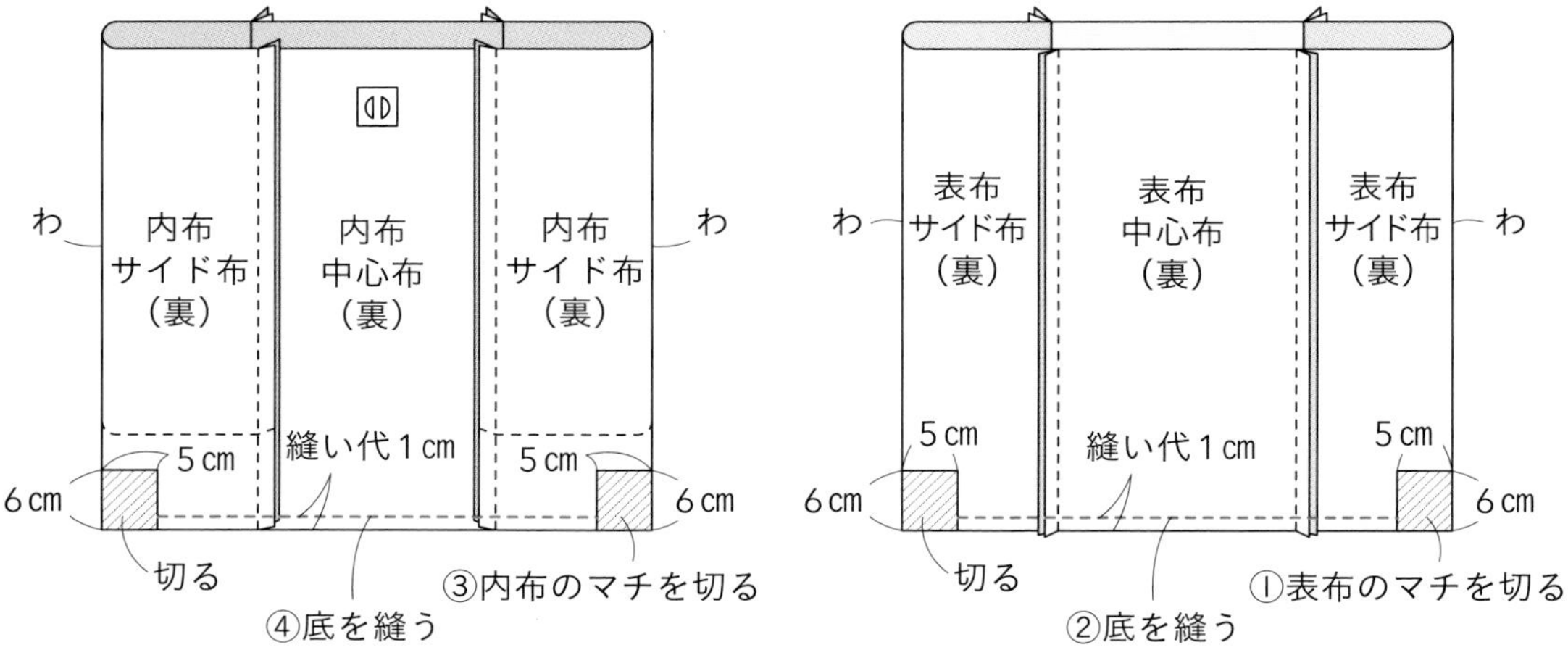
わ
内布
サイド布
(裏)
内布
中心布
(裏)
内布
サイド布
(裏)
わ
5㎝
縫い代1㎝
5㎝
6㎝
6㎝
切る
③内布のマチを切る
④底を縫う
わ
表布
サイド布
(裏)
表布
中心布
(裏)
表布
サイド布
(裏)
わ
5㎝
縫い代1㎝
5㎝
6㎝
6㎝
切る
①表布のマチを切る
②底を縫う

10 表布のサイドにカバンテープを通したDカンを仮止め

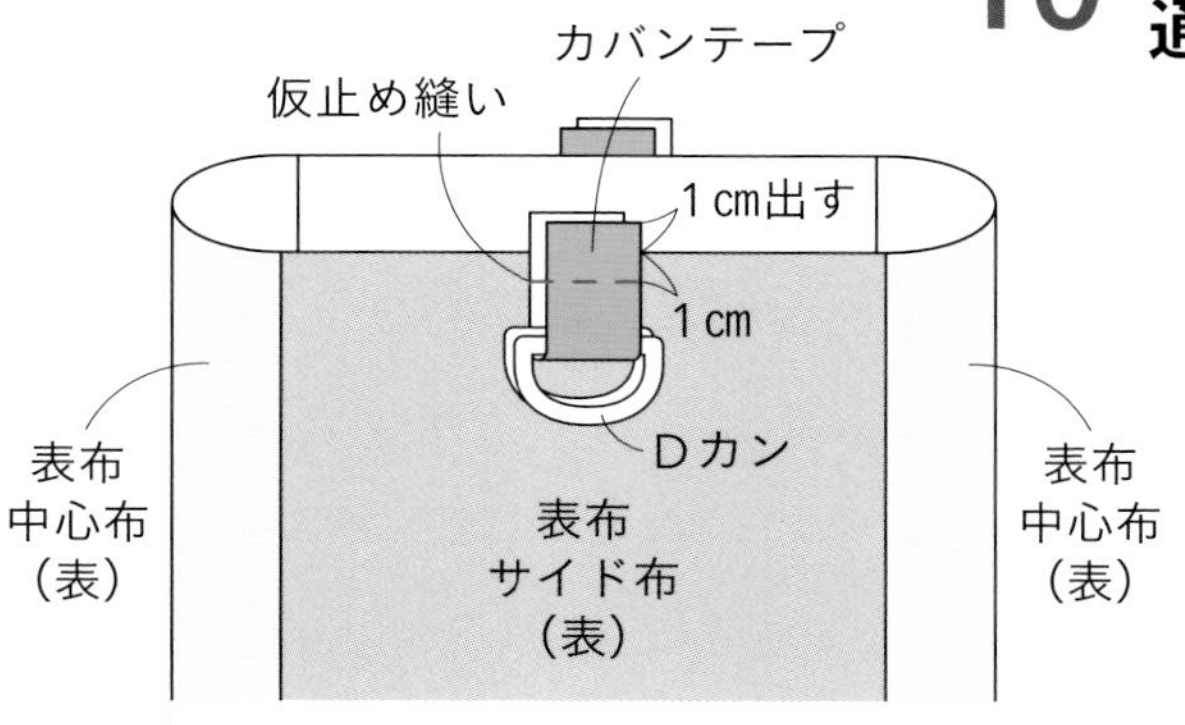
カバンテープ
仮止め縫い
1㎝出す
1㎝
Dカン
表布
中心布
(表)
表布
サイド布
(表)
表布
中心布
(表)

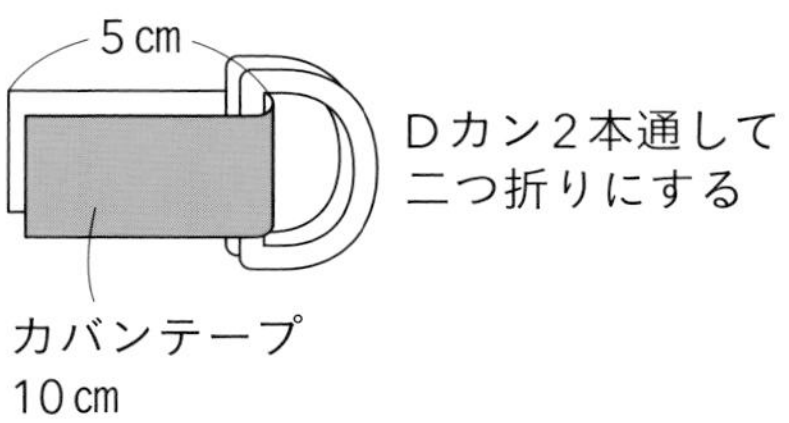
5㎝
Dカン2本通して
二つ折りにする
カバンテープ
10㎝

11 表布のマチにカバンテープを差し込みマチを縫う

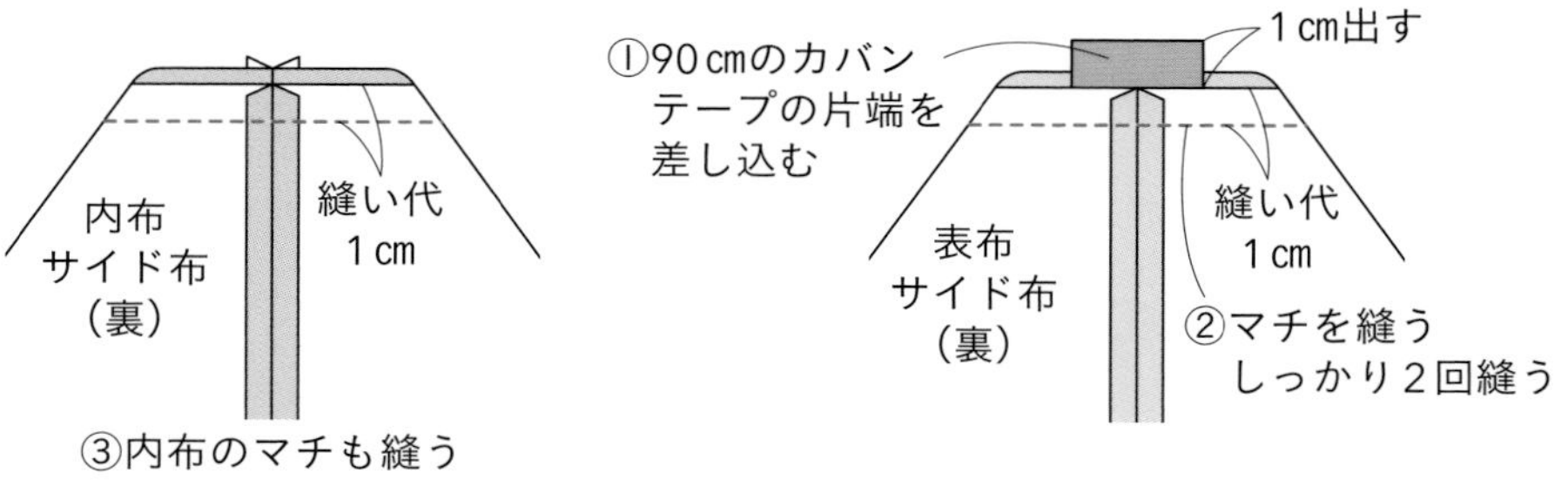
内布
サイド布
（裏）
縫い代
1㎝
③内布のマチも縫う
①90㎝のカバンテープの片端を差し込む
1㎝出す
表布
サイド布
（裏）
縫い代
1㎝
②マチを縫う
しっかり2回縫う

12 バッグ口にアイロンをかける

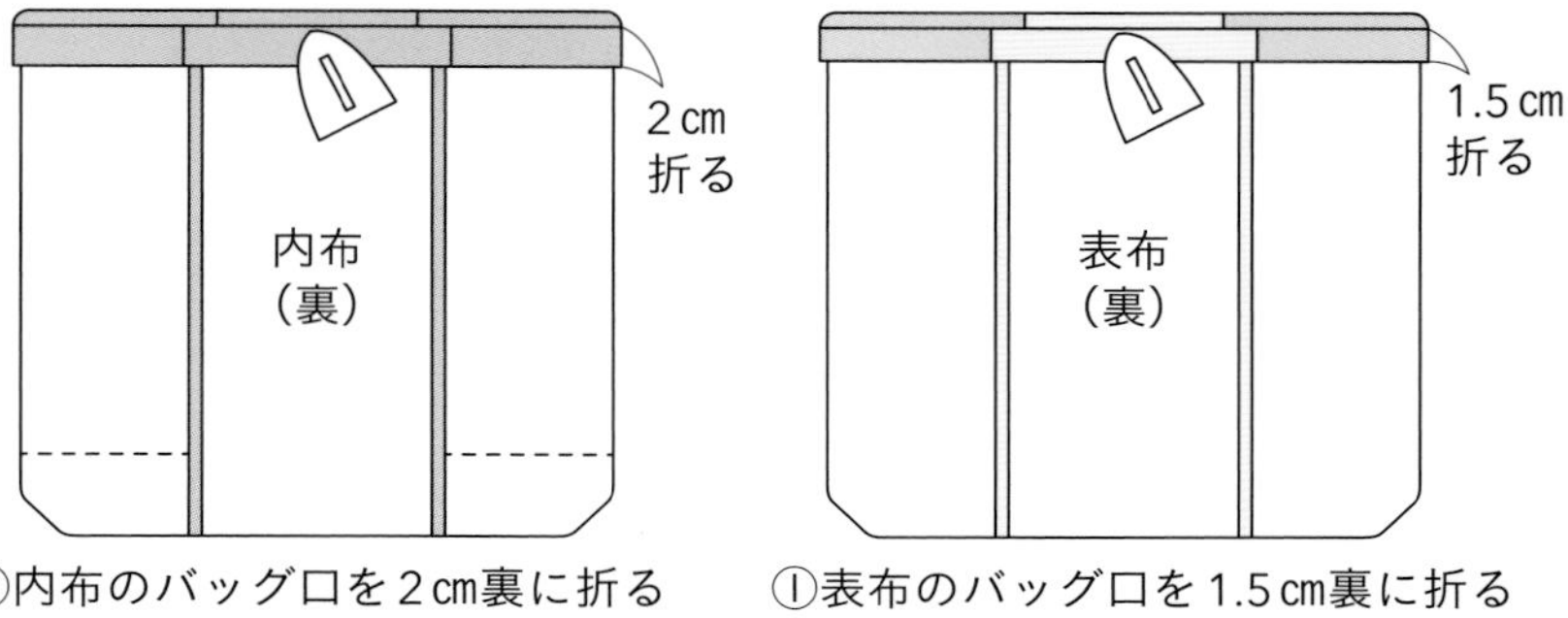
内布
（裏）
2㎝
折る
②内布のバッグ口を2㎝裏に折る
表布
（裏）
1.5㎝
折る
①表布のバッグ口を1.5㎝裏に折る

13 表布と内布を外表に重ねてバッグ口を縫い合わせる

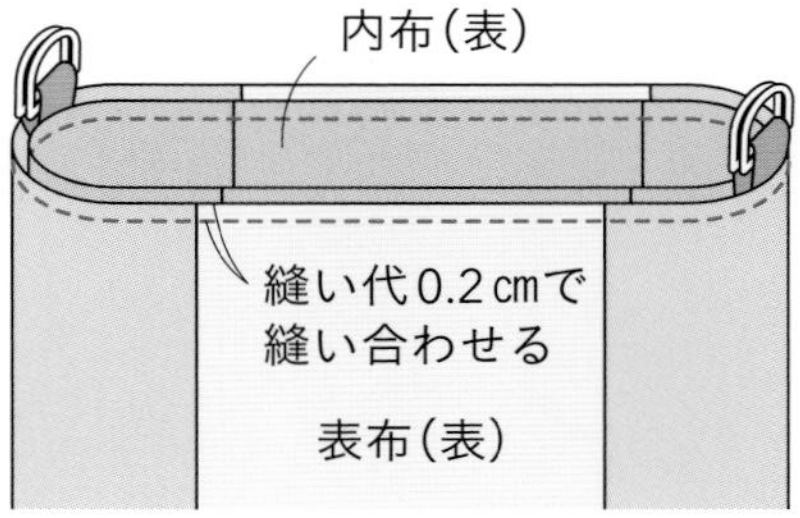
内布（表）
縫い代0.2㎝で
縫い合わせる
表布（表）

14 カバンテープをDカンに縫いつける

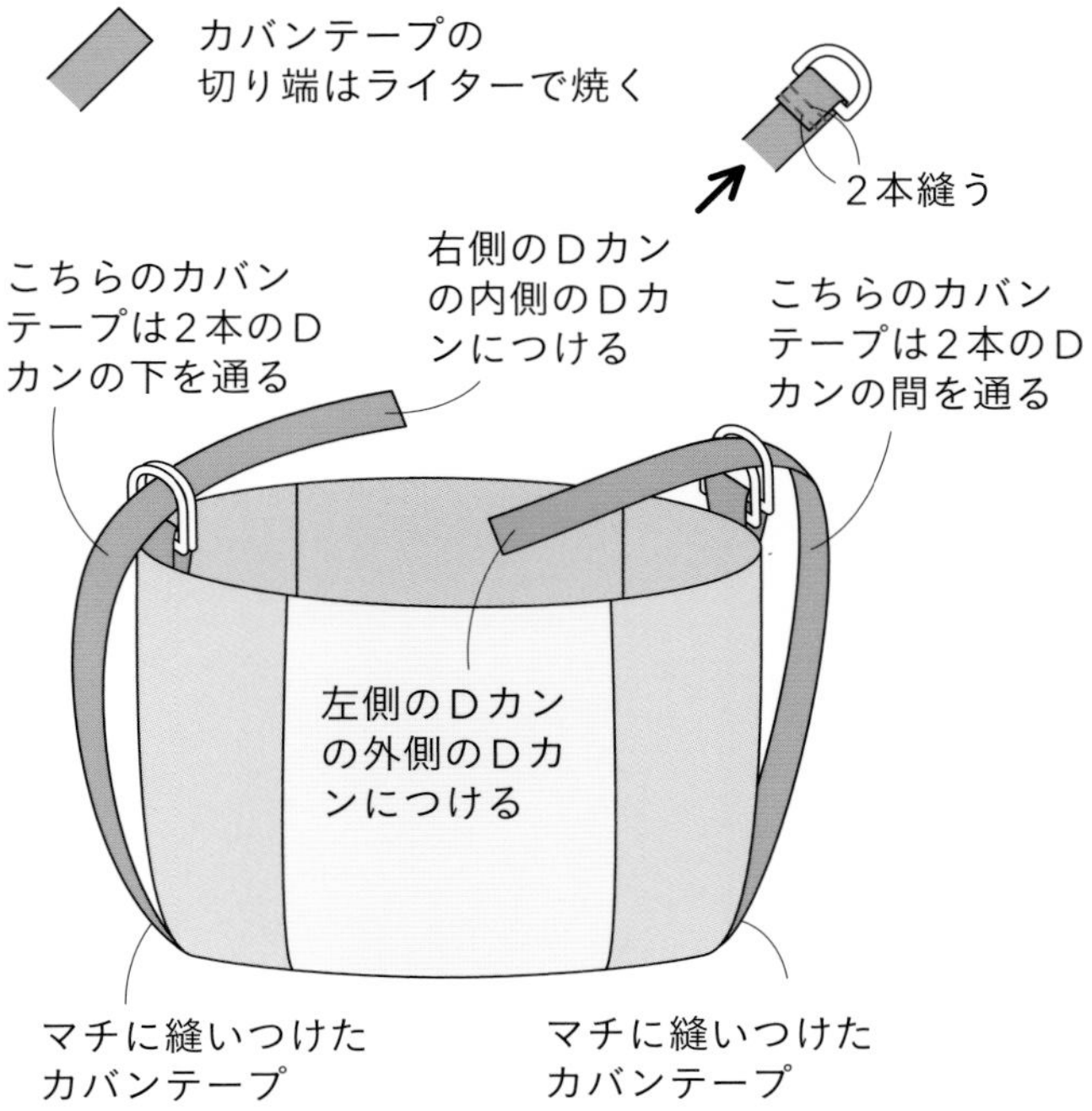
カバンテープの
切り端はライターで焼く
2本縫う
こちらのカバン
テープは2本のD
カンの下を通る
右側のDカン
の内側のDカ
ンにつける
こちらのカバン
テープは2本のD
カンの間を通る
左側のDカン
の外側のDカ
ンにつける
マチに縫いつけた
カバンテープ
マチに縫いつけた
カバンテープ

仕上がり寸法

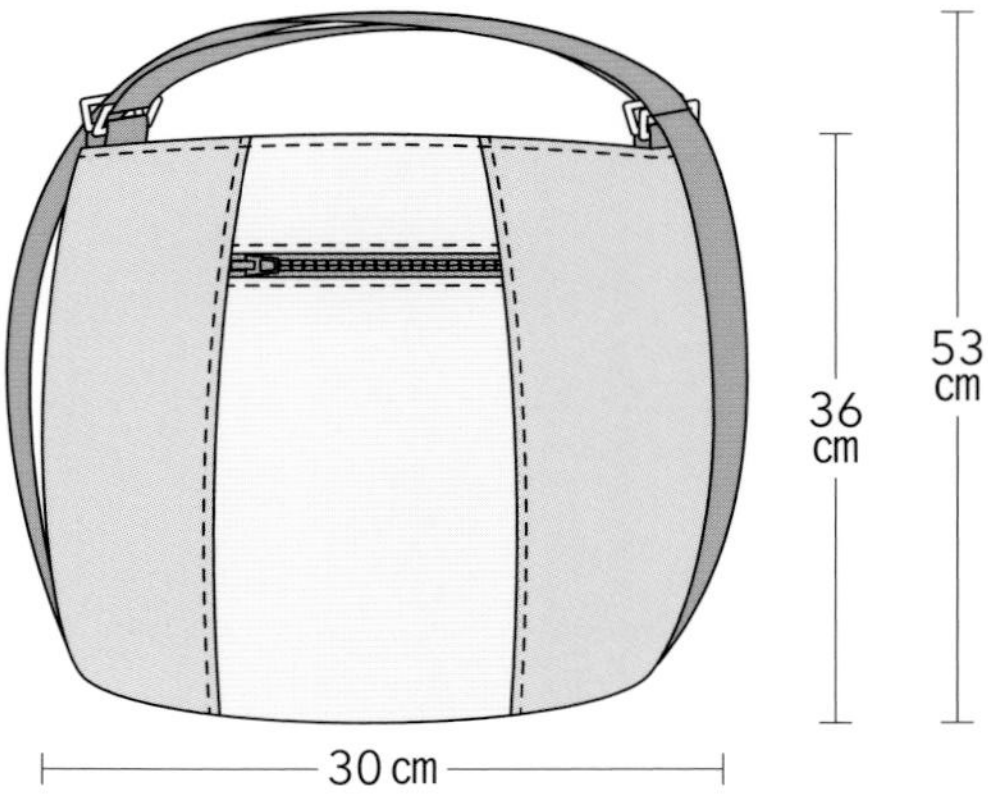
53
㎝
36
㎝
30㎝

D 袋帯のトリプルバッグ

How to make ▼ 52 page

袋帯を輪のままカットしてトリプルに使えるバッグ

袋帯をそのまま２つに折ったバッグ。輪のままカットしています。なんといっても、帯の豪華な模様が映えるバッグ。古い帯は硬い芯が入っていて縫えないので、芯をはずしたりしています。内側は３つに仕切られ、Ａ４ファイル、ＰＣ、水筒、傘も入り、トリプル仕様です。

豪華だけど渋めの模様が、感じよくまとまりました。

作り方を
動画でも
チェック

袋帯のトリプルバッグ D

工程

1 布を裁つ。
2 中心のポケット布Cと、脇布Dを作る。
3 Cのポケット布に脇布Dを縫いつける。
4 内側布Bにマグネットボタンをつける。
5 内側布BにCのポケットを縫いつける。
6 ポケットCと脇布Dを縫い合わせる。
7 持ち手を縫い、外側布Aに縫いつける。
8 6で縫った内側布をAに縫いつける。

材料

○ 袋帯外側A…1枚
○ 袋帯内側B…1枚
○ 中心ポケット布…1枚
○ ポケット脇布…2枚
○ 持ち手布…2枚
○ マグネットボタン
…18㎜　1組

中心のポケット布　1枚

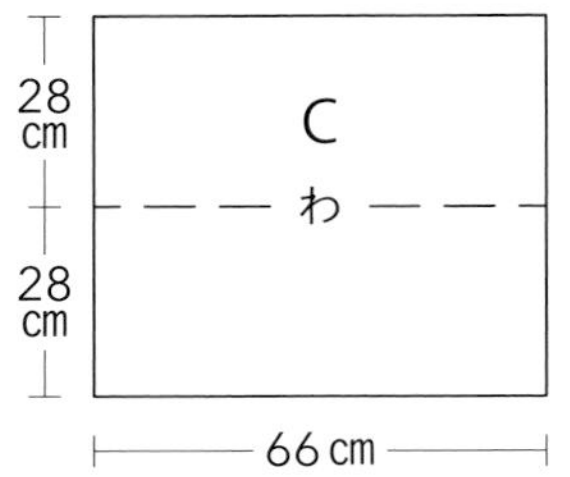

28 cm
C
わ
28 cm
66 cm

※帯を開いて裁断する

持ち手
2枚

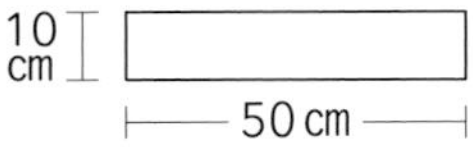

10 cm
50 cm

ポケット脇布
2枚

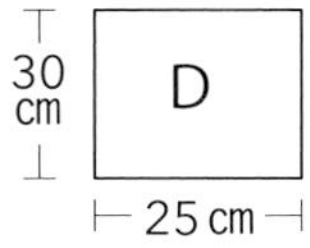

30 cm
D
25 cm

1 布を裁つ

袋帯外側A1枚、袋帯内側B1枚、中心ポケット布1枚、ポケット脇布2枚、持ち手布2枚を裁つ。

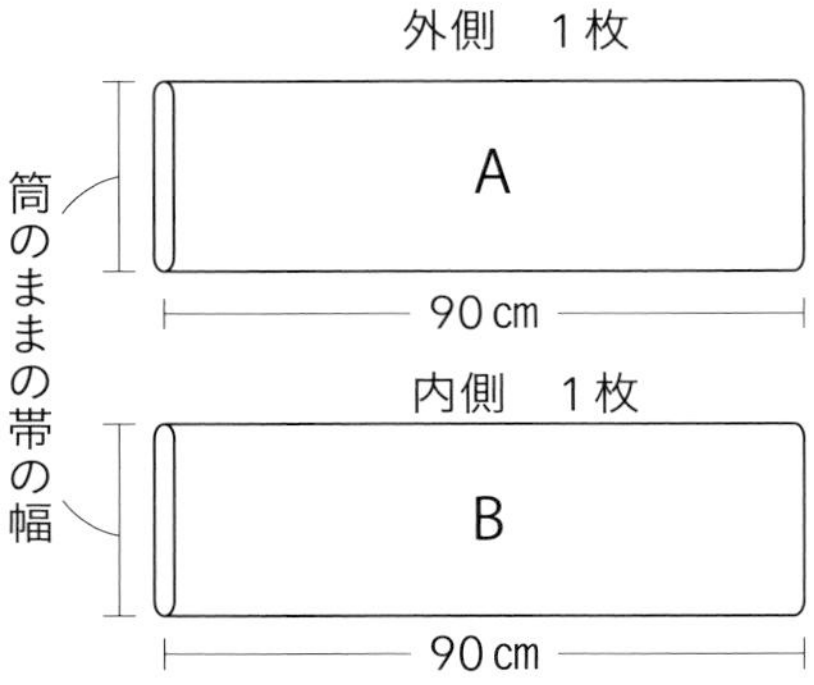

外側　1枚
A
90 cm
内側　1枚
B
90 cm
筒のままの帯の幅

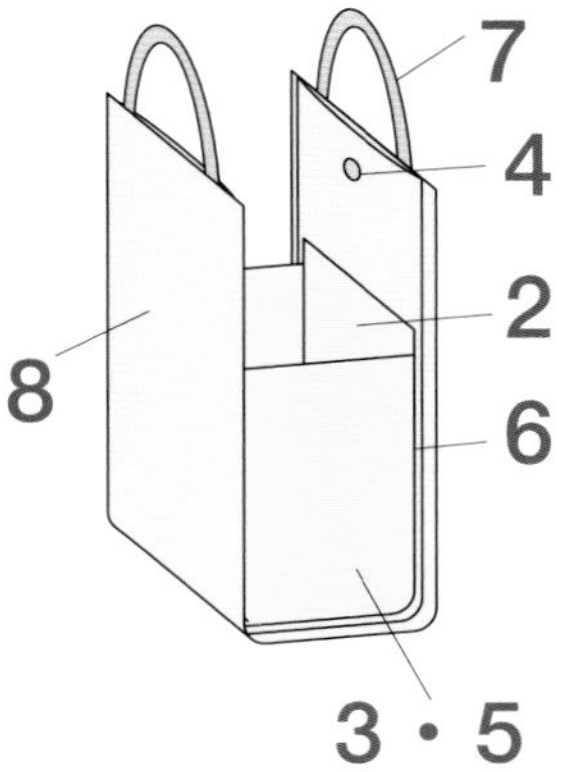

7
4
2
8
6
3・5

2 中心のポケット布Cと、脇布Dを作る

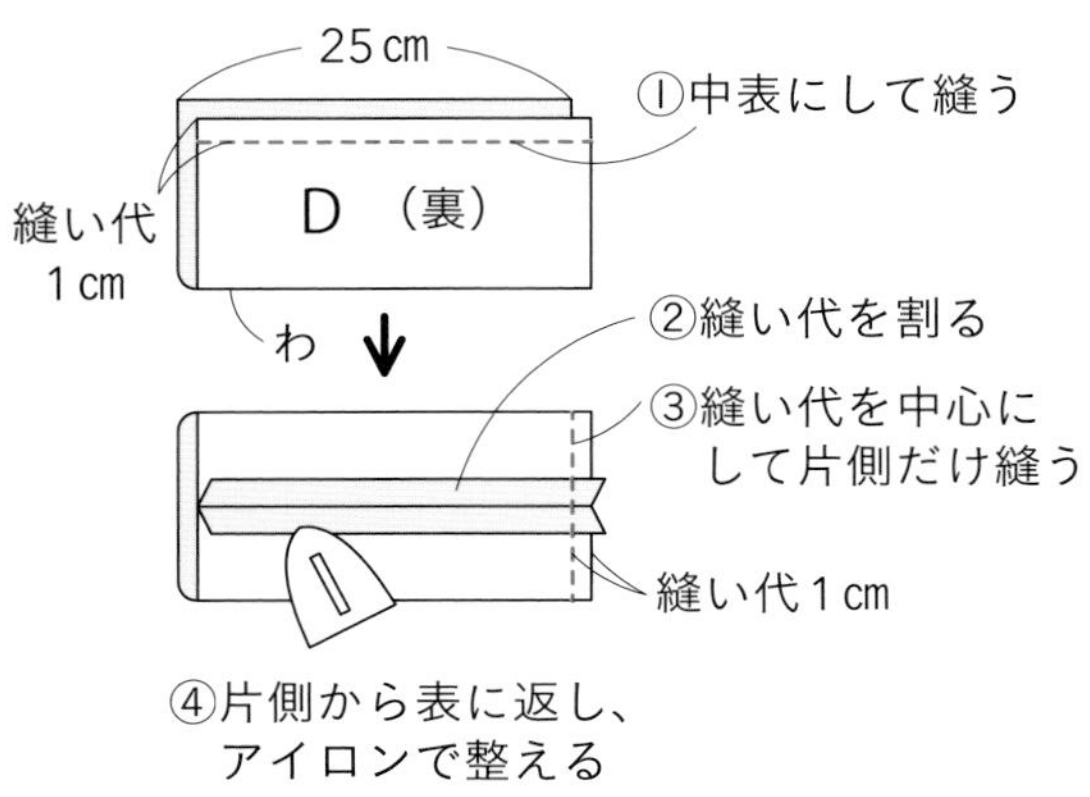

ポケット脇布D
25 cm
①中表にして縫う
D （裏）
縫い代
1 cm
わ
②縫い代を割る
③縫い代を中心に
して片側だけ縫う
縫い代 1 cm
④片側から表に返し、
アイロンで整える

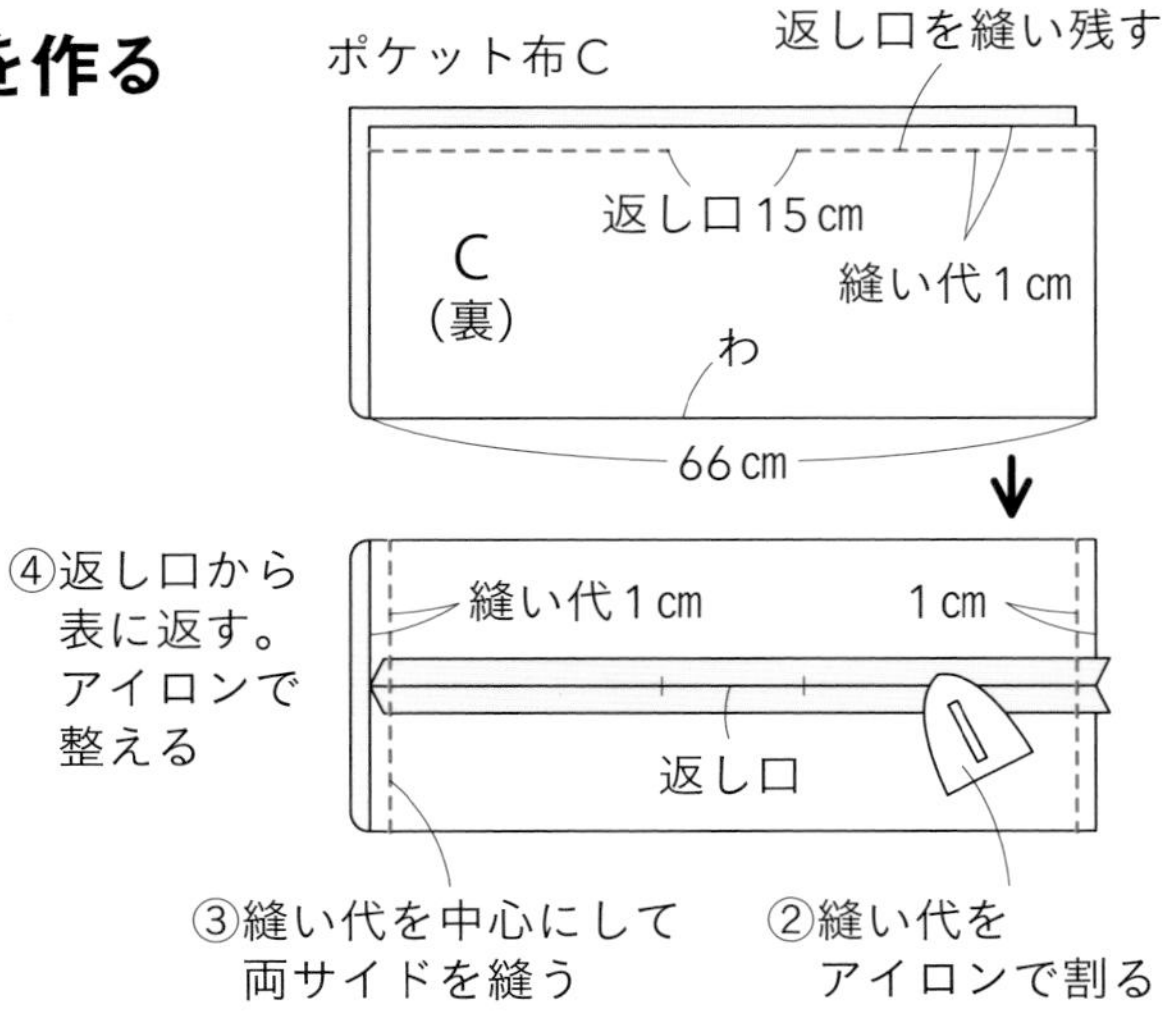

ポケット布C
①中表にして縫う。
返し口を縫い残す
返し口 15 cm
縫い代 1 cm
C
（裏）
わ
66 cm
④返し口から
表に返す。
アイロンで
整える
縫い代 1 cm
1 cm
返し口
③縫い代を中心にして
両サイドを縫う
②縫い代を
アイロンで割る

3 Cのポケット布に脇布Dを縫いつける

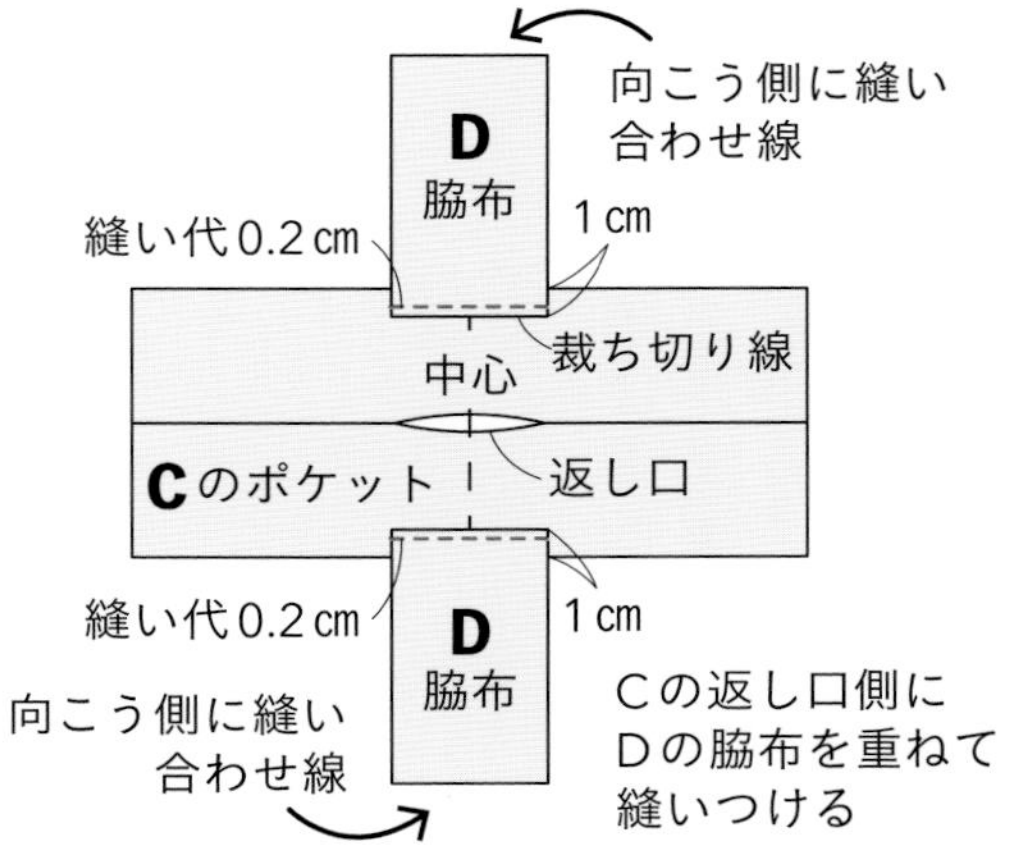

D
脇布
向こう側に縫い合わせ線
縫い代0.2㎝
1㎝
裁ち切り線
中心
Cのポケット
返し口
縫い代0.2㎝
1㎝
D
脇布
向こう側に縫い合わせ線
Cの返し口側にDの脇布を重ねて縫いつける

4 内側布Bにマグネットボタンをつける

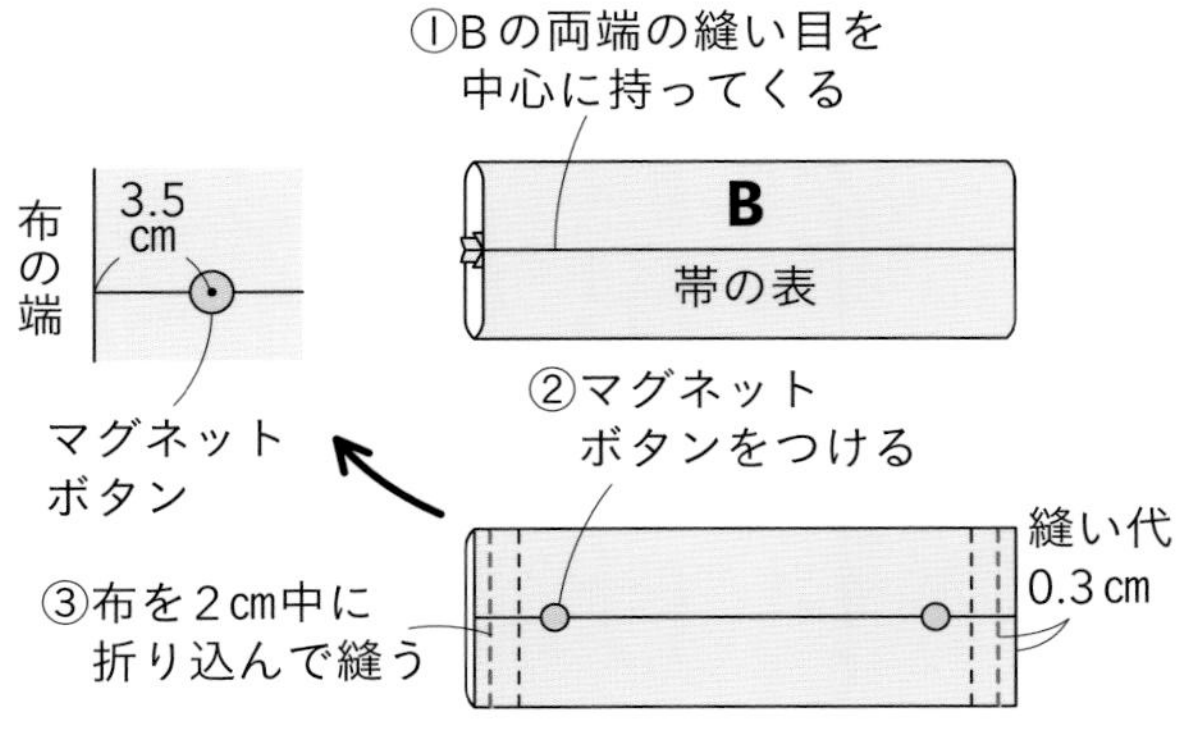

①Bの両端の縫い目を中心に持ってくる
B
帯の表
布の端
3.5㎝
マグネットボタン
②マグネットボタンをつける
縫い代0.3㎝
③布を2㎝中に折り込んで縫う

※マグネットボタンのつけ方はp.21参照

5 内側布BにCのポケットを縫いつける

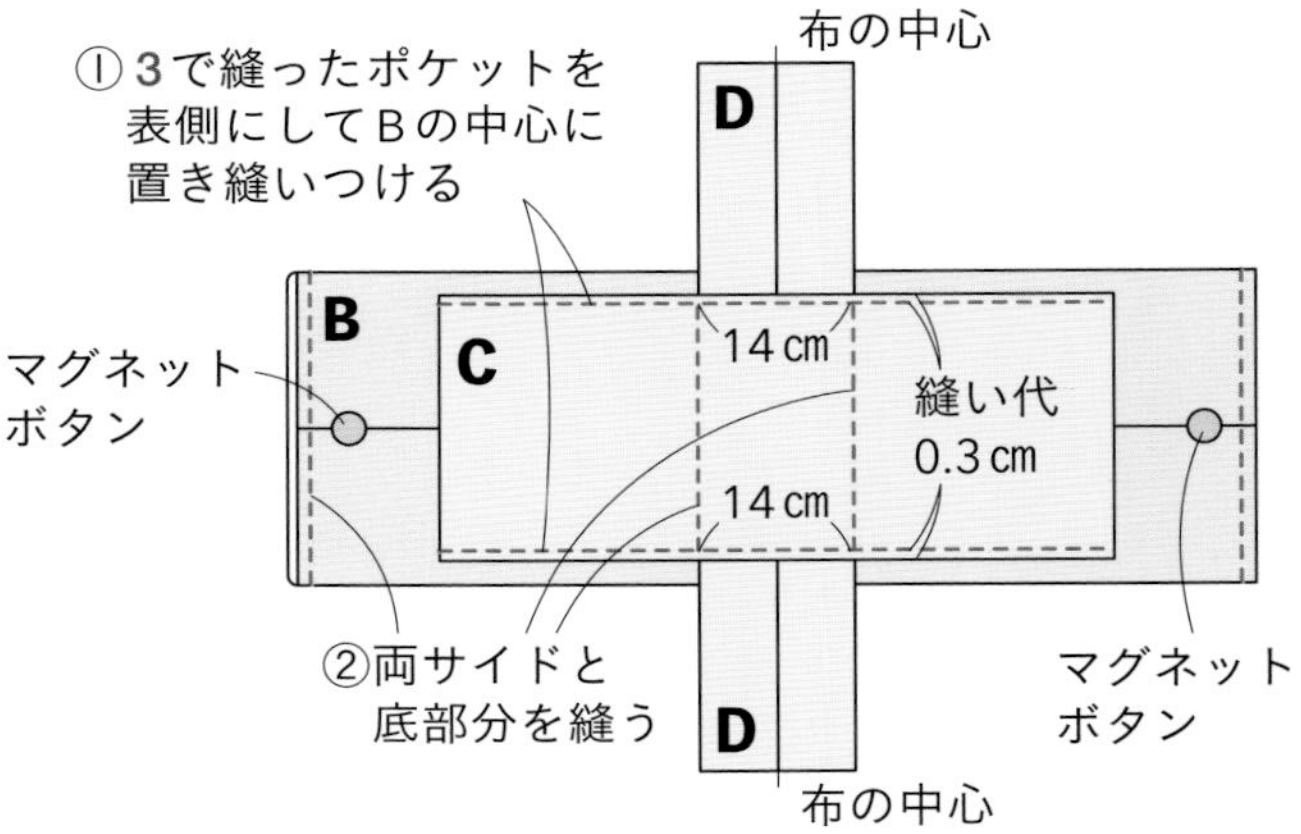

布の中心
①3で縫ったポケットを表側にしてBの中心に置き縫いつける
D
B
C
14㎝
縫い代0.3㎝
マグネットボタン
14㎝
②両サイドと底部分を縫う
D
マグネットボタン
布の中心

6 ポケットCと脇布Dを縫い合わせる

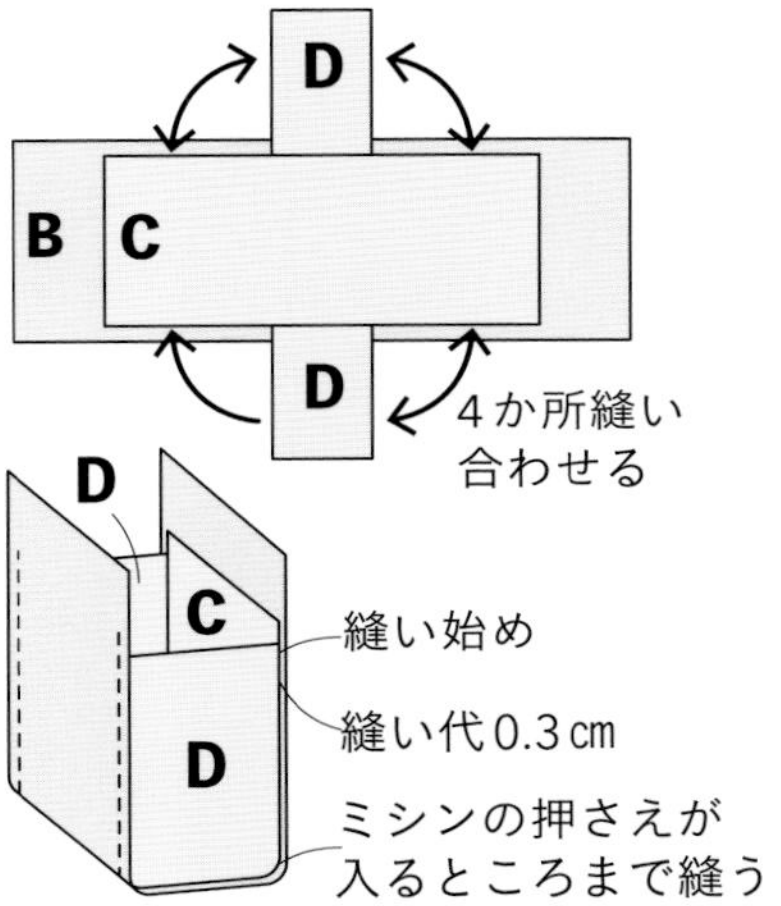

D
B
C
D
4か所縫い合わせる
D
C
D
縫い始め
縫い代0.3㎝
ミシンの押さえが入るところまで縫う

7 持ち手を縫い、外側布Aに縫いつける

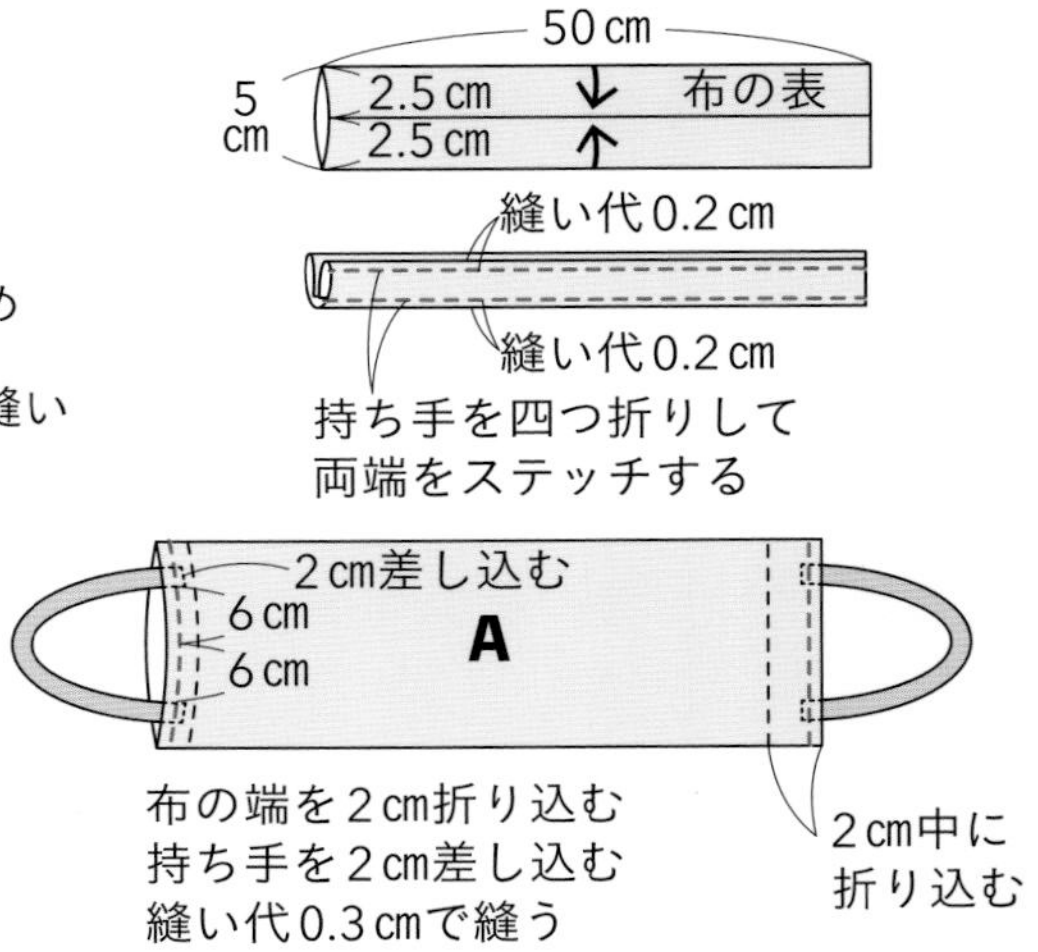

50㎝
5㎝
2.5㎝
2.5㎝
布の表
縫い代0.2㎝
縫い代0.2㎝
持ち手を四つ折りして両端をステッチする
2㎝差し込む
6㎝
6㎝
A
布の端を2㎝折り込む
持ち手を2㎝差し込む
縫い代0.3㎝で縫う
2㎝中に折り込む

8 6で縫った内側布をAに縫いつける

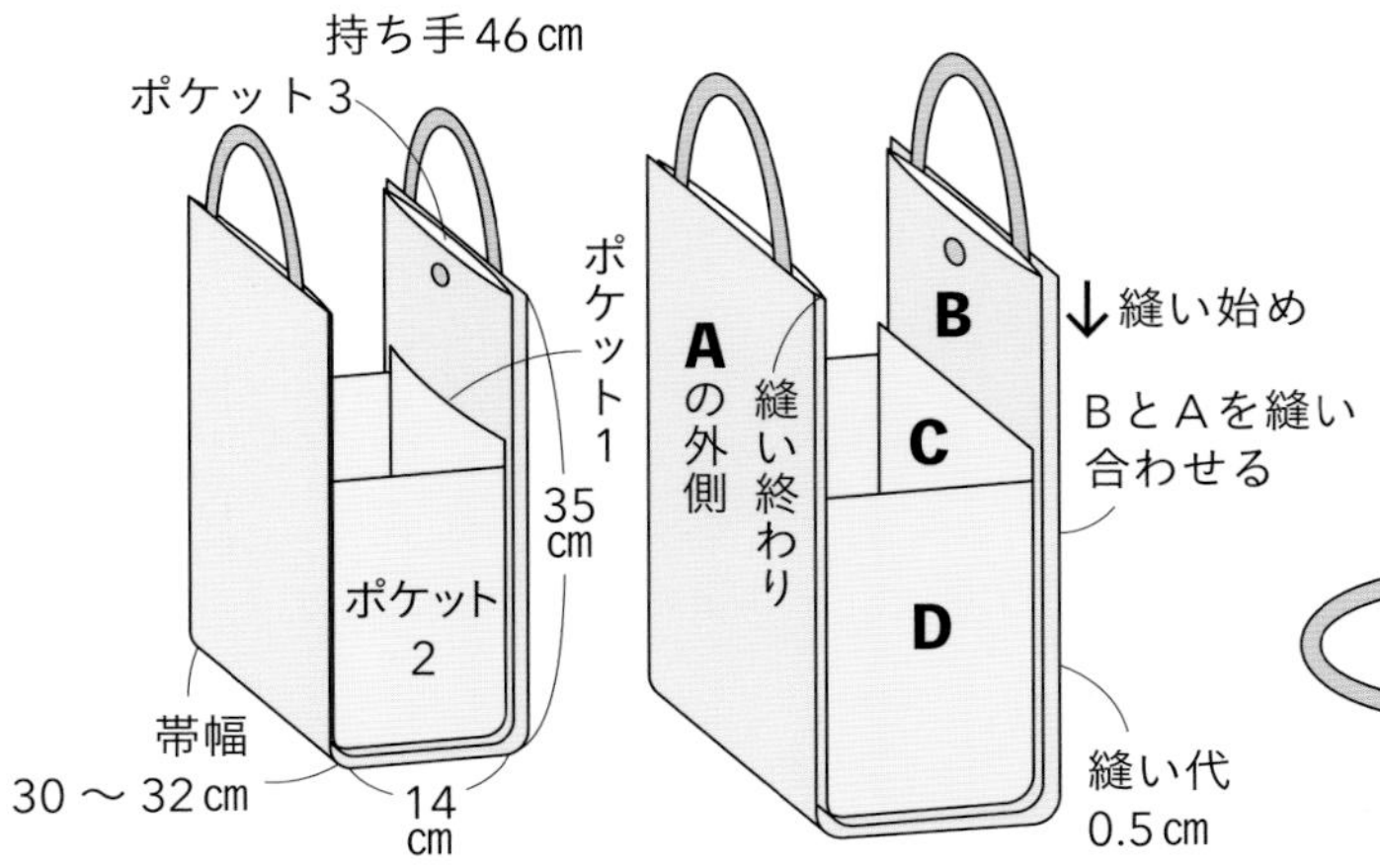

持ち手46㎝
ポケット3
ポケット1
35㎝
ポケット2
帯幅
30 ～ 32㎝
14㎝
Aの外側
縫い終わり
B
C
D
縫い始め
BとAを縫い合わせる
縫い代0.5㎝

仕上がりサイズ

E
4枚はぎのお出かけバッグ

How to make ▼56 page

美しい形のバッグ
プリント地でも、きもの地でも

美しい曲線のバッグができました。型紙がありますので、ぜひ作ってみてください。4枚はぎは形がきれいなので、大島紬のなかでも特に人気のある龍郷《たつごう》柄と秋名バラ柄を組み合わせてみました（右）。一方は、町の生地屋さんのオリジナルプリントに一目惚れしたもので制作（上）。どちらも品のよい仕上がり。

内側にはファスナーポケットを作りました。4枚はぎは底が広くなり、たくさん入ります。

作り方を
動画でも
チェック

4枚はぎのお出かけバッグ E

工程

1 布を裁つ。
2 内布の中心布にファスナーポケットをつける。
3 内布にマグネットボタンをつける。
4 表布、内布それぞれ、中心布とサイド布を縫い合わせる。
5 表布と内布を中表に縫い合わせる。
6 返し口から表に返し、形を整えてステッチ。
7 持ち手をつなぐ。
8 つないだ持ち手を布でくるむ。

材料

○中心布（型紙）
…表布・内布各2枚
○サイド布（型紙）
…表布・内布各2枚
○持ち手をくるむ布
…2枚
○ファスナーポケット布…1枚
○ファスナー…18cm　1本
○マグネットボタン…18mm　1組

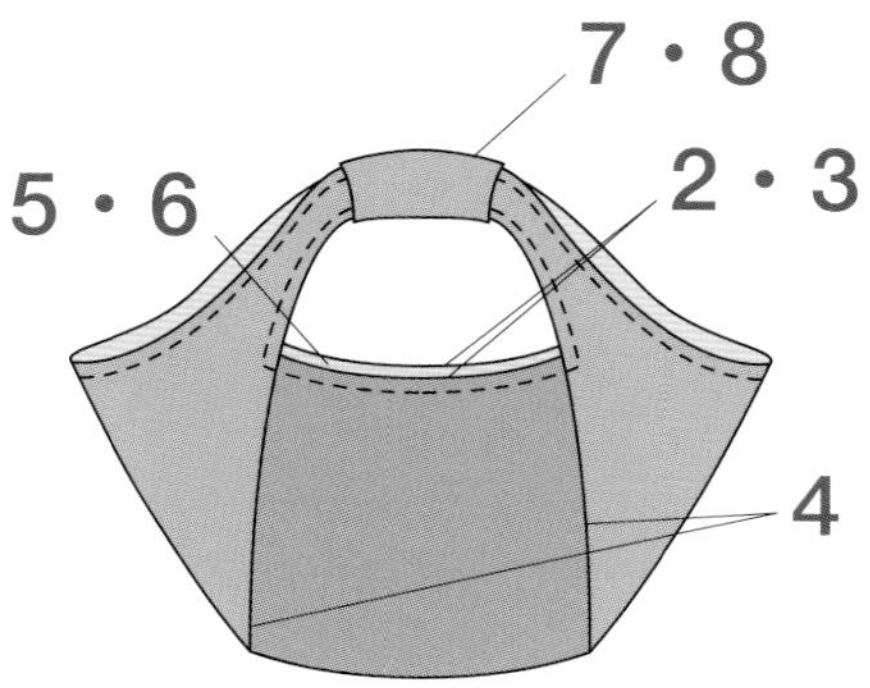
7・8
5・6
2・3
4

2 内布の中心布にファスナーポケットをつける

内布の中心布にファスナーポケットをつける

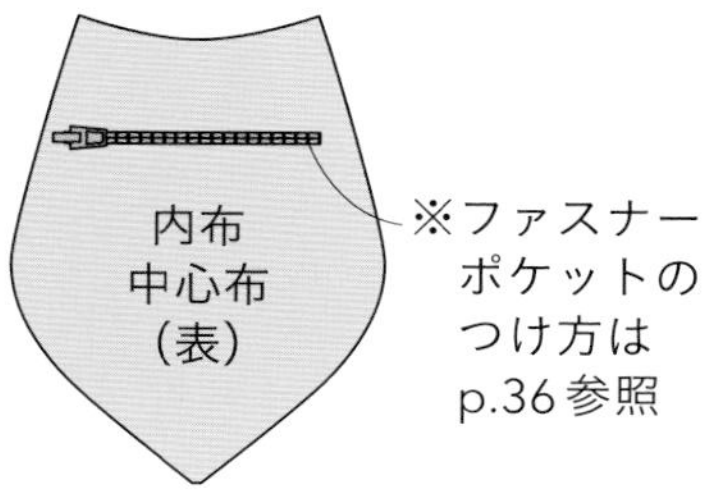
内布
中心布
（表）
※ファスナーポケットのつけ方はp.36参照

3 内布にマグネットボタンをつける

※マグネットボタンのつけ方はp.21参照

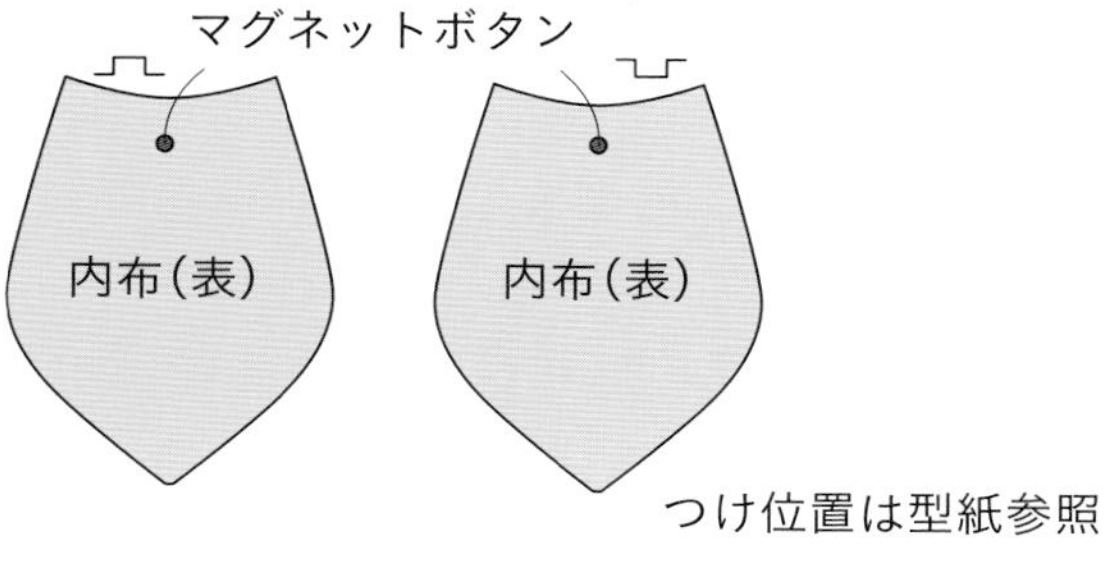
マグネットボタン
内布（表）
内布（表）
つけ位置は型紙参照

1 布を裁つ

中心布（型紙）表布・内布各2枚、サイド布（型紙）表布・内布各2枚、持ち手をくるむ布2枚、ファスナーポケット布1枚を裁つ。

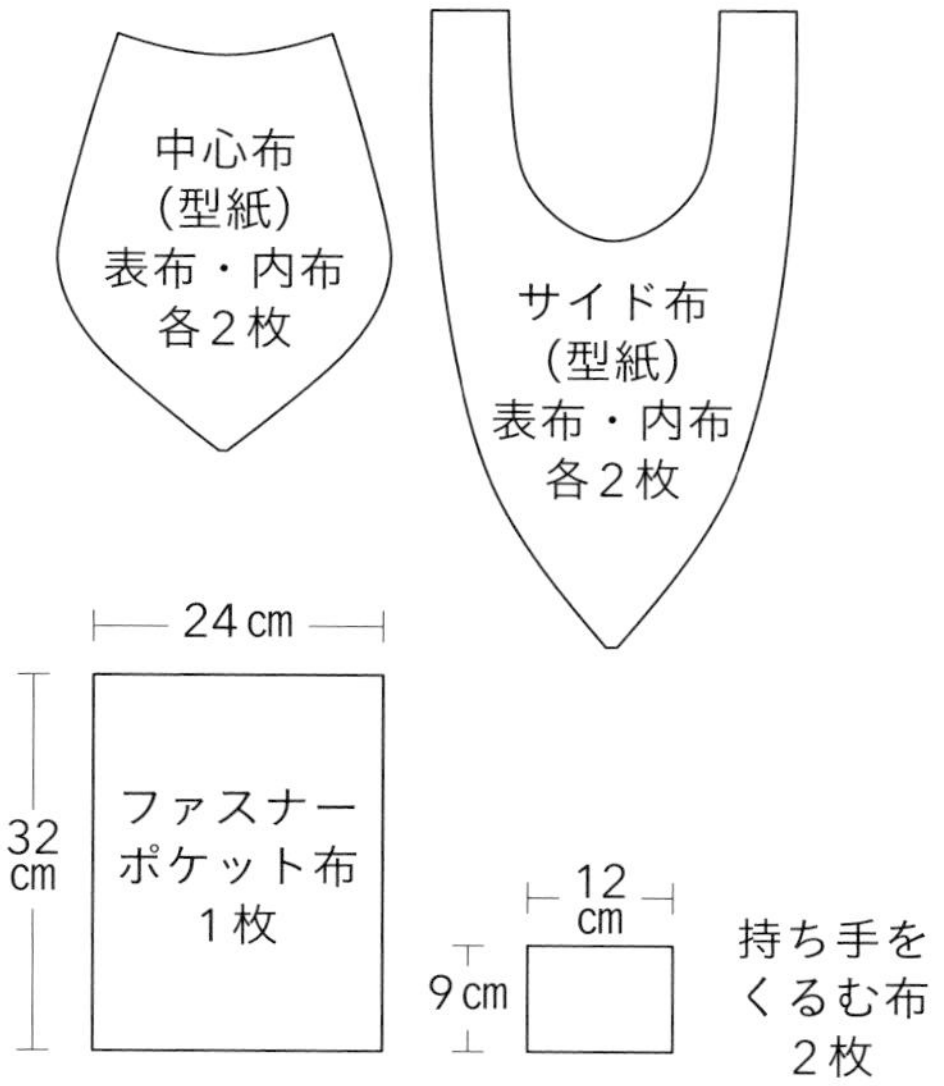
中心布
（型紙）
表布・内布
各2枚
サイド布
（型紙）
表布・内布
各2枚
24cm
32cm
ファスナー
ポケット布
1枚
12cm
9cm
持ち手を
くるむ布
2枚

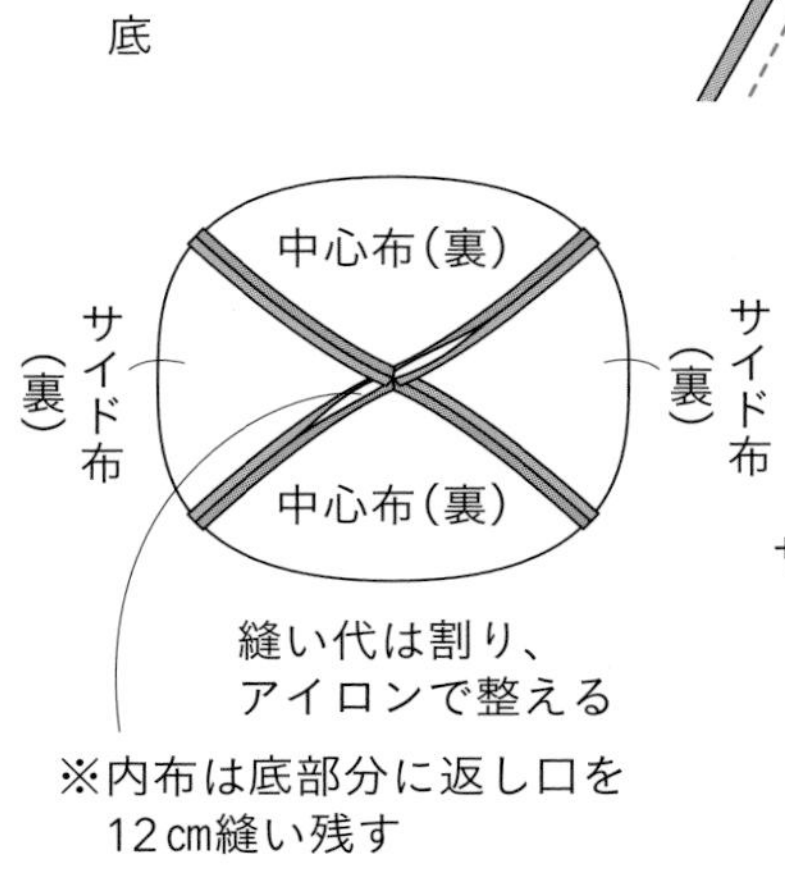
底
中心布（裏）
サイド布（裏）
サイド布（裏）
中心布（裏）
縫い代は割り、
アイロンで整える
※内布は底部分に返し口を
12㎝縫い残す

4 表布、内布それぞれ、中心布とサイド布を縫い合わせる

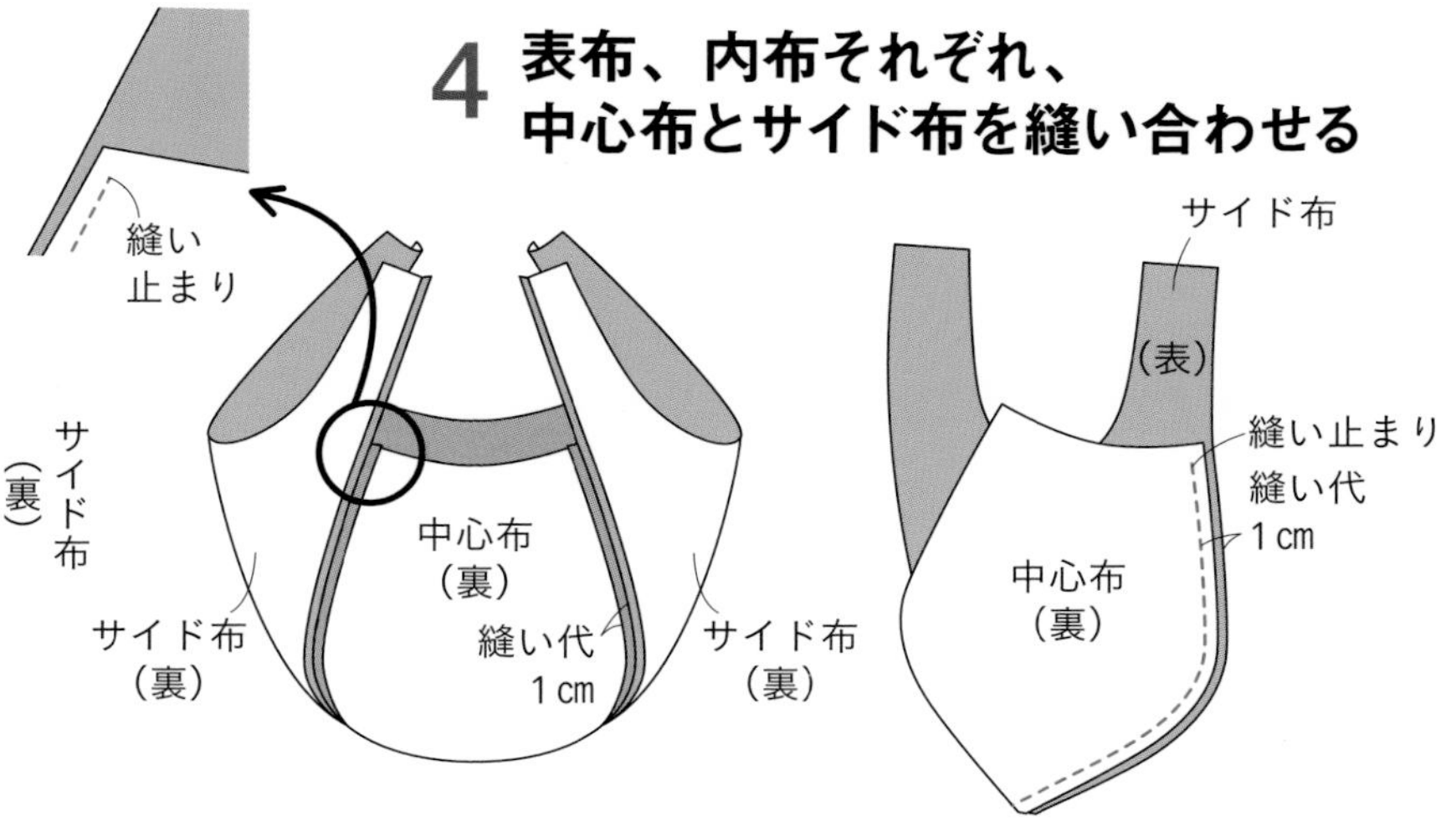
縫い
止まり
中心布
（裏）
サイド布
（裏）
縫い代
1㎝
サイド布
（裏）
サイド布
（表）
縫い止まり
縫い代
1㎝
中心布
（裏）

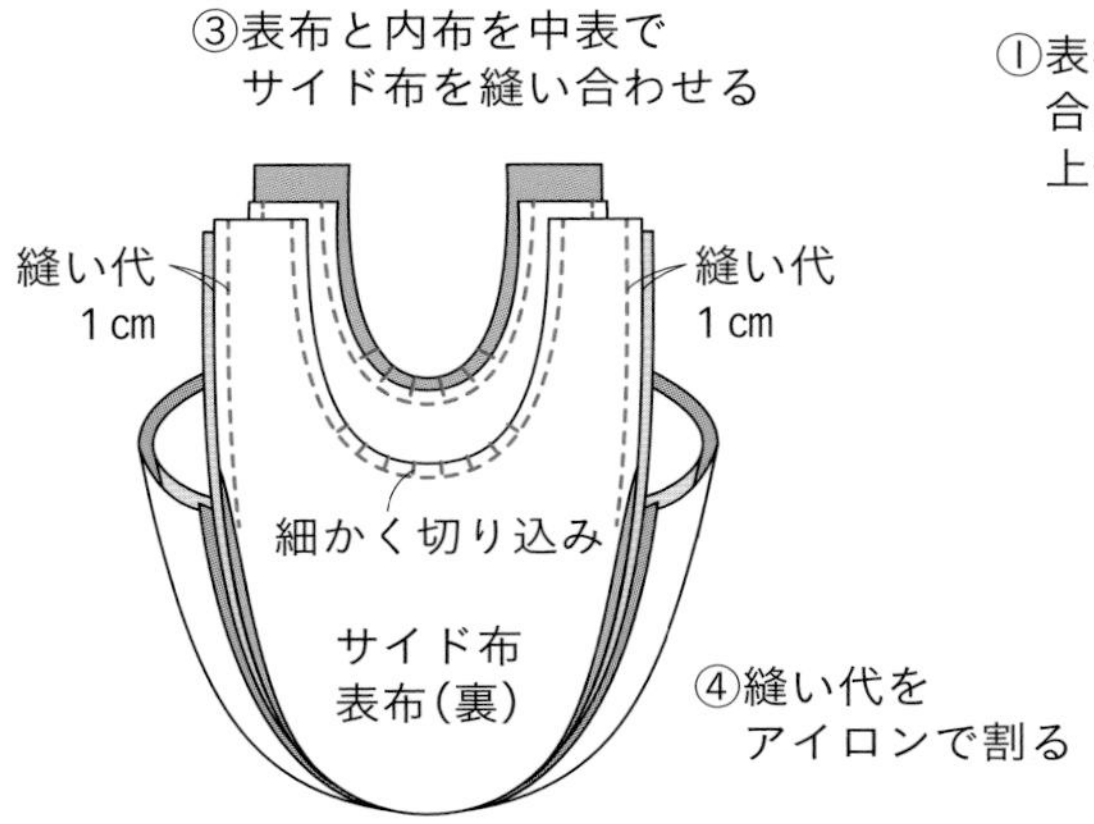
③表布と内布を中表で
サイド布を縫い合わせる
縫い代
1㎝
縫い代
1㎝
細かく切り込み
サイド布
表布（裏）
④縫い代を
アイロンで割る

5 表布と内布を中表に縫い合わせる

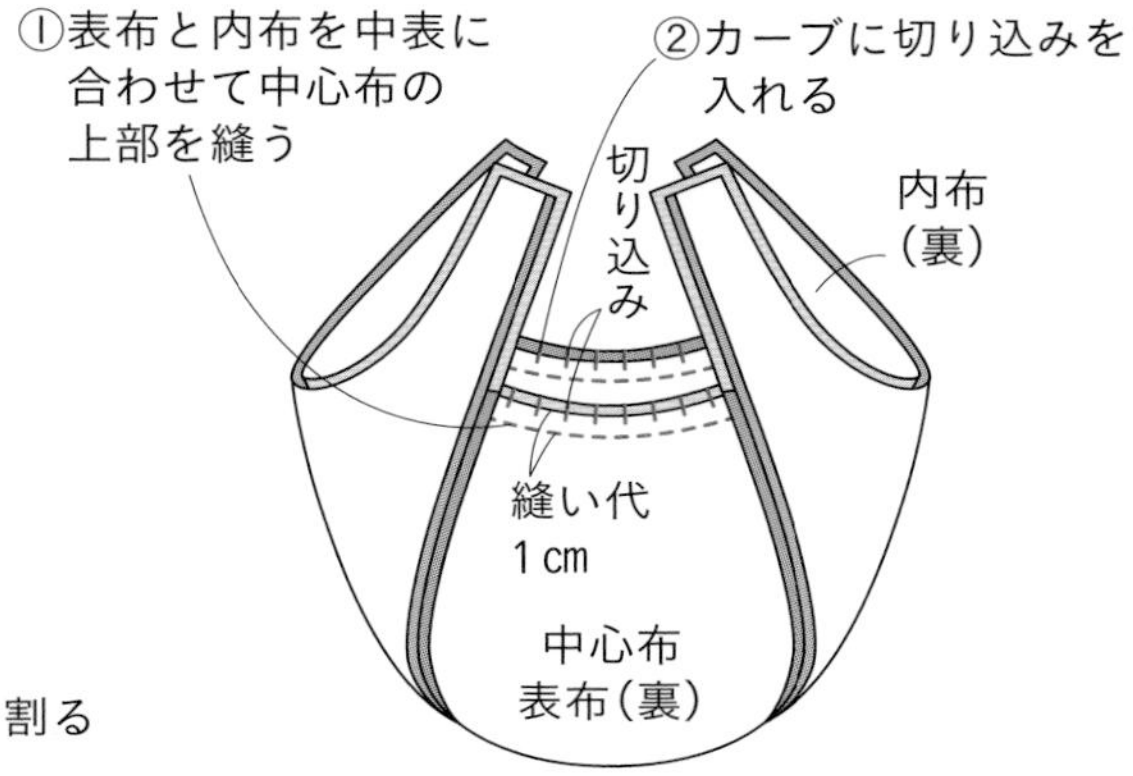
①表布と内布を中表に
合わせて中心布の
上部を縫う
②カーブに切り込みを
入れる
切り込み
内布
（裏）
縫い代
1㎝
中心布
表布（裏）

8 つないだ持ち手を布でくるむ 返し口をとじる

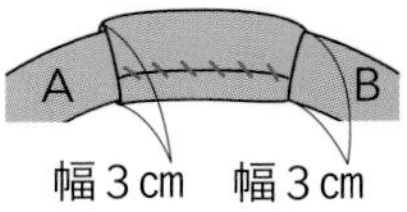
A
B
幅3㎝
幅3㎝

つないだ持ち手を
布でくるんで
手縫いでまつる

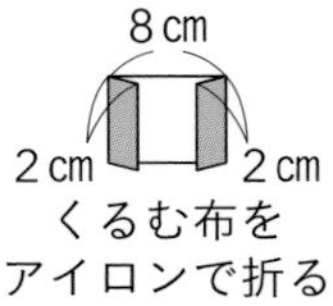
8㎝
2㎝
2㎝
くるむ布を
アイロンで折る

6 返し口から表に返し、形を整えてステッチ

7 持ち手をつなぐ

AとB、CとDを中表に
縫い合わせてつなぐ

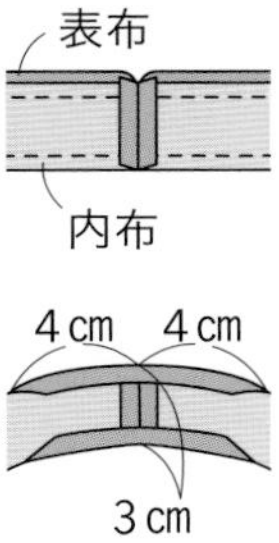
表布
内布
4㎝
4㎝
3㎝

つないだら中心部分4㎝ずつを
少したたんで3㎝の幅にする

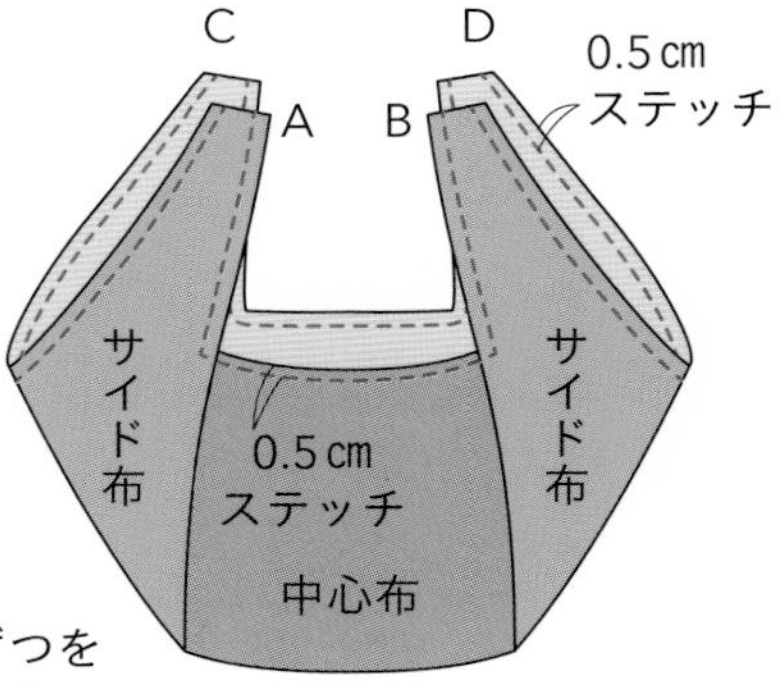
C
D
A
B
0.5㎝
ステッチ
サイド布
サイド布
0.5㎝
ステッチ
中心布

仕上がり寸法

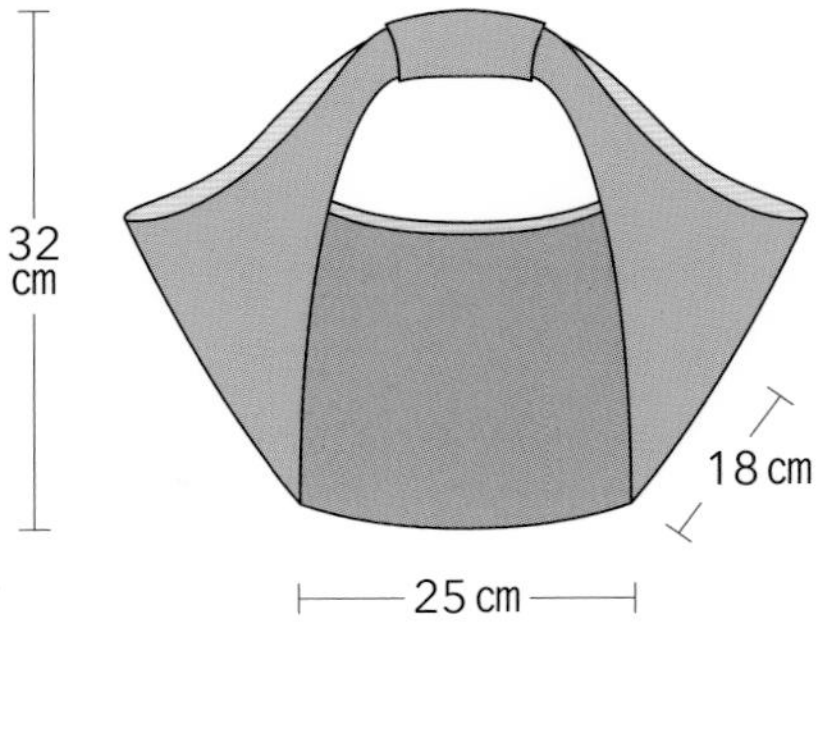
32㎝
18㎝
25㎝

F PCも入るビジネスバッグ

How to make ▼ 60 page

習い事にもお仕事にも楽譜や書類、ＰＣも入る

バッグ内に中仕切りをつけ、ＰＣを入れても安定するようにしました。内側にはマチつきポケット、外側にはファスナーポケットもつけ、機能性たっぷりのバッグです。韓国のキルトとして人気のイブルキルトで作ったグレーのバッグと、表布に喪服の帯、内布に小紋を使った黒のバッグです。

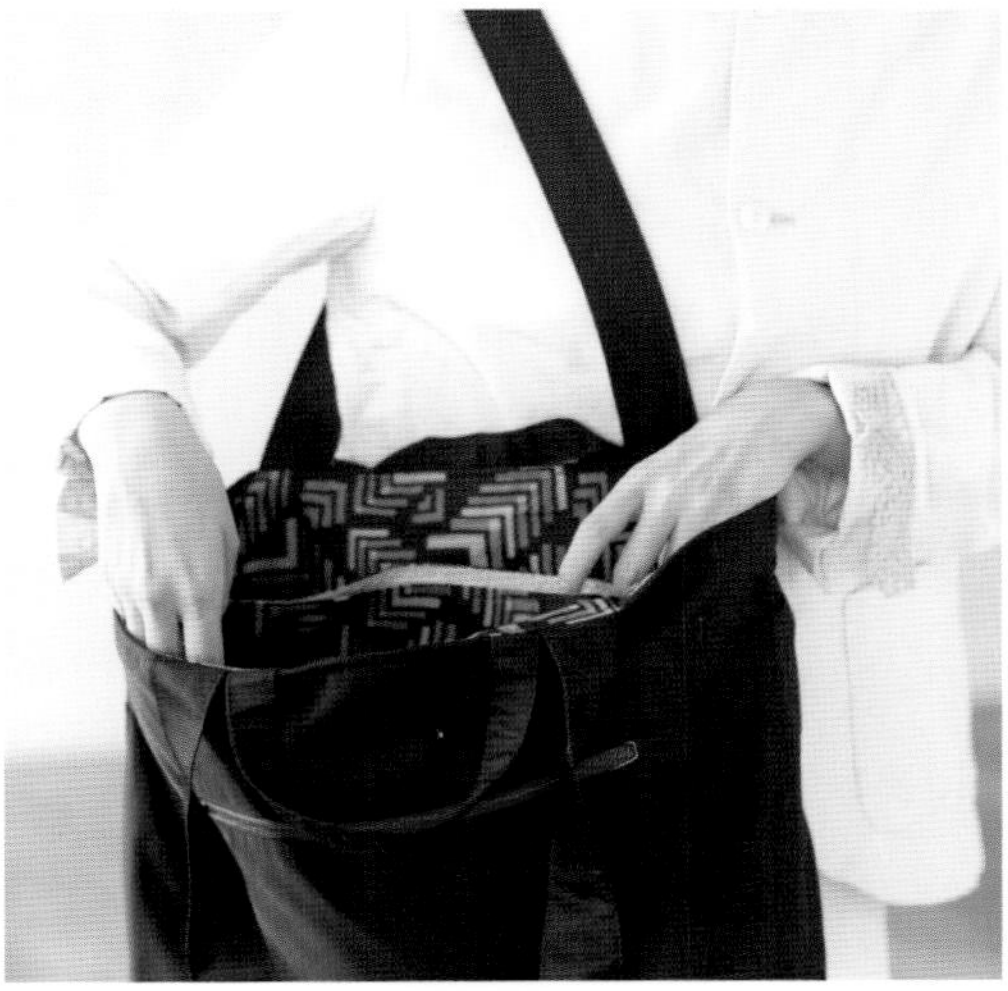

内布の小紋が素敵です。

作り方を
動画でも
チェック

PCも入るビジネスバッグ F

工程

1 布を裁つ。
2 表布にファスナーポケットを縫う。
3 ポケットを縫う。
4 内布1にポケットA、C、Dを縫いつける。
5 内布2にポケットB、C、Eを縫いつける。
6 中仕切り布を縫う。
7 内布を縫う。
8 内布の底マチを縫う。
9 表布を縫う。
10 表布の底マチを縫う。
11 持ち手を縫う。
12 表布に持ち手を仮止めする。
13 表布、内布それぞれバッグ口を
裏側に折り込む。
14 カバン底を入れ、内袋を差し込み、
バッグ口を縫う。

材料

○表布・内布…各2枚
○中仕切り布
…表布・内布　各2枚
○ショルダーひも…2枚
○持ち手布…2枚
○ファスナーポケット布…1枚
○内ポケット布
A・B・C・D・E…各1枚
○ファスナー…25cm　1本
○カバン底板…12cm×34cm

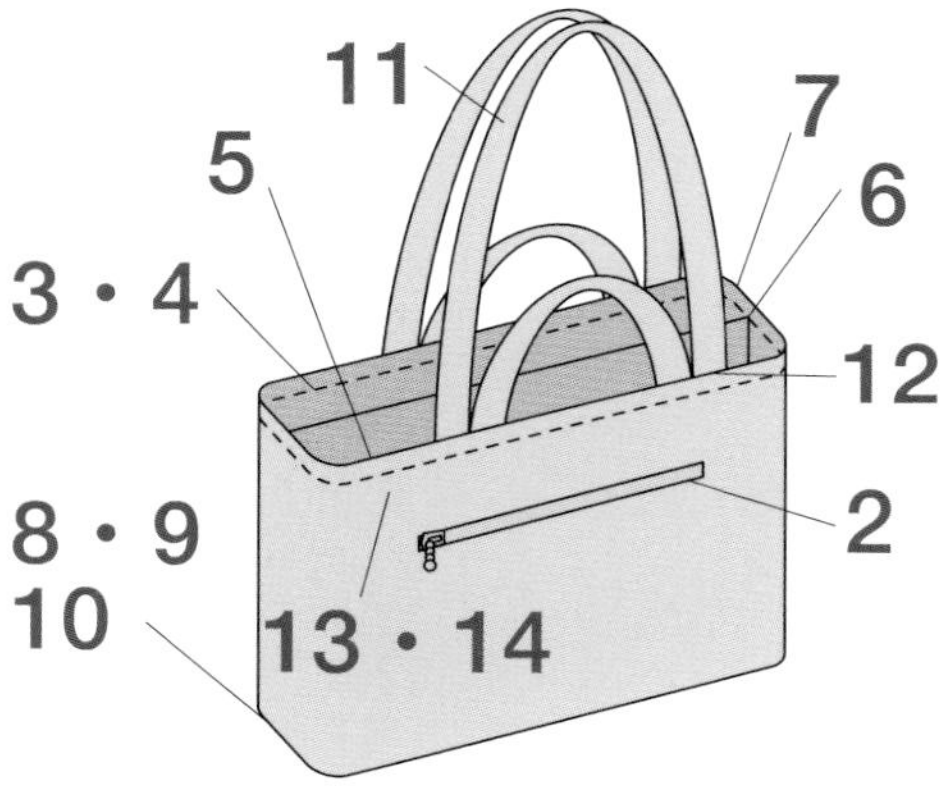
11
7
5
6
3・4
12
8・9
2
10
13・14

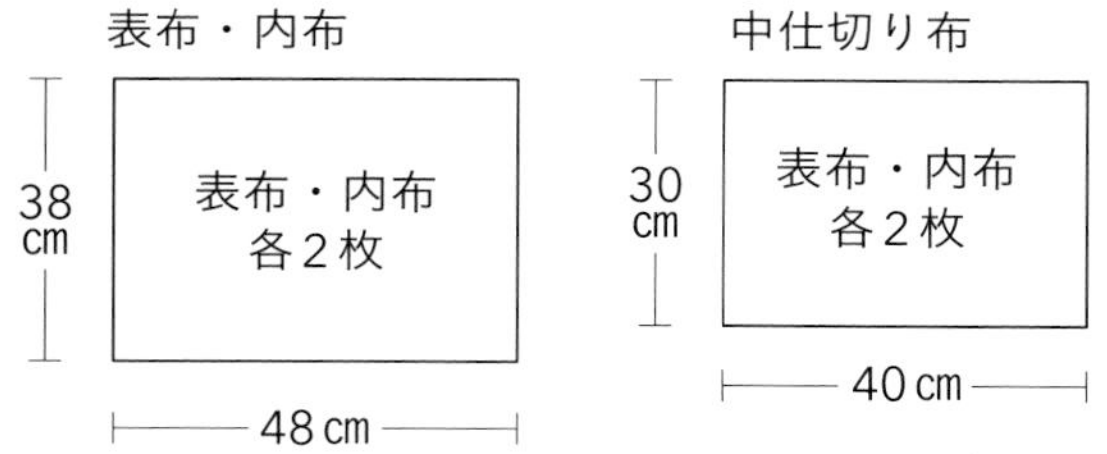
表布・内布
38cm
表布・内布
各2枚
48cm
中仕切り布
30cm
表布・内布
各2枚
40cm

1 布を裁つ

表布・内布各2枚、中仕切り布(表布・内布各2枚)、ショルダーひも2枚、持ち手布2枚、ファスナーポケット布1枚、内ポケット布A・B・C・D・E各1枚を裁つ。

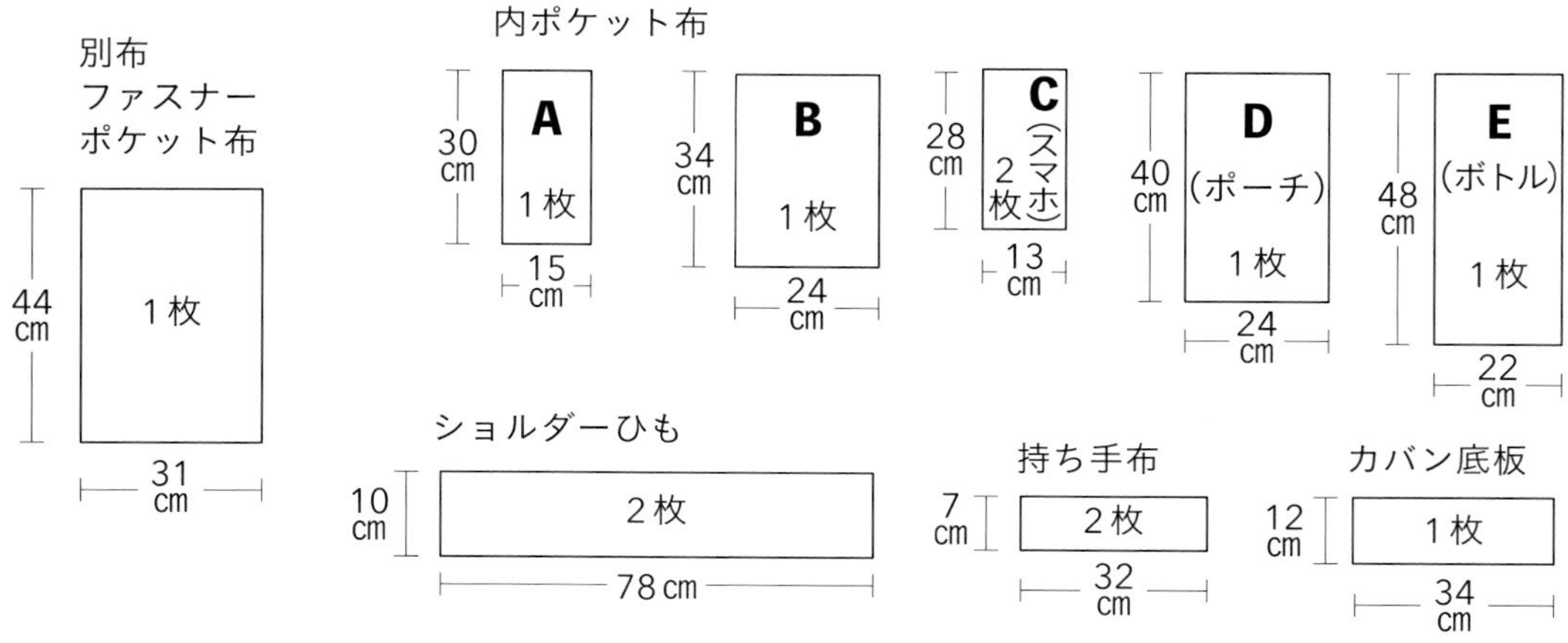
別布
ファスナー
ポケット布
44cm
1枚
31cm
内ポケット布
A
30cm
1枚
15cm
B
34cm
1枚
24cm
C
28cm
(スマホ)
2枚
13cm
D
40cm
(ポーチ)
1枚
24cm
E
48cm
(ボトル)
1枚
22cm
ショルダーひも
10cm
2枚
78cm
持ち手布
7cm
2枚
32cm
カバン底板
12cm
1枚
34cm

2 表布にファスナーポケットを縫う

※ファスナーポケットの縫い方はp.36参照。

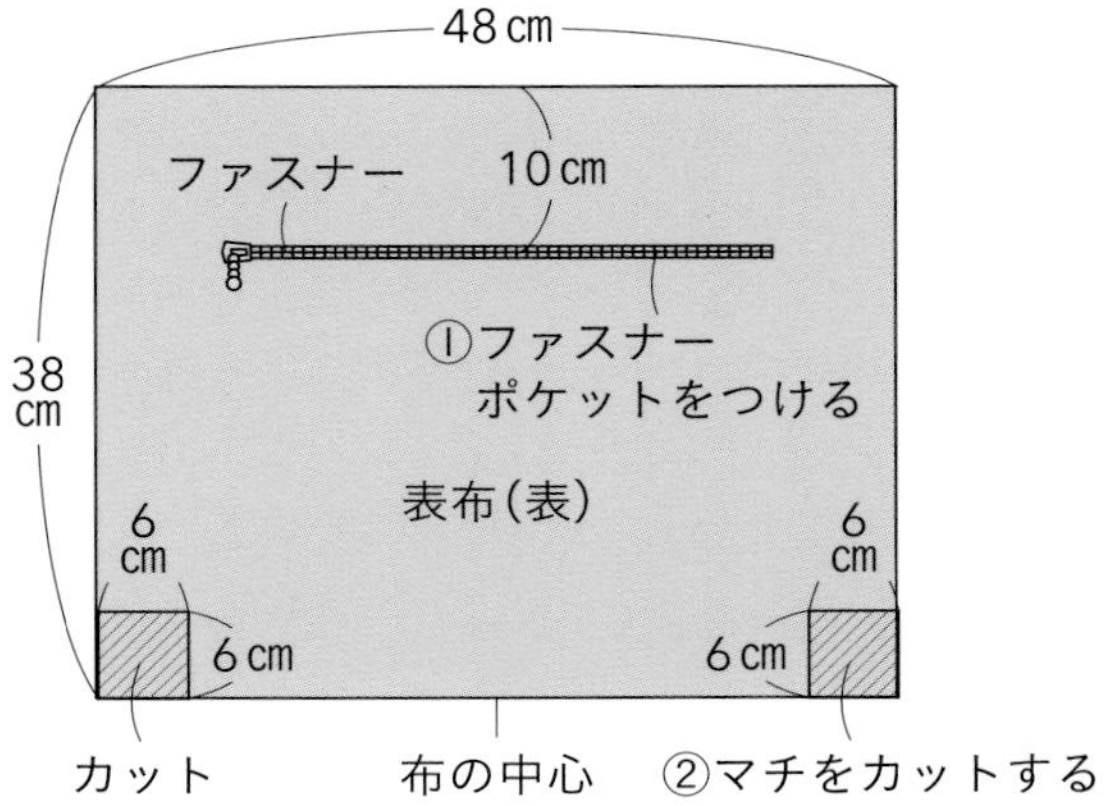
48 cm
ファスナー
10 cm
38 cm
①ファスナーポケットをつける
表布（表）
6 cm
6 cm
6 cm
6 cm
カット
布の中心
②マチをカットする

3 ポケットを縫う

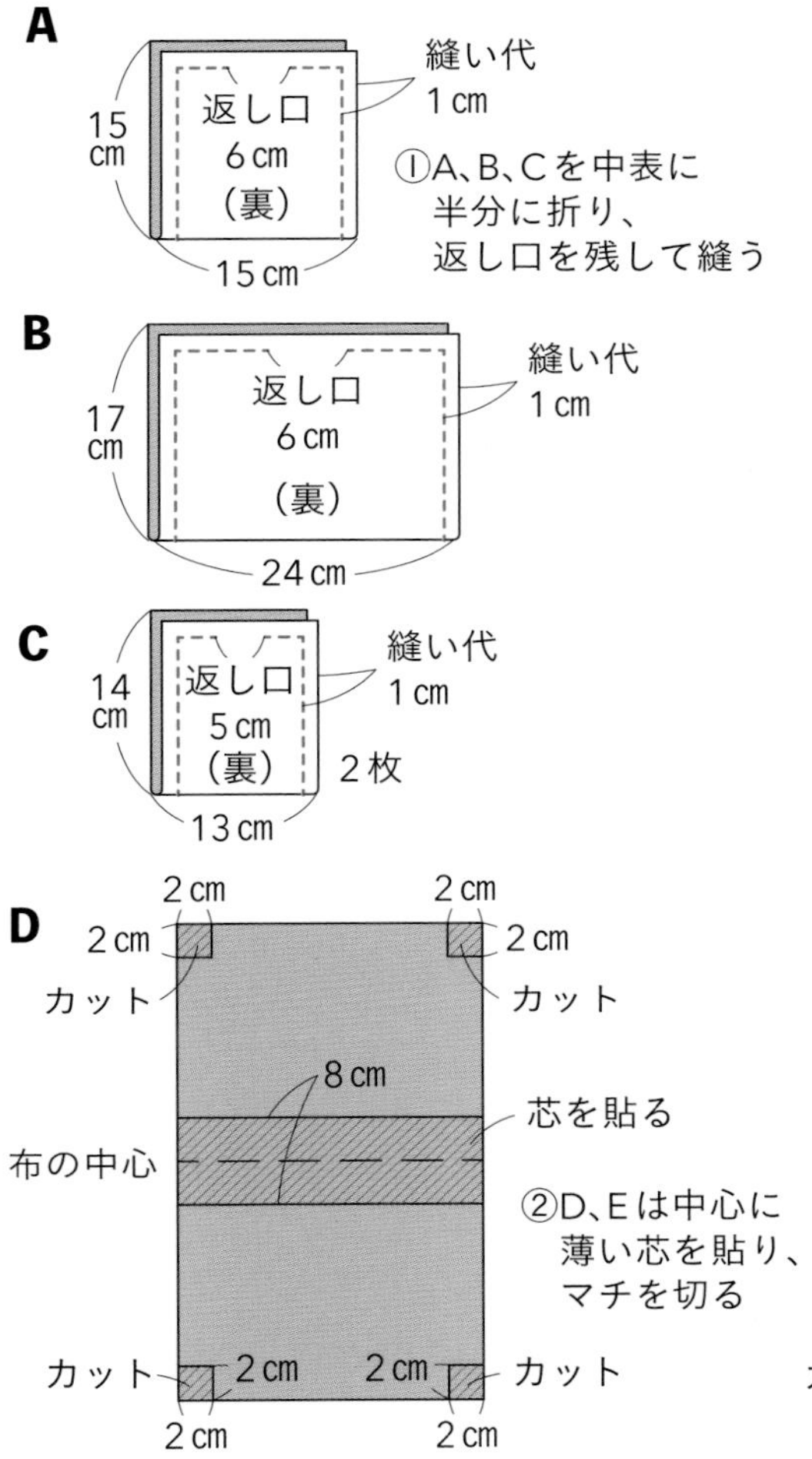
A
縫い代 1 cm
15 cm
返し口 6 cm
（裏）
15 cm
①A、B、Cを中表に半分に折り、返し口を残して縫う
B
縫い代 1 cm
17 cm
返し口 6 cm
（裏）
24 cm
C
縫い代 1 cm
14 cm
返し口 5 cm
（裏）
2枚
13 cm
D
2 cm
2 cm
2 cm
2 cm
カット
カット
8 cm
芯を貼る
布の中心
②D、Eは中心に薄い芯を貼り、マチを切る
カット
2 cm
2 cm
カット
2 cm
2 cm

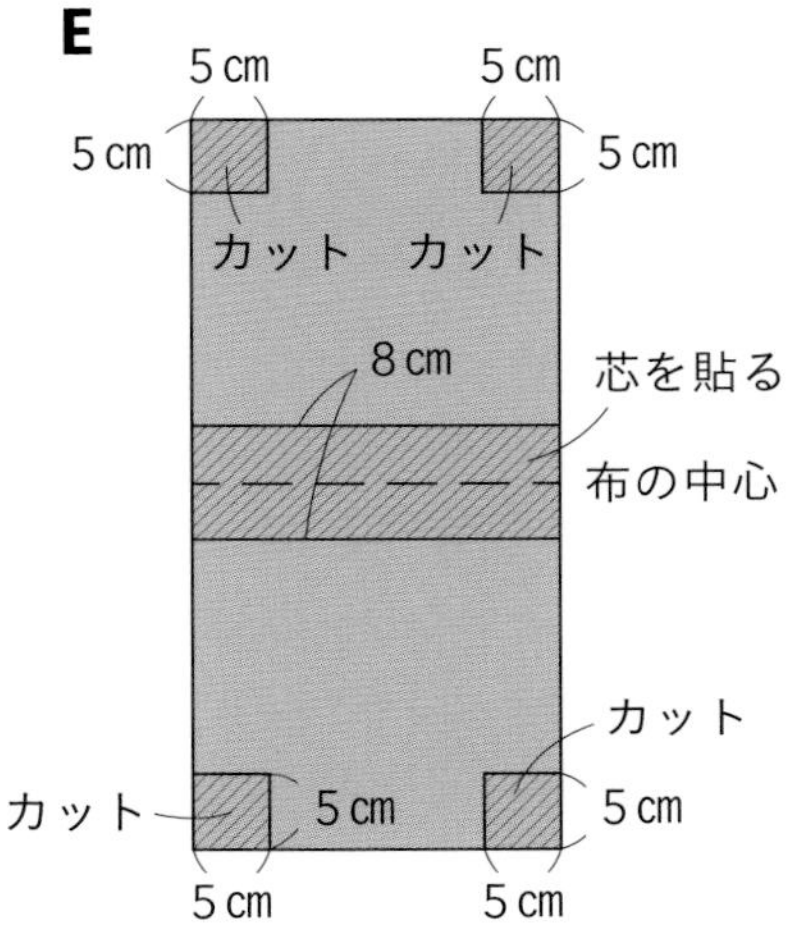
E
5 cm
5 cm
5 cm
5 cm
カット
カット
8 cm
芯を貼る
布の中心
カット
カット
5 cm
5 cm
5 cm
5 cm

4 内布1にポケット A、C、D を縫いつける

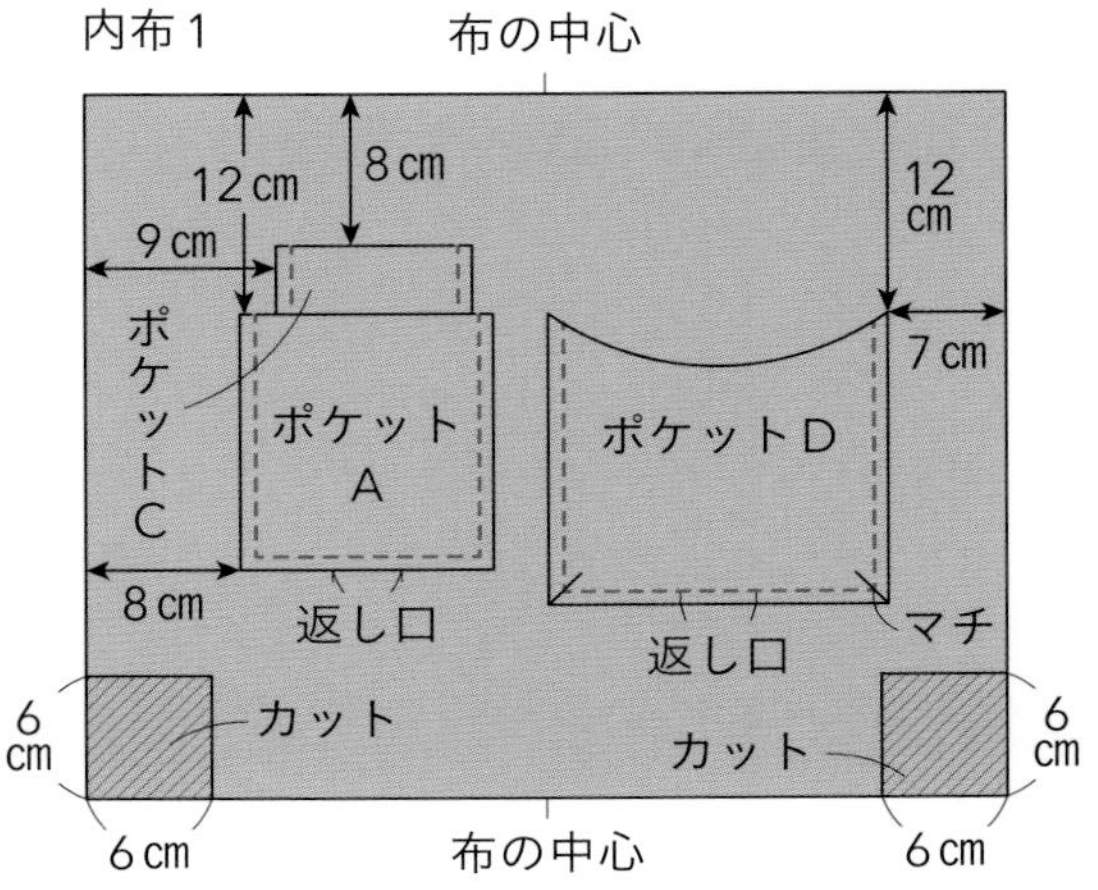
内布1
布の中心
12 cm
8 cm
12 cm
9 cm
7 cm
ポケットC
ポケットA
ポケットD
8 cm
返し口
返し口
マチ
6 cm
カット
カット
6 cm
6 cm
布の中心
6 cm

※基本のポケットの縫い方はp.39参照
※マチのあるポケットの縫い方はp.34参照

5 内布2にポケット B、C、E を縫いつける

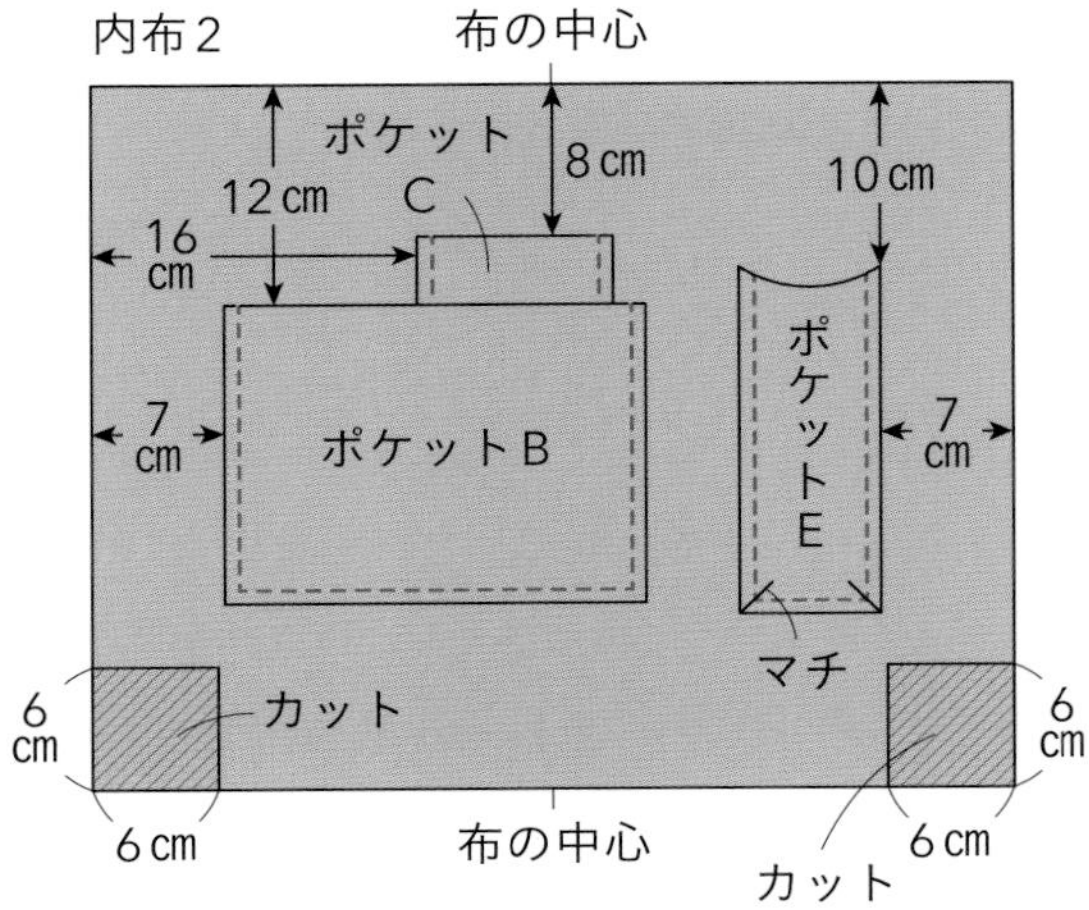
内布2
布の中心
ポケットC
8 cm
10 cm
12 cm
16 cm
7 cm
ポケットB
ポケットE
7 cm
マチ
6 cm
カット
6 cm
6 cm
布の中心
6 cm
カット

6 中仕切り布を縫う

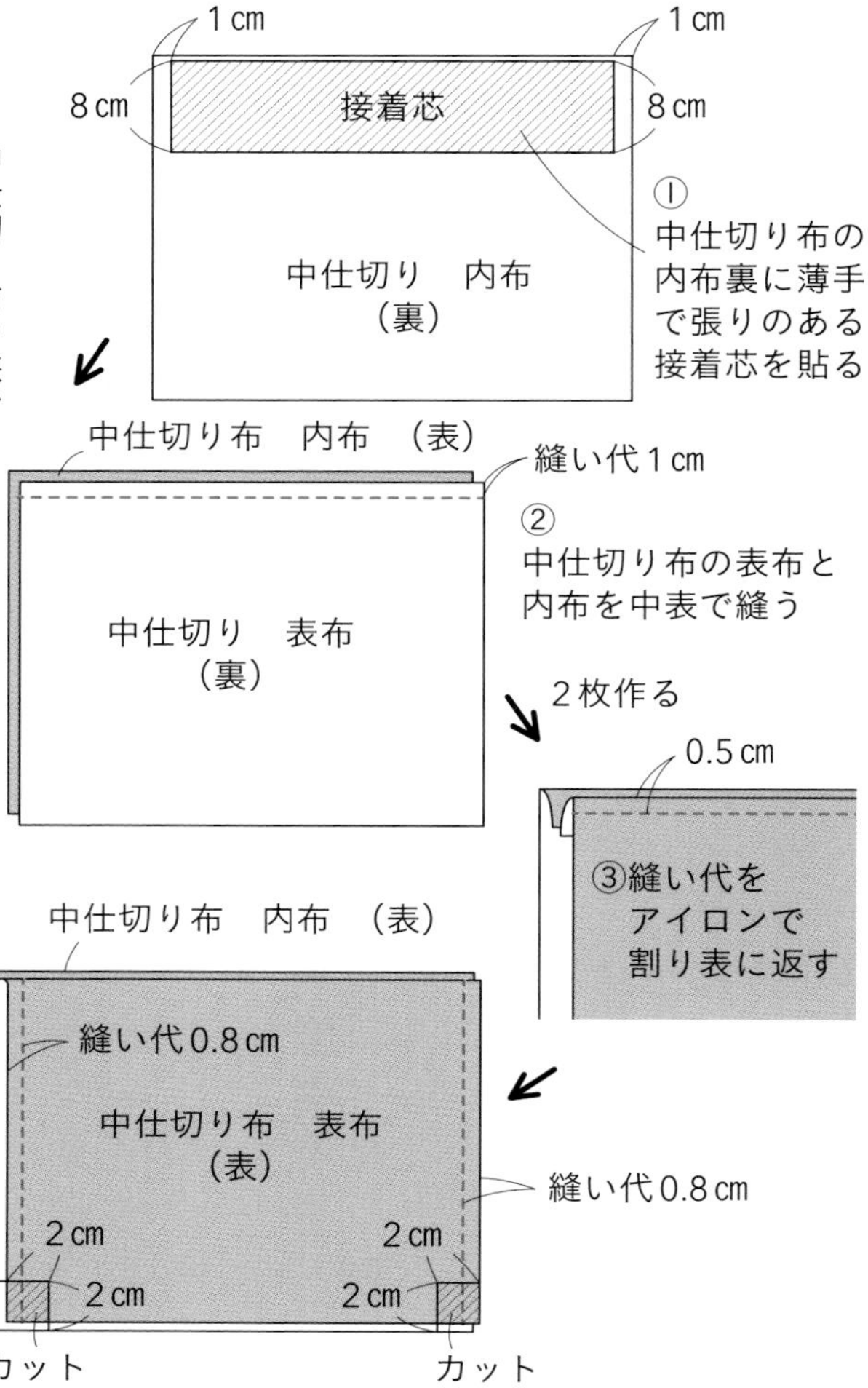

1 cm
1 cm
8 cm
8 cm
接着芯
中仕切り　内布
（裏）
①
中仕切り布の
内布裏に薄手
で張りのある
接着芯を貼る
中仕切り布　内布　（表）
縫い代 1 cm
②
中仕切り布の表布と
内布を中表で縫う
中仕切り　表布
（裏）
2枚作る
0.5 cm
③縫い代を
アイロンで
割り表に返す
中仕切り布　内布　（表）
縫い代 0.8 cm
中仕切り布　表布
（表）
縫い代 0.8 cm
2 cm
2 cm
2 cm
2 cm
カット
カット

④中仕切り布を2枚合わせて両サイドを縫い
マチをカットする

7 内布を縫う

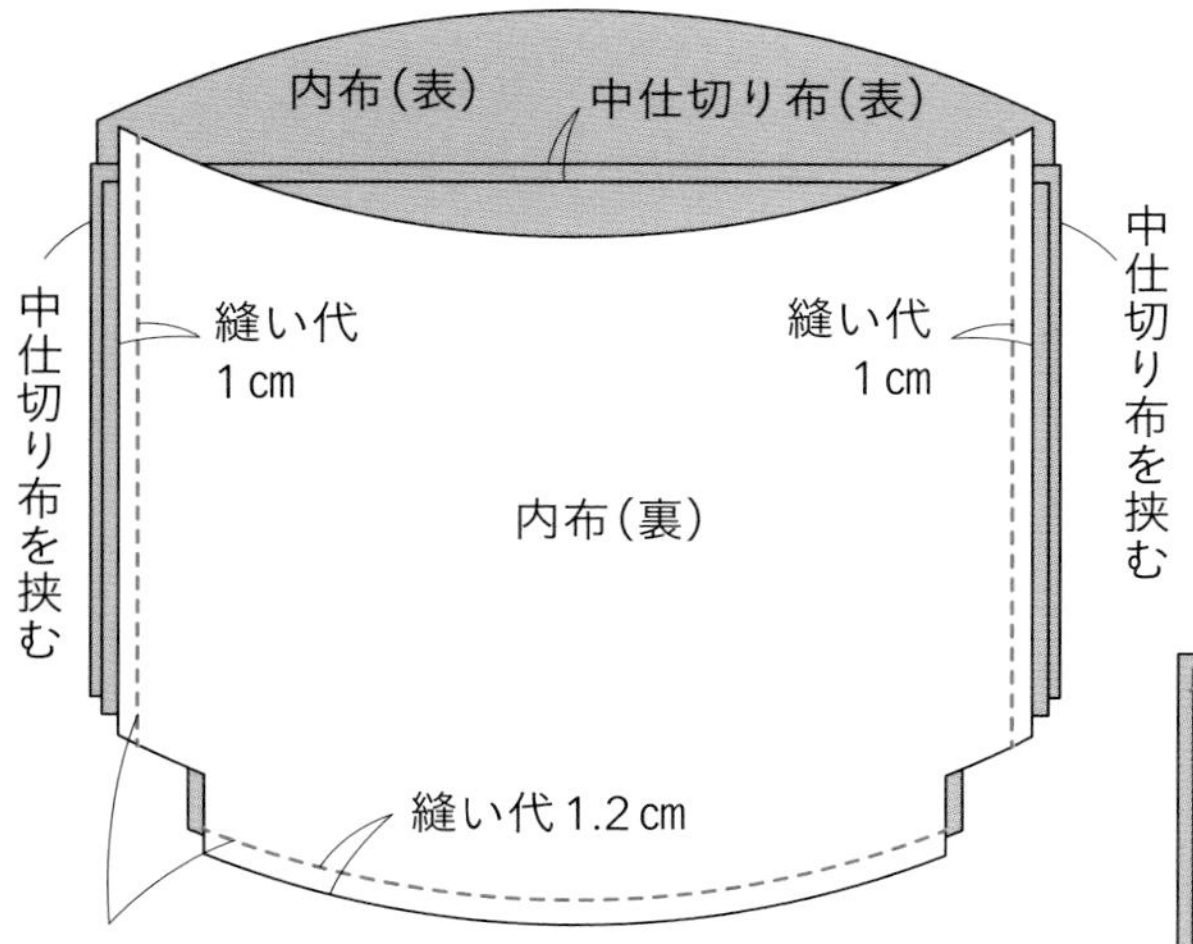

内布（表）
中仕切り布（表）
中仕切り布を挟む
縫い代
1 cm
縫い代
1 cm
中仕切り布を挟む
内布（裏）
縫い代 1.2 cm

内布を中表にして、
中仕切り布を挟み縫う

8 内布の底マチを縫う

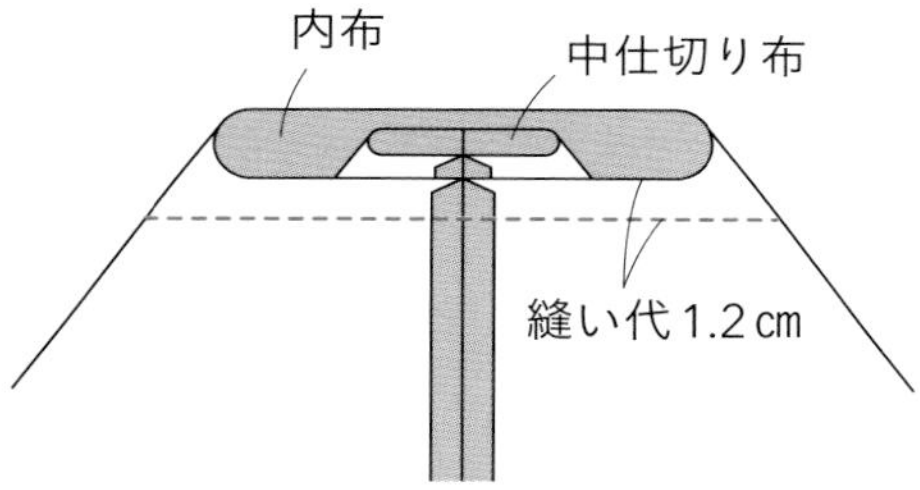

内布
中仕切り布
縫い代 1.2 cm

4枚の布が重なっている底マチを
4枚を一緒に縫う

9 表布を縫う

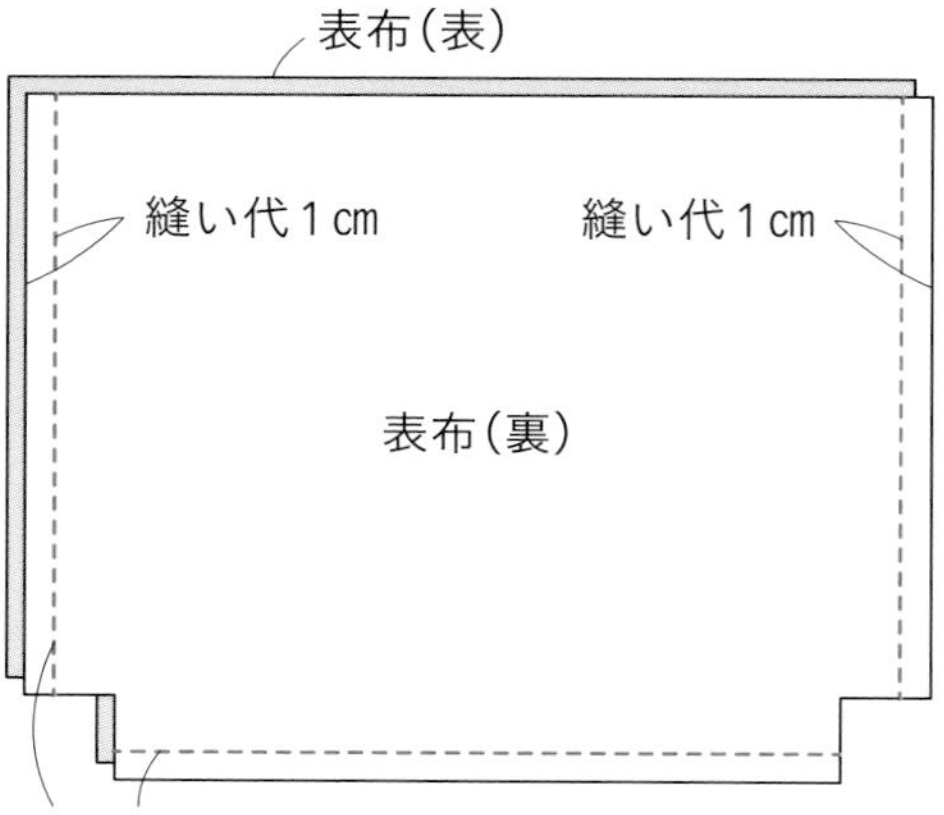

表布（表）
縫い代 1 cm
縫い代 1 cm
表布（裏）

表布を中表にして縫い代 1 cmで縫う
縫い代をアイロンで割る

10 表布の底マチを縫う

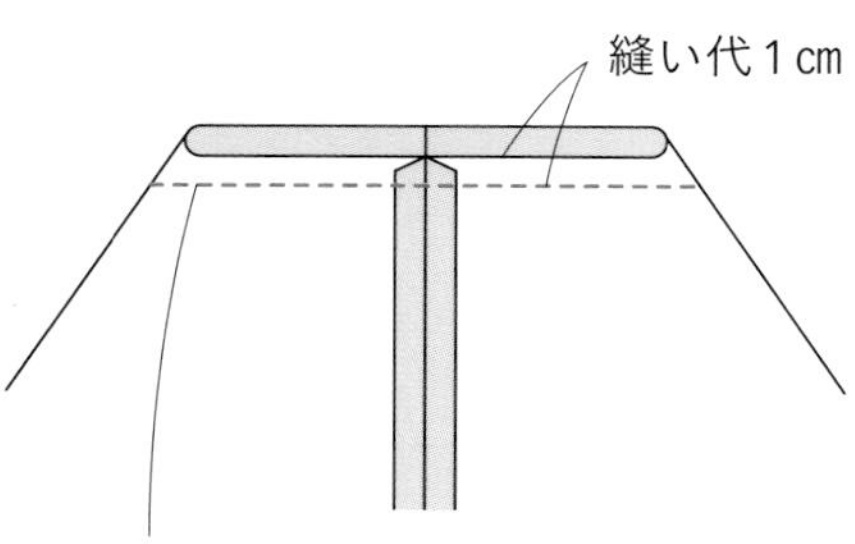

縫い代 1 cm

底マチを縫い代 1 cmで縫う

11 持ち手を縫う

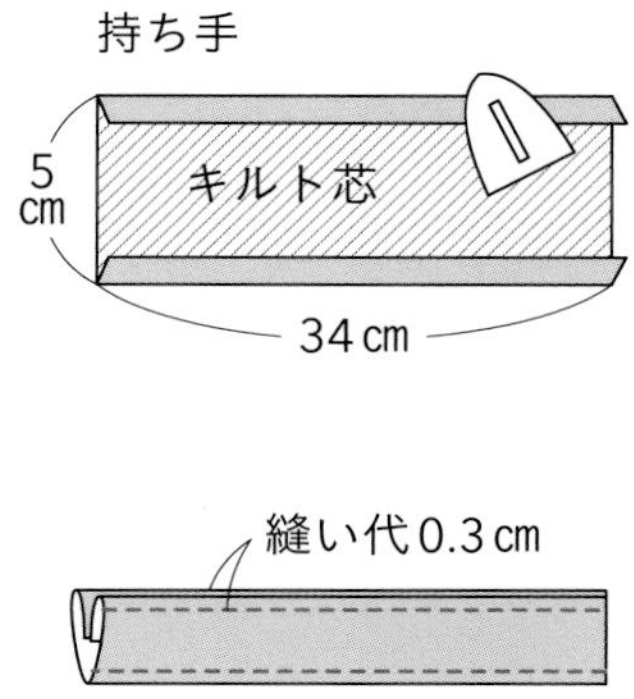

持ち手
キルト芯
5 cm
34 cm
縫い代0.3 cm

両端を1cmずつ中に折り、
さらに半分に折り、0.3cm
のステッチで縫う

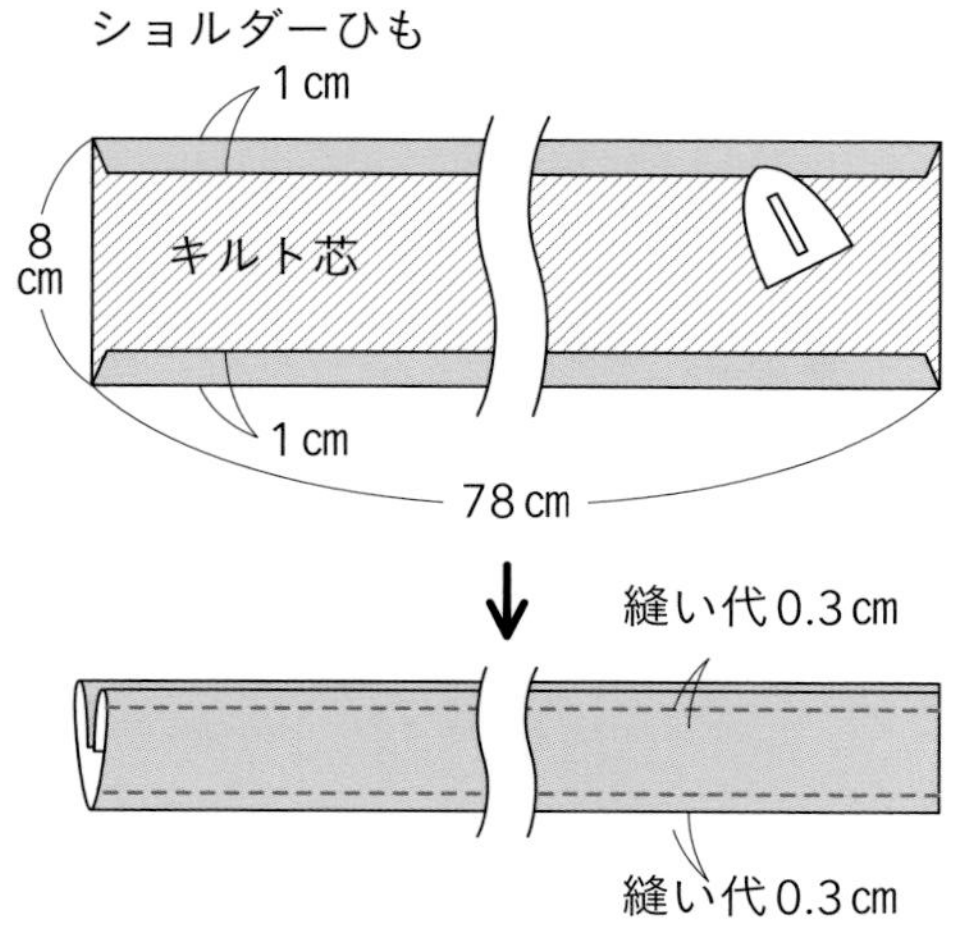

ショルダーひも
1 cm
キルト芯
8 cm
1 cm
78 cm
縫い代0.3 cm
縫い代0.3 cm

両端を1cmずつ中に折り、さらに
半分に折り、0.3cmのステッチで縫う

※イブルキルトの場合

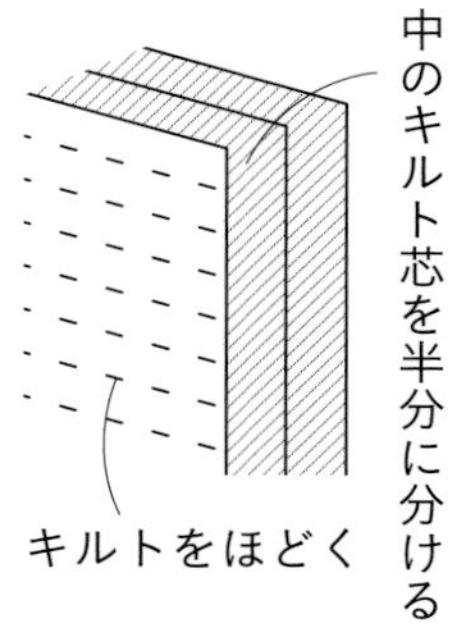

中のキルト芯を半分に分ける
キルトをほどく

12 表布に持ち手を仮止めする

表布の中心から6cmのところに
持ち手、その外側にショルダーひもを仮止め

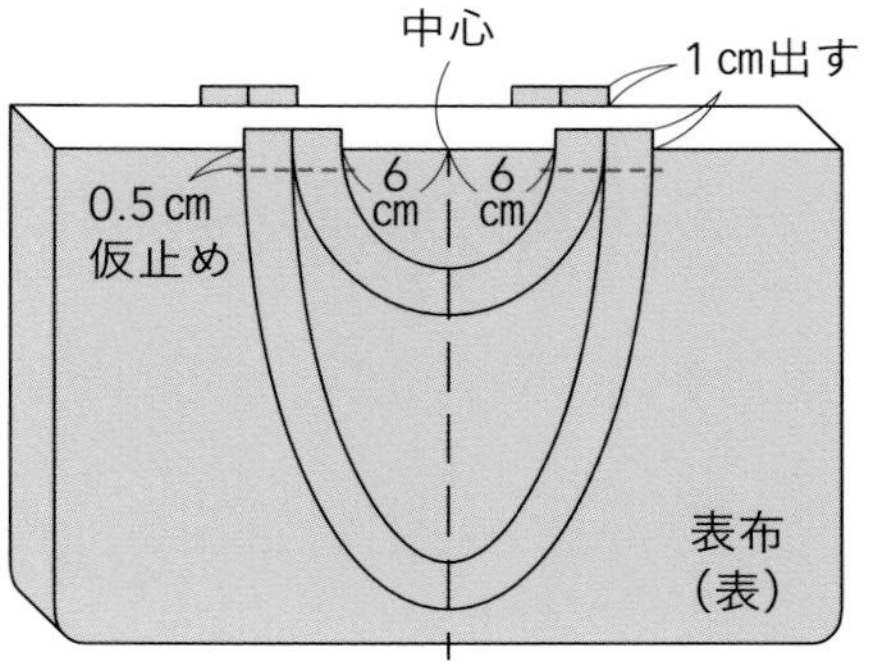

中心
1 cm出す
0.5 cm
仮止め
6 cm
6 cm
表布
(表)

13 表布、内布それぞれ バッグ口を裏側に折り込む

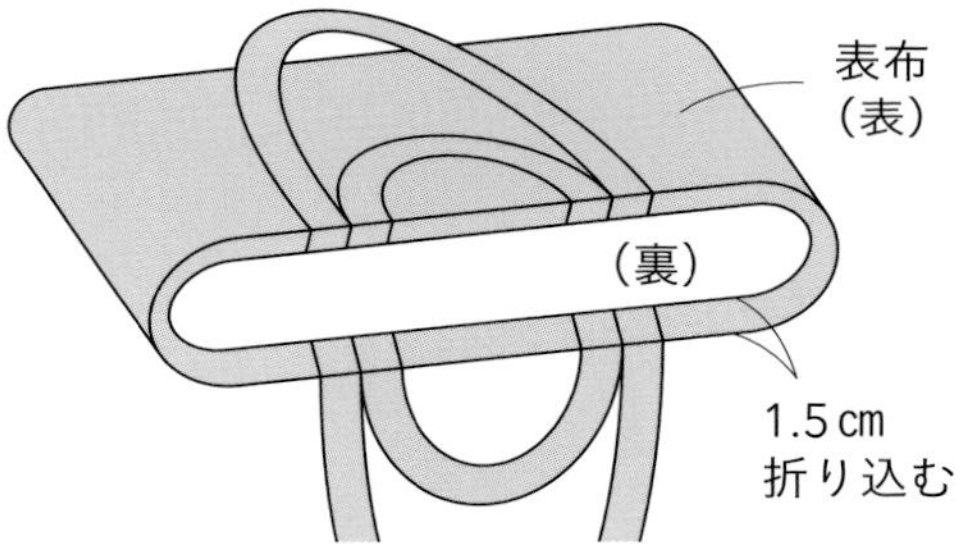

表布
(表)
(裏)
1.5 cm
折り込む

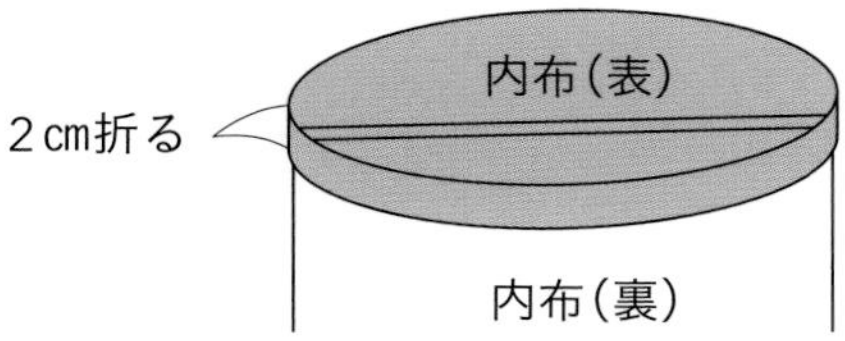

内布(表)
2 cm折る
内布(裏)

14 カバン底を入れ、内袋を 差し込み、バッグ口を縫う

表袋の中に底板を
入れ、内袋を入れ、
バッグ口を0.5cm
で縫う

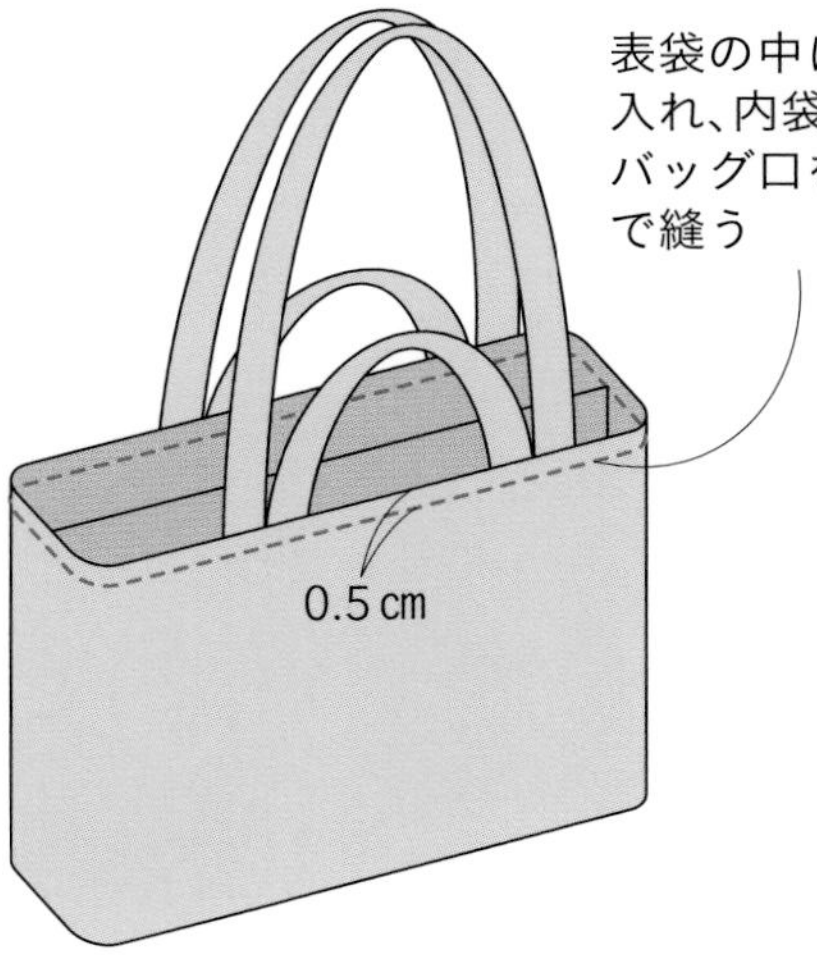

0.5 cm

仕上がり寸法

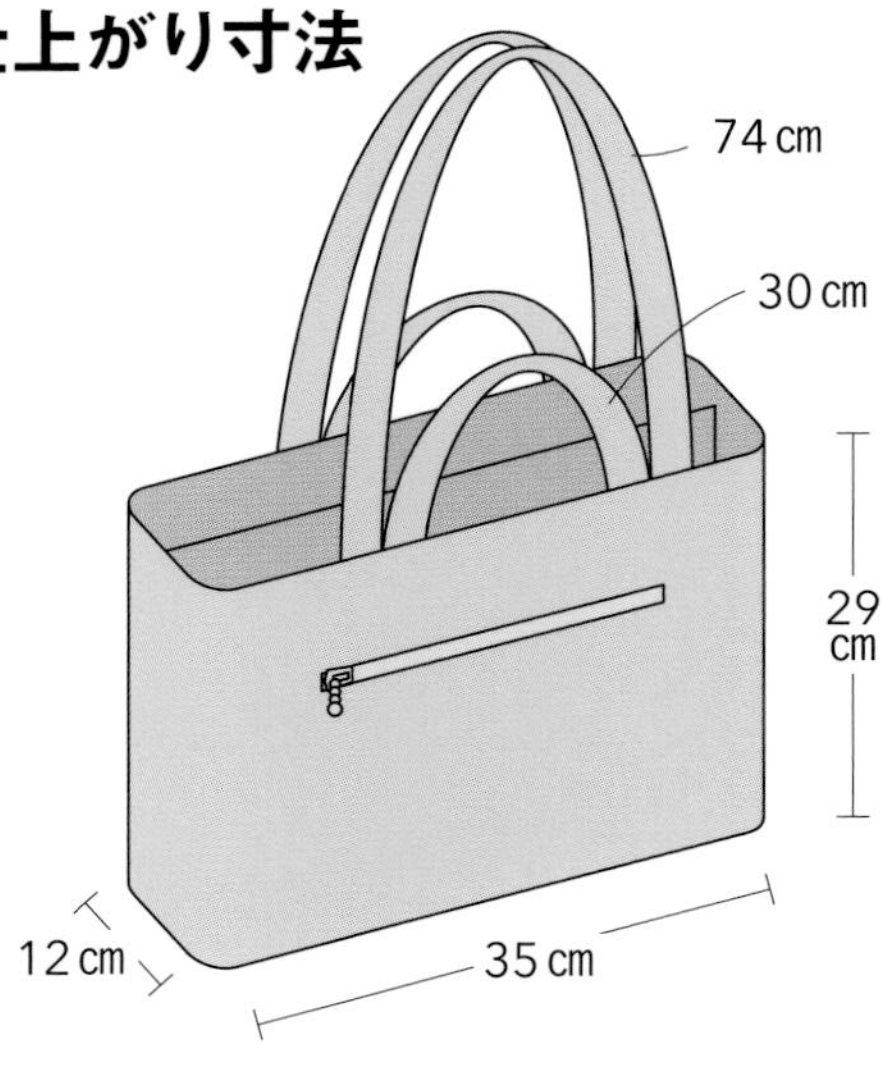

74 cm
30 cm
29 cm
12 cm
35 cm

G

ボディバッグ

How to make ▶ 66 *page*

玉縁がアクセントのスマホポケット。

ポケットいっぱいボディバッグ
肩を短くしてカジュアルに

体にぴったり寄り添うバッグ。　スマホが取り出しやすいポケットがポイント。太めのショルダーひももデザインの特徴です。　紬の帯で作ったものと、デニムパンツのリメイクのもの。　デニムのバッグはポケットがいっぱいです。　軽快に街歩きを楽しめますね。

作り方を
動画でも
チェック

ボディバッグ G

工程

1 布を裁つ。
2 表布にスマホポケットを縫う。
3 内布にポケットを縫いつける。
4 内布にファスナーポケットを縫いつける。
5 内側にマグネットボタンを縫いつける。
6 表布に底布を縫いつける。
7 内布に底布をつける。
8 表布と内布を中表にして縫い合わせる。
9 表に返してアイロンで整え、ステッチ。
10 ショルダーひもを縫いつける
11 内布の返し口をとじる。

材料

○表布・内布（型紙）…各1枚
○底布（型紙）
…表布・内布　各1枚
○ショルダーひも…1枚
○外側玉縁スマホポケット布
…1枚
○内側ファスナーポケット布
…1枚
○内側ポケット布…1枚
○ファスナー…25㎝　1本
○マグネットボタン…18㎜　1組

1 布を裁つ

表布・内布(型紙)各1枚、底布(型紙)表布・内布各1枚、ショルダーひも1枚、外側玉縁スマホポケット布1枚、内側ファスナーポケット布1枚、内側ポケット布1枚を裁つ。

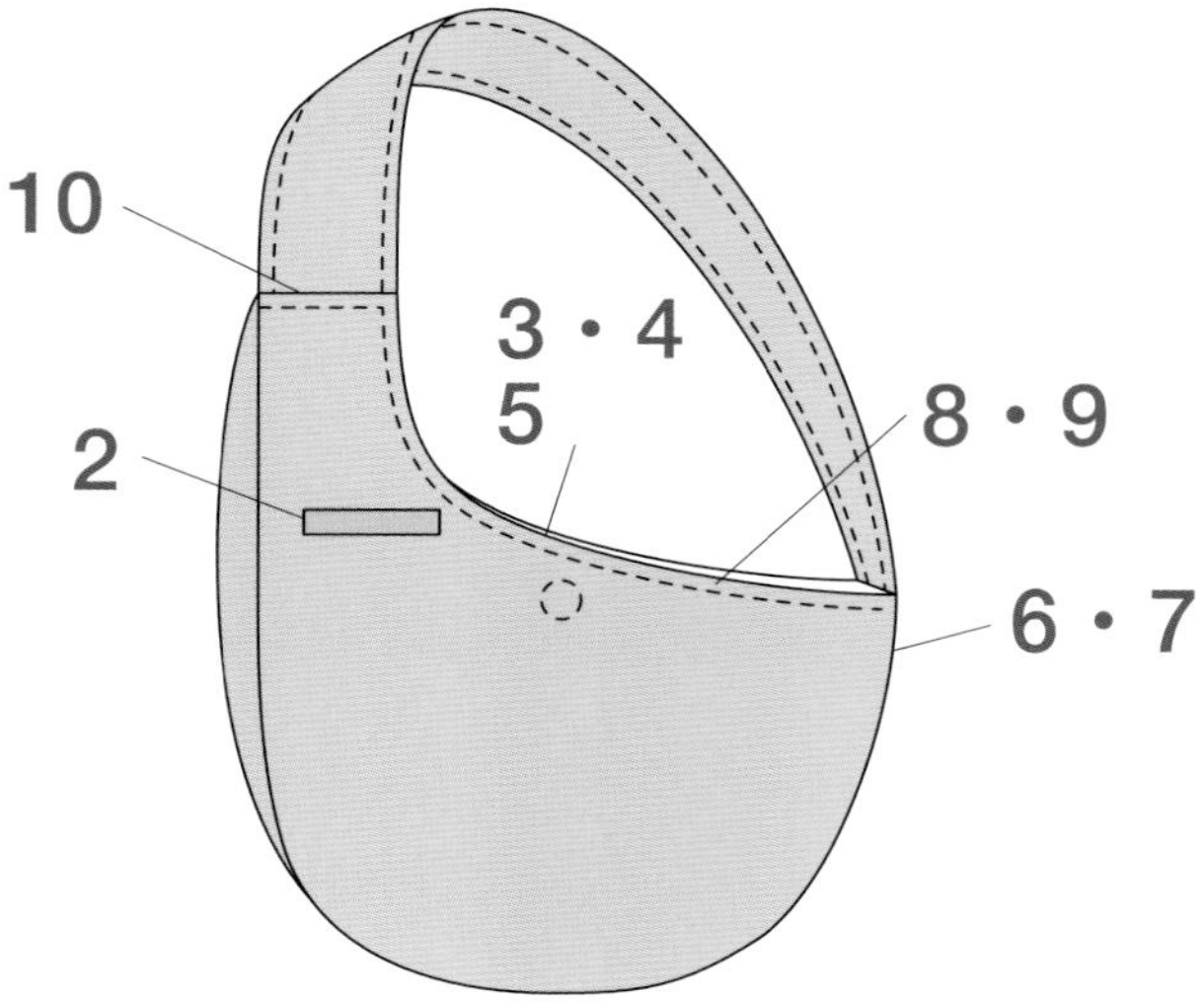

10
3・4
5
2
8・9
6・7

表布・内布(型紙)
各1枚

表布・内布(型紙)
各1枚

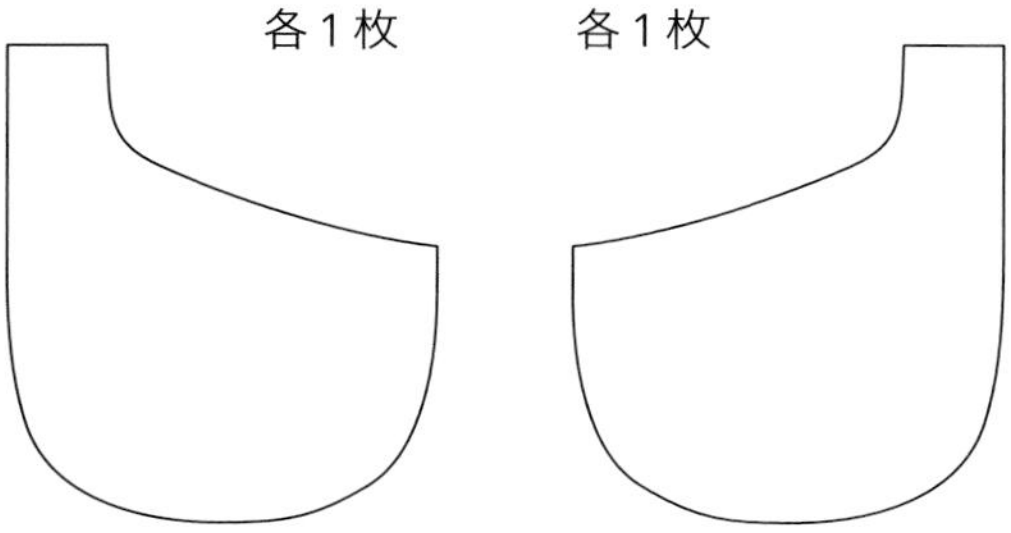

底布(型紙)表布・内布　各1枚

※布の厚さにより薄手の接着芯を貼る

ショルダーひも

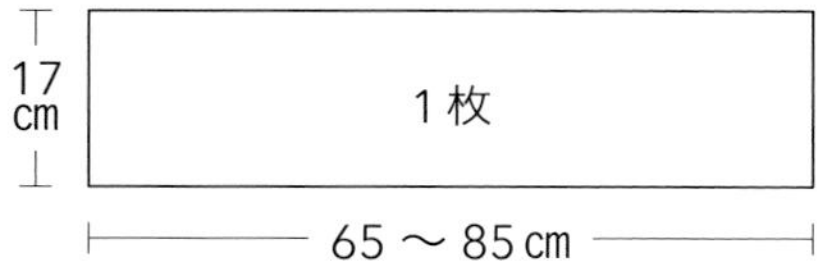

17
cm
1枚
65 ～ 85cm

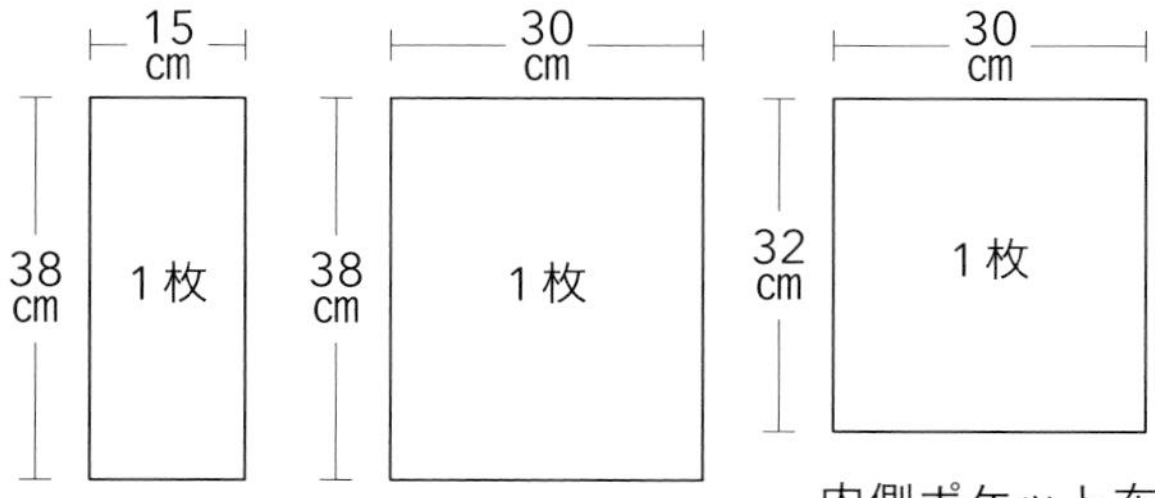

15
cm
38
cm
1枚
30
cm
38
cm
1枚
30
cm
32
cm
1枚

外側玉縁
スマホ
ポケット布

内側ファスナー
ポケット布

内側ポケット布

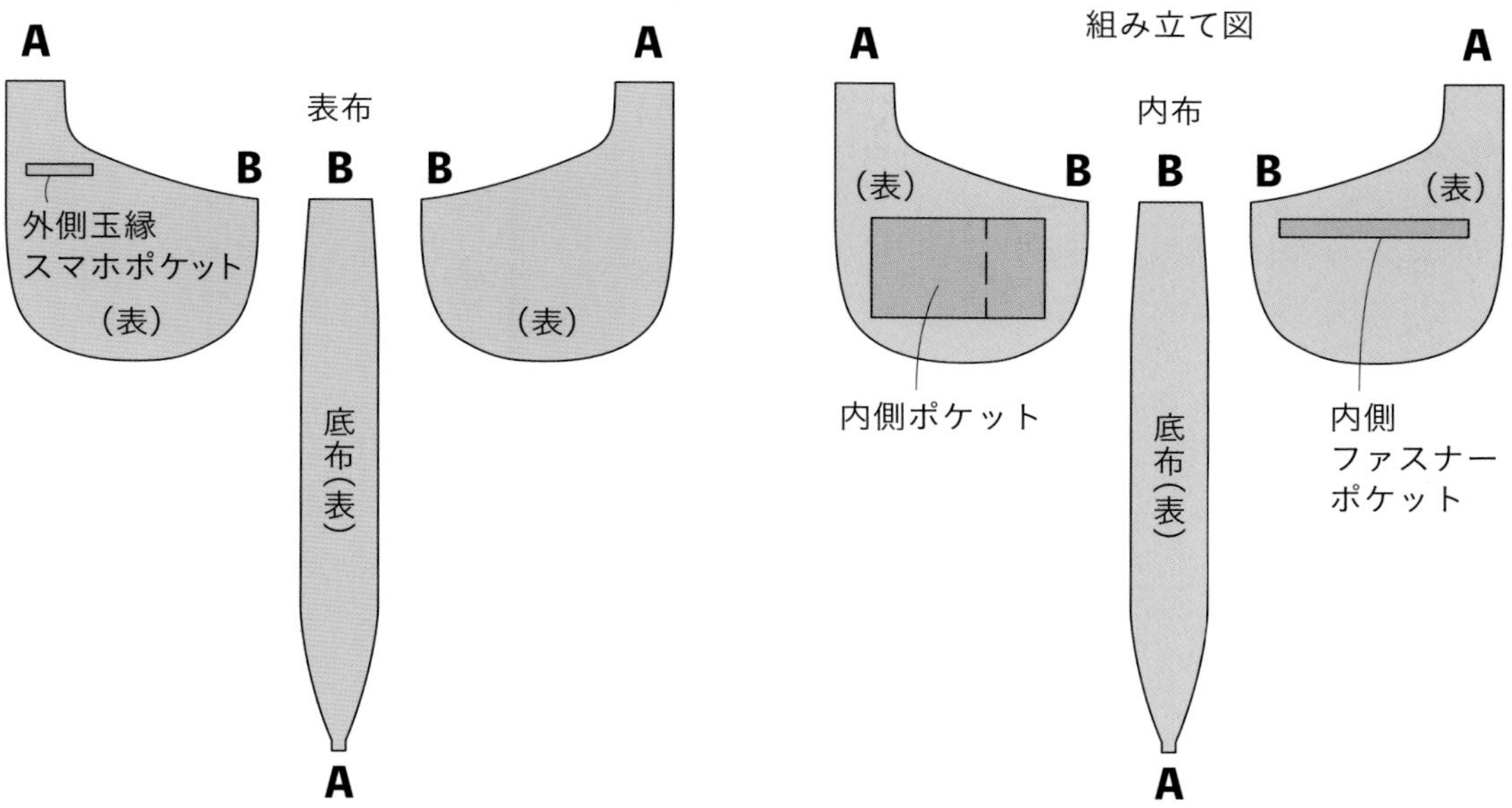
組み立て図
表布
A
A
B
B
B
外側玉縁
スマホポケット
（表）
（表）
底布（表）
A
内布
A
A
（表）
B
B
B
（表）
内側ポケット
内側
ファスナー
ポケット
底布（表）
A

2 表布にスマホポケットを縫う

※玉縁ポケットの縫い方はp.40参照。

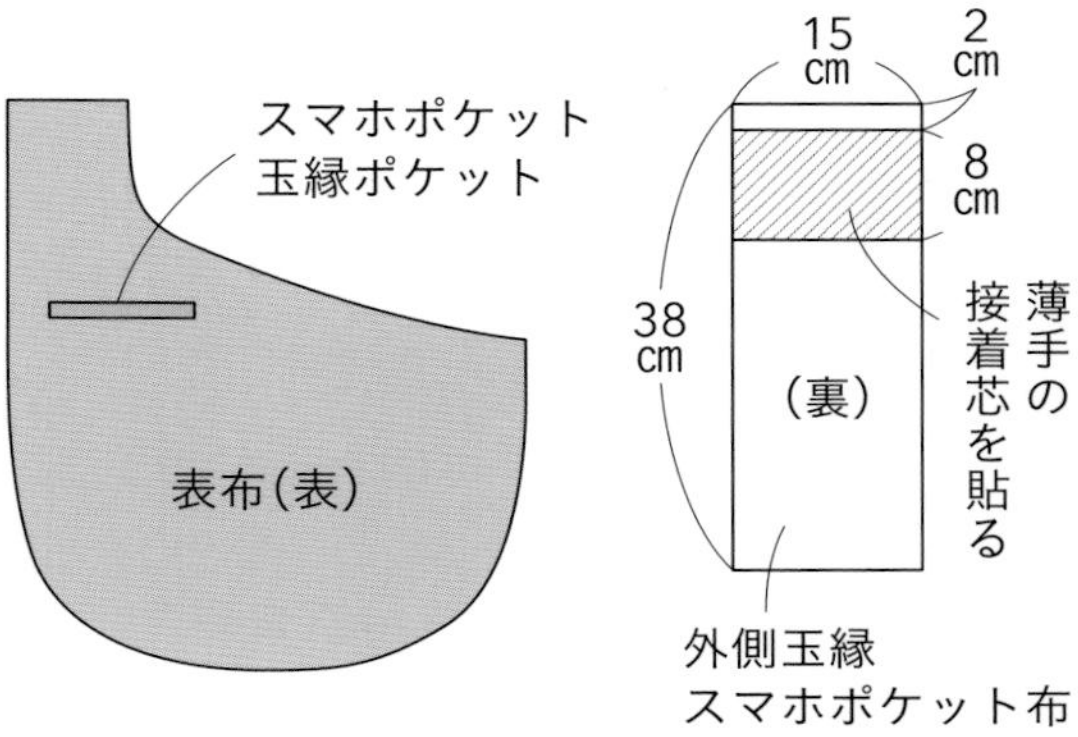
スマホポケット
玉縁ポケット
表布（表）
15 cm
2 cm
8 cm
38 cm
（裏）
薄手の接着芯を貼る
外側玉縁
スマホポケット布

3 内布にポケットを縫いつける

※ポケットつけ位置は型紙
※ポケットの縫い方は
p.39参照

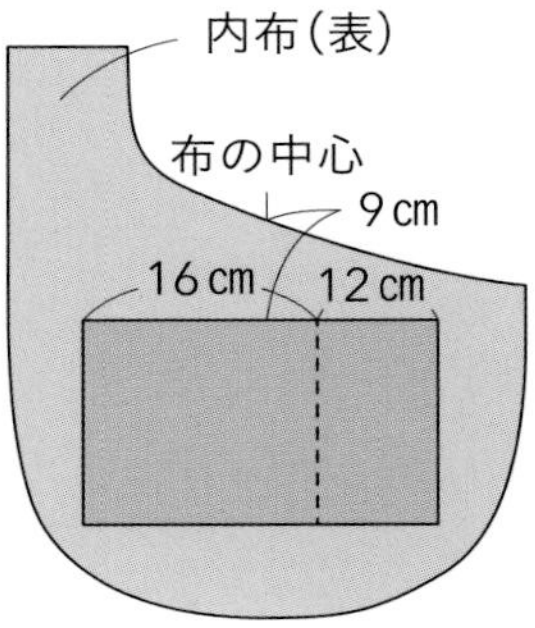
内布（表）
布の中心
9 cm
16 cm
12 cm

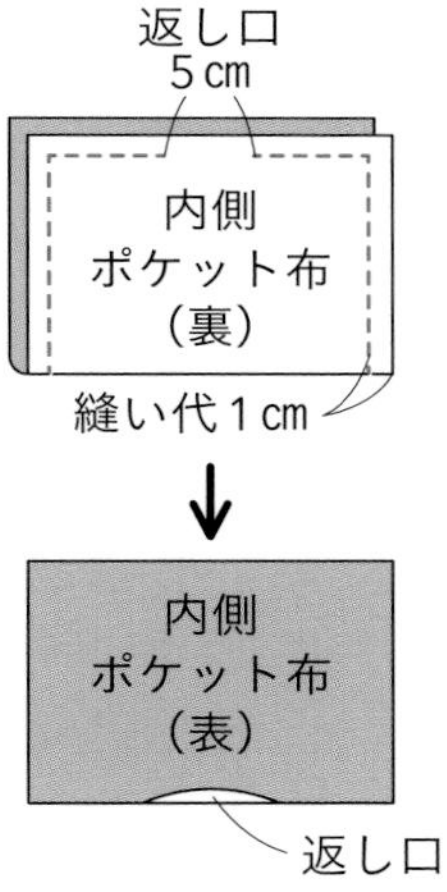
返し口
5 cm
内側
ポケット布
（裏）
縫い代1 cm
内側
ポケット布
（表）
返し口

4 内布にファスナーポケットを縫いつける

※ファスナーポケットの縫い方はp.36参照。

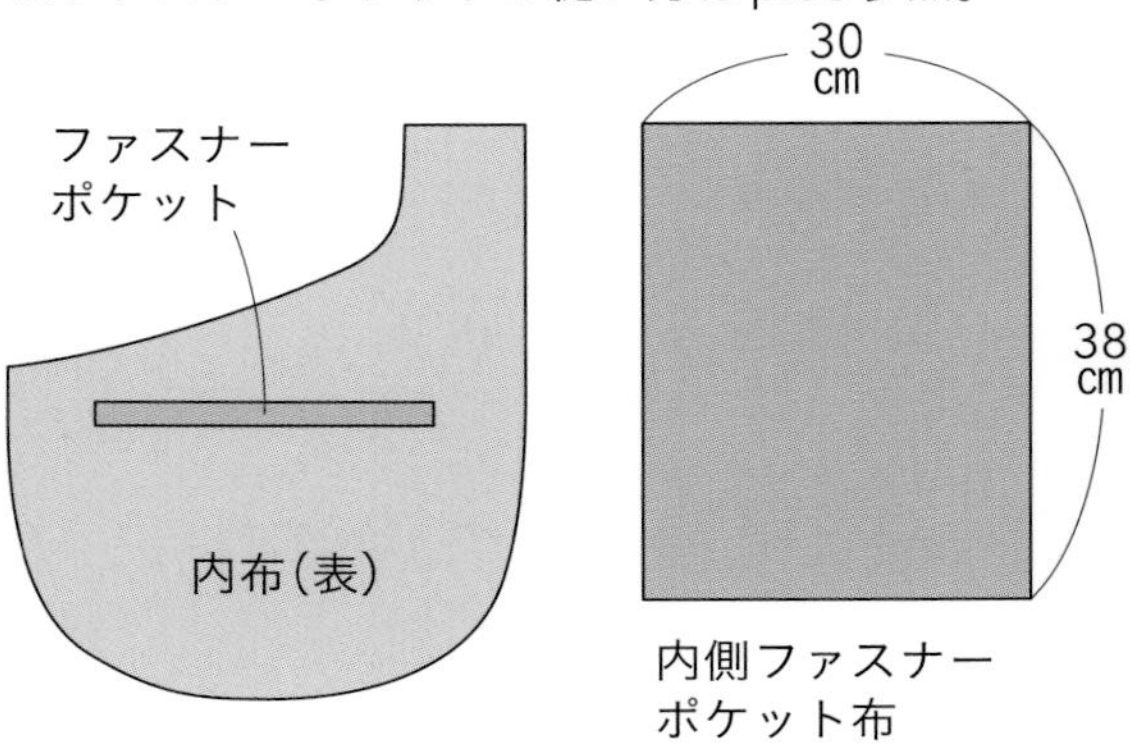
ファスナー
ポケット
内布（表）
30 cm
38 cm
内側ファスナー
ポケット布

5 内側にマグネットボタンを縫いつける

※マグネットボタンのつけ方は、p.21参照。

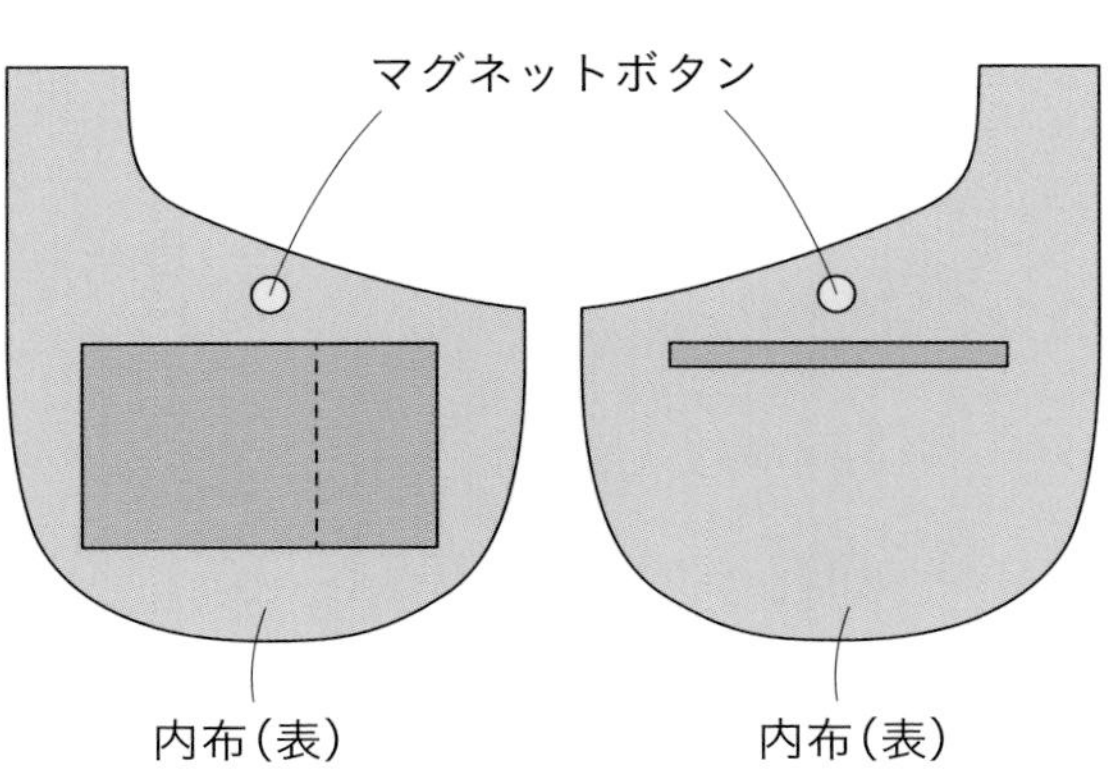
マグネットボタン
内布（表）
内布（表）

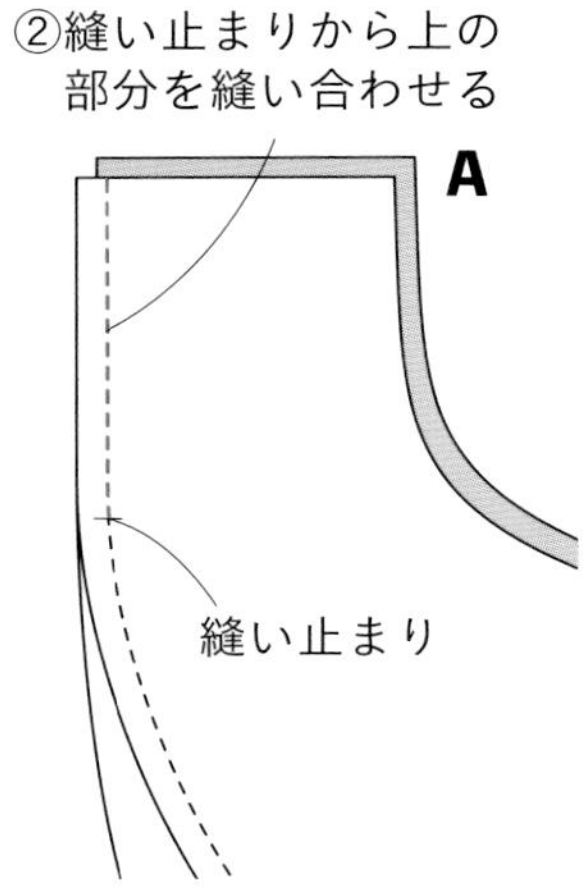
②縫い止まりから上の部分を縫い合わせる
A
縫い止まり

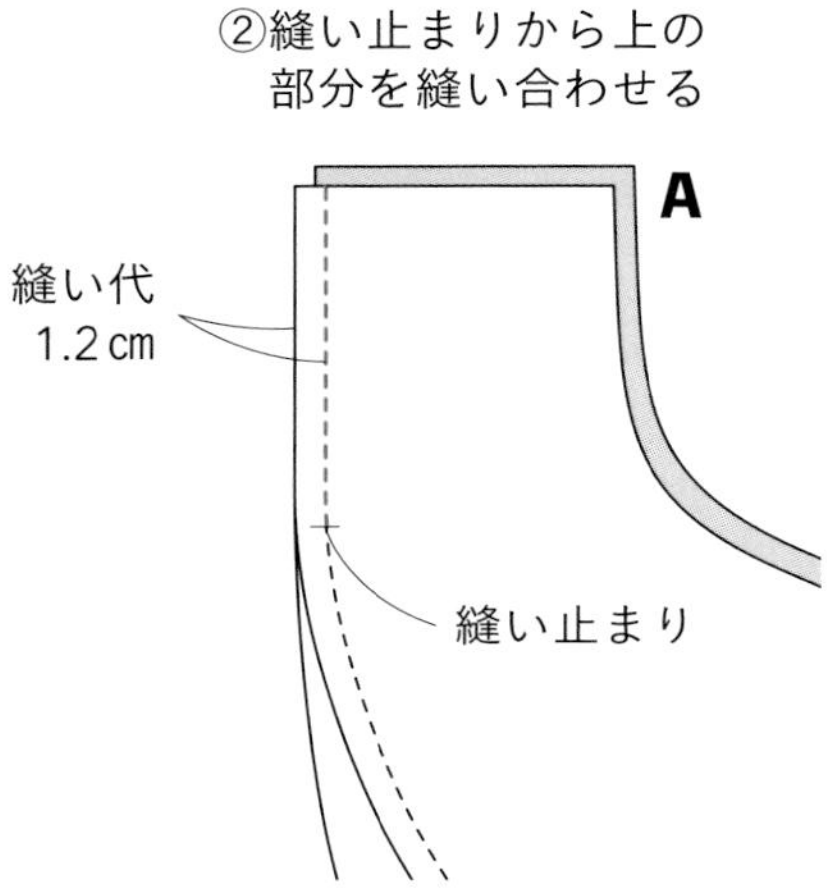
②縫い止まりから上の部分を縫い合わせる
A
縫い代1.2㎝
縫い止まり

6 表布に底布を縫いつける

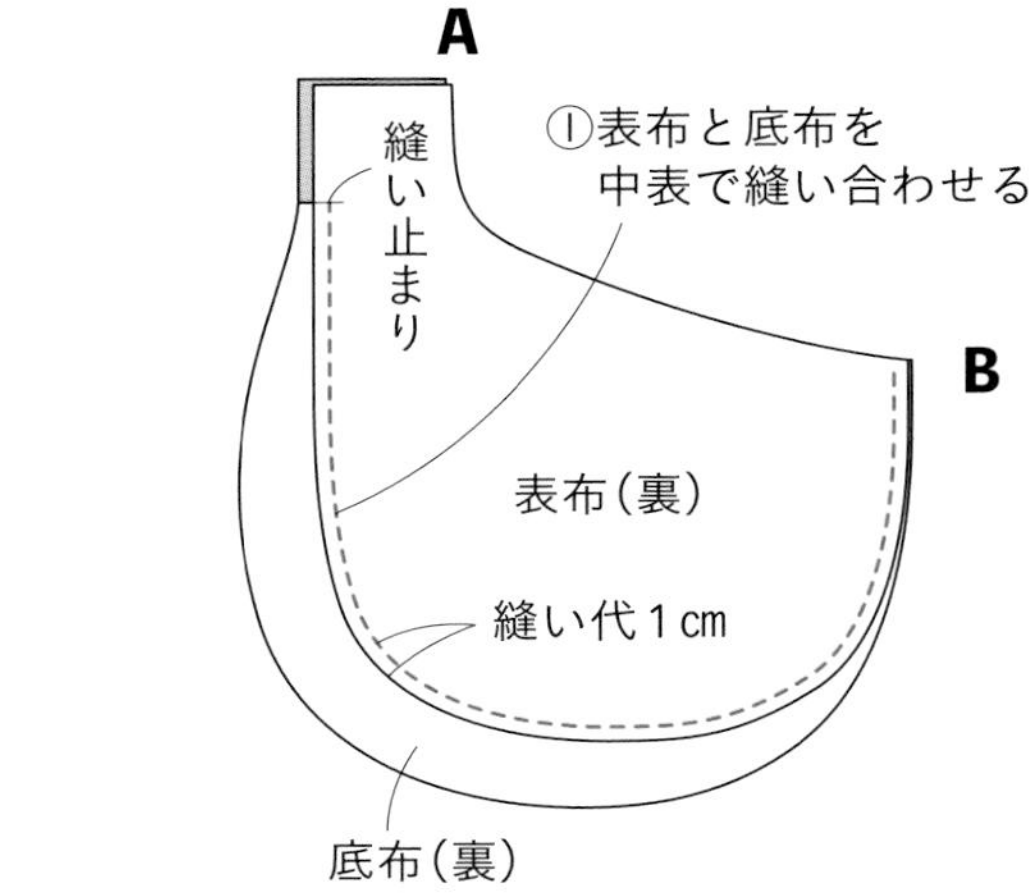
A
縫い止まり
①表布と底布を中表で縫い合わせる
B
表布（裏）
縫い代1㎝
底布（裏）

7 内布に底布をつける

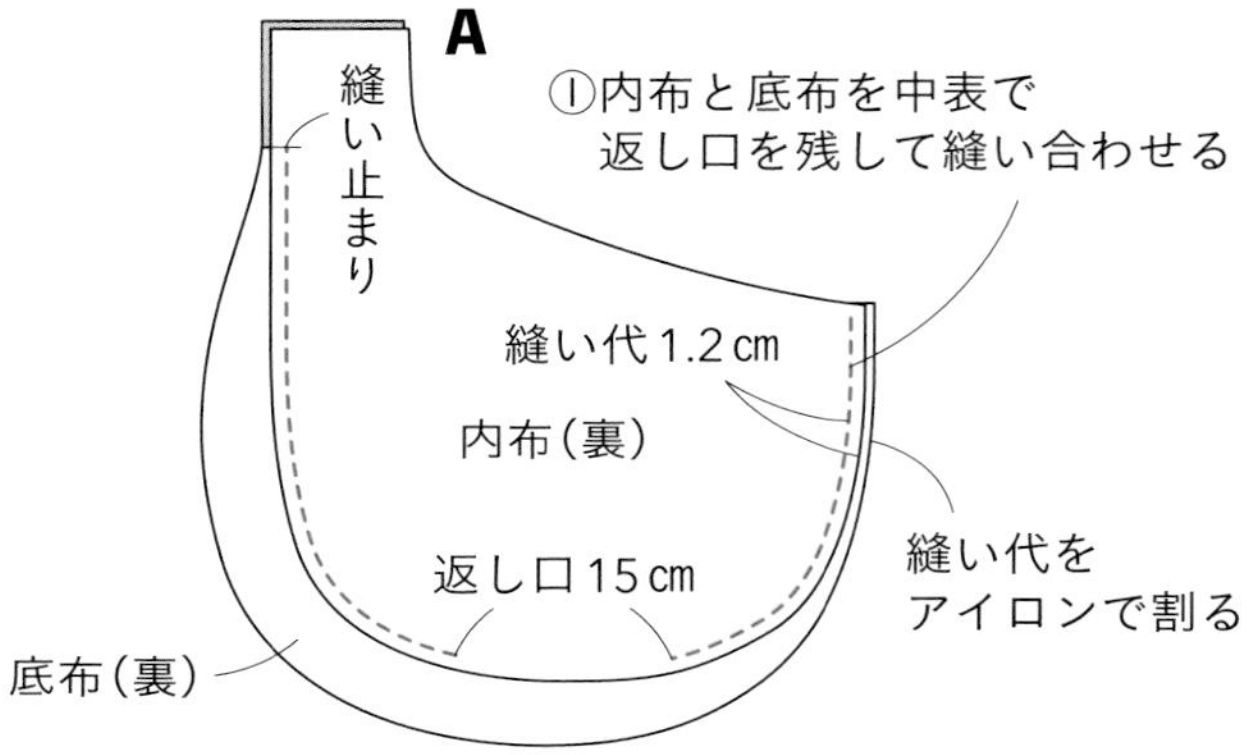
A
縫い止まり
①内布と底布を中表で返し口を残して縫い合わせる
縫い代1.2㎝
内布（裏）
縫い代をアイロンで割る
返し口15㎝
底布（裏）

8 表布と内布を中表にして縫い合わせる

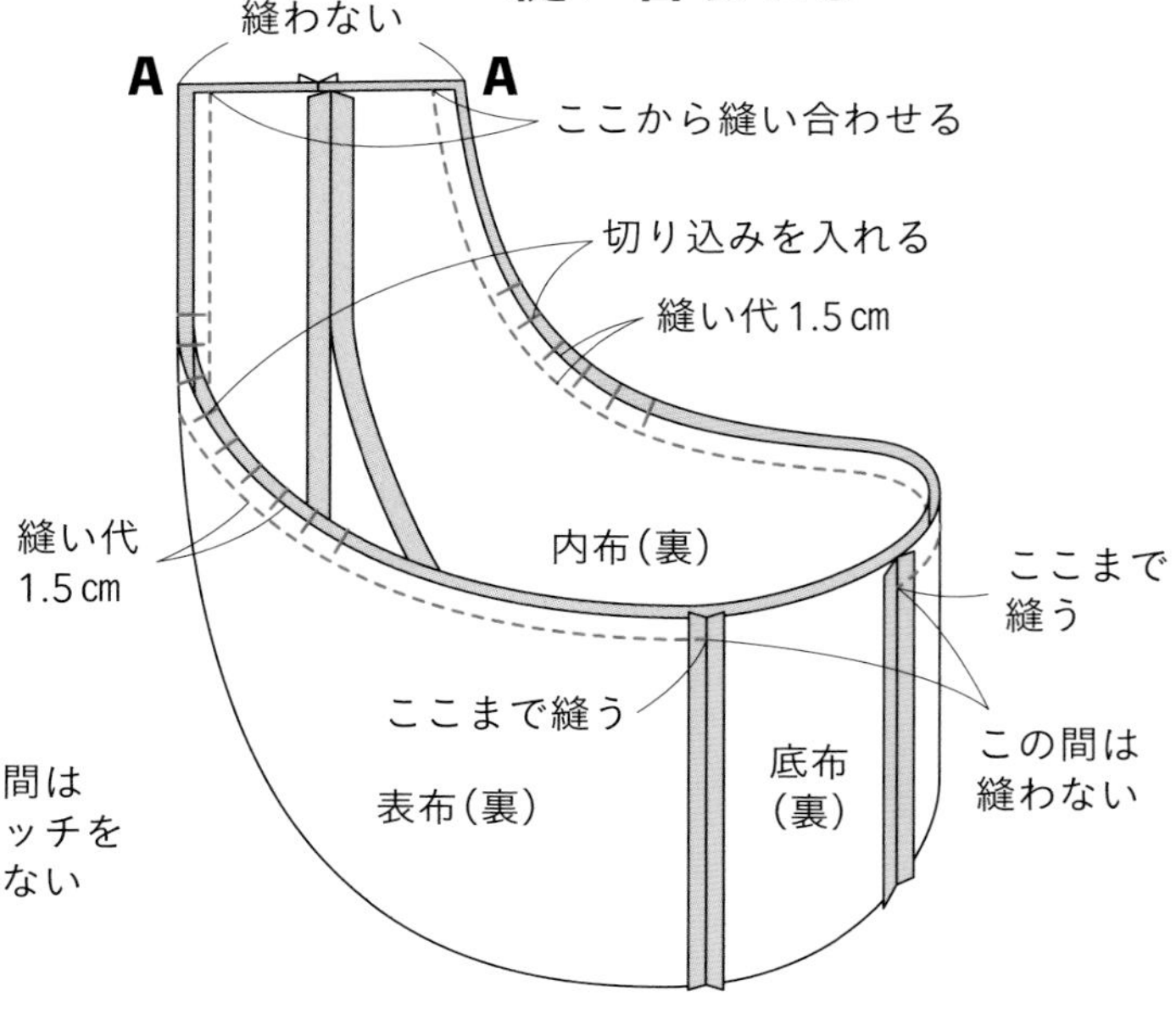
縫わない
A
A
ここから縫い合わせる
切り込みを入れる
縫い代1.5㎝
縫い代1.5㎝
内布（裏）
ここまで縫う
ここまで縫う
この間は縫わない
底布（裏）
表布（裏）

9 表に返してアイロンで整え、ステッチ

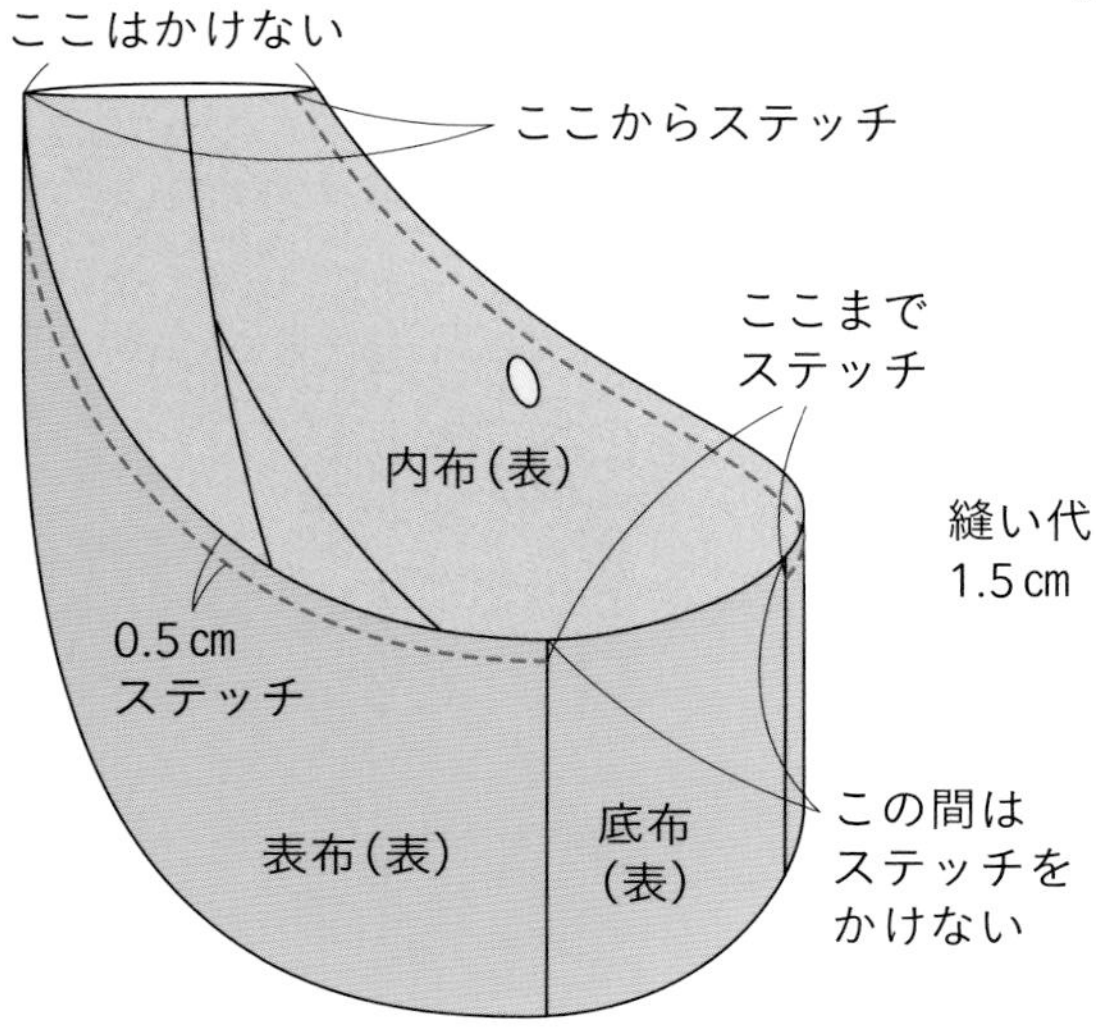
ここはかけない
ここからステッチ
ここまでステッチ
内布（表）
0.5㎝ステッチ
表布（表）
底布（表）
この間はステッチをかけない

10 ショルダーひもを縫いつける

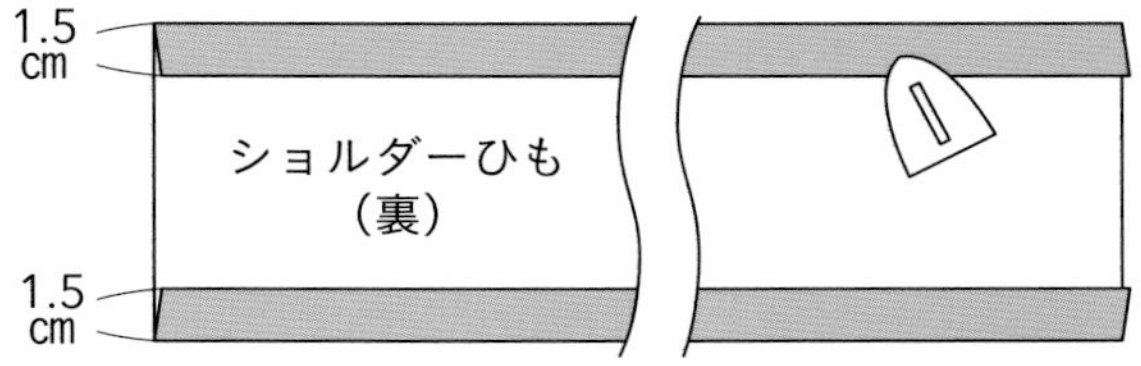
①ショルダーひもの両端を
1.5㎝折る
1.5㎝
ショルダーひも
（裏）
1.5㎝

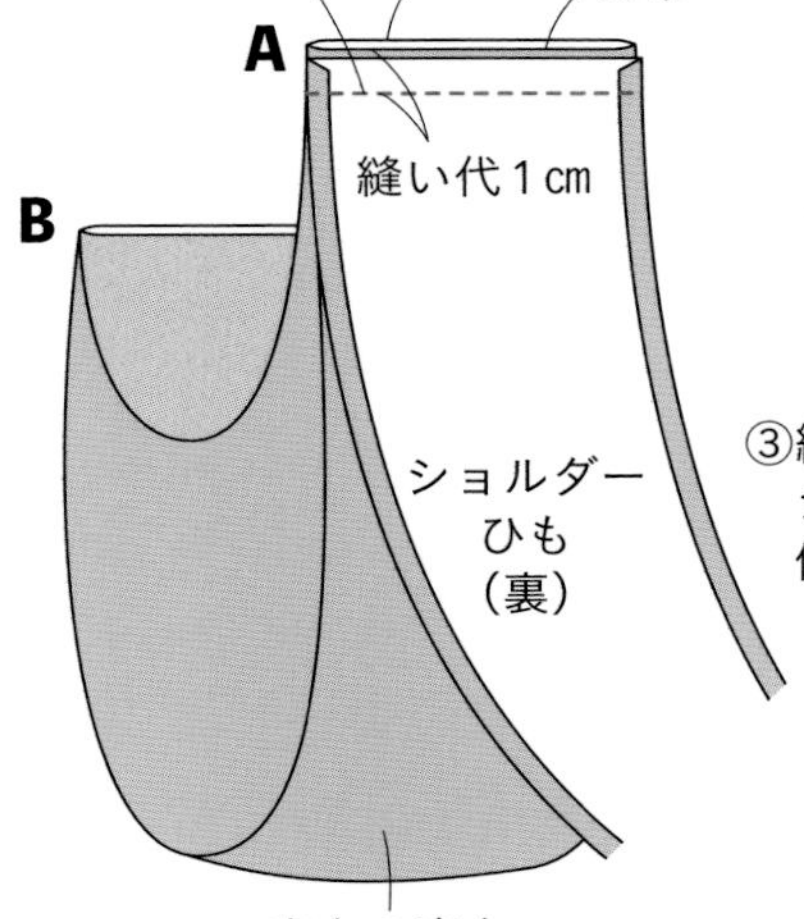
②ショルダーひもを縫いつける
内布
表布
A
B
縫い代1㎝
ショルダーひも
（裏）
表布の底布
③縫い代を
ショルダー側に
倒してアイロン

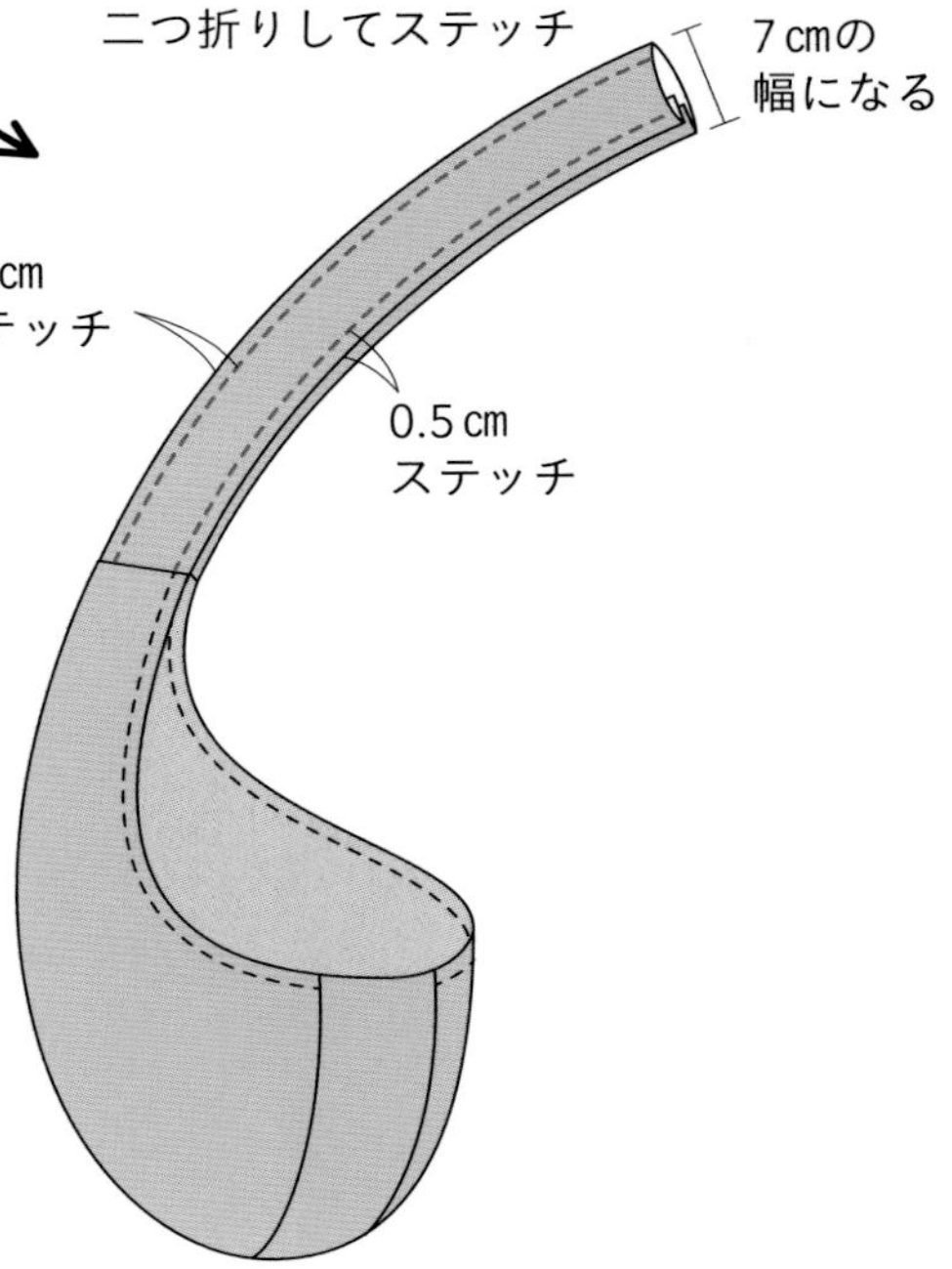
④ショルダーひもを
二つ折りしてステッチ
7㎝の
幅になる
0.5㎝
ステッチ
0.5㎝
ステッチ

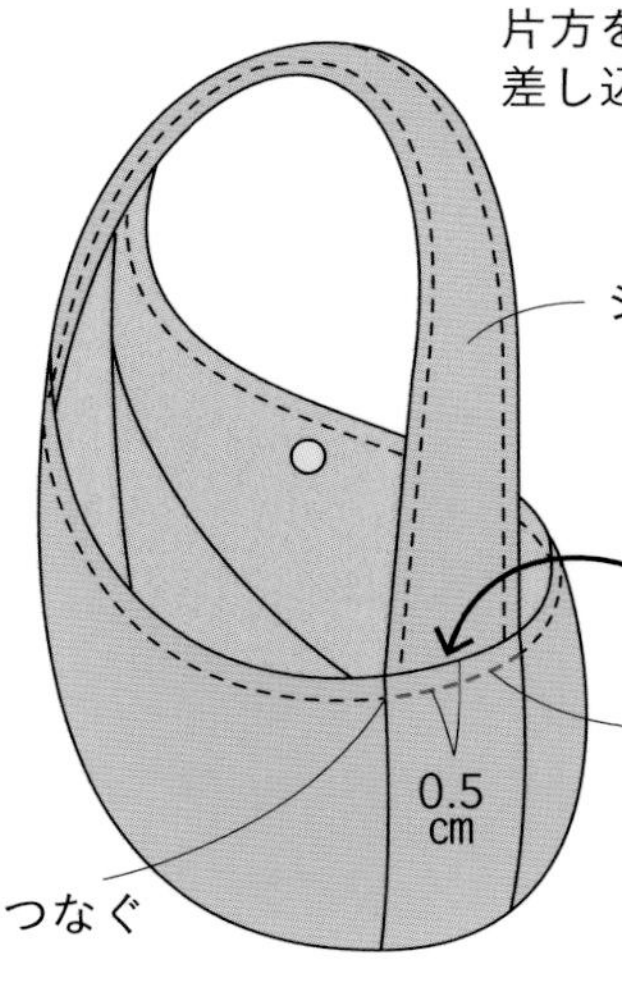
⑤ショルダーひもの
片方を底布の上部に
差し込んで縫う
ショルダーひも
ここに1.5㎝
差し込んで
ステッチ
ステッチ
0.5
㎝
こちらの
ステッチをつなぐ

11 内布の返し口をとじる

仕上がり寸法

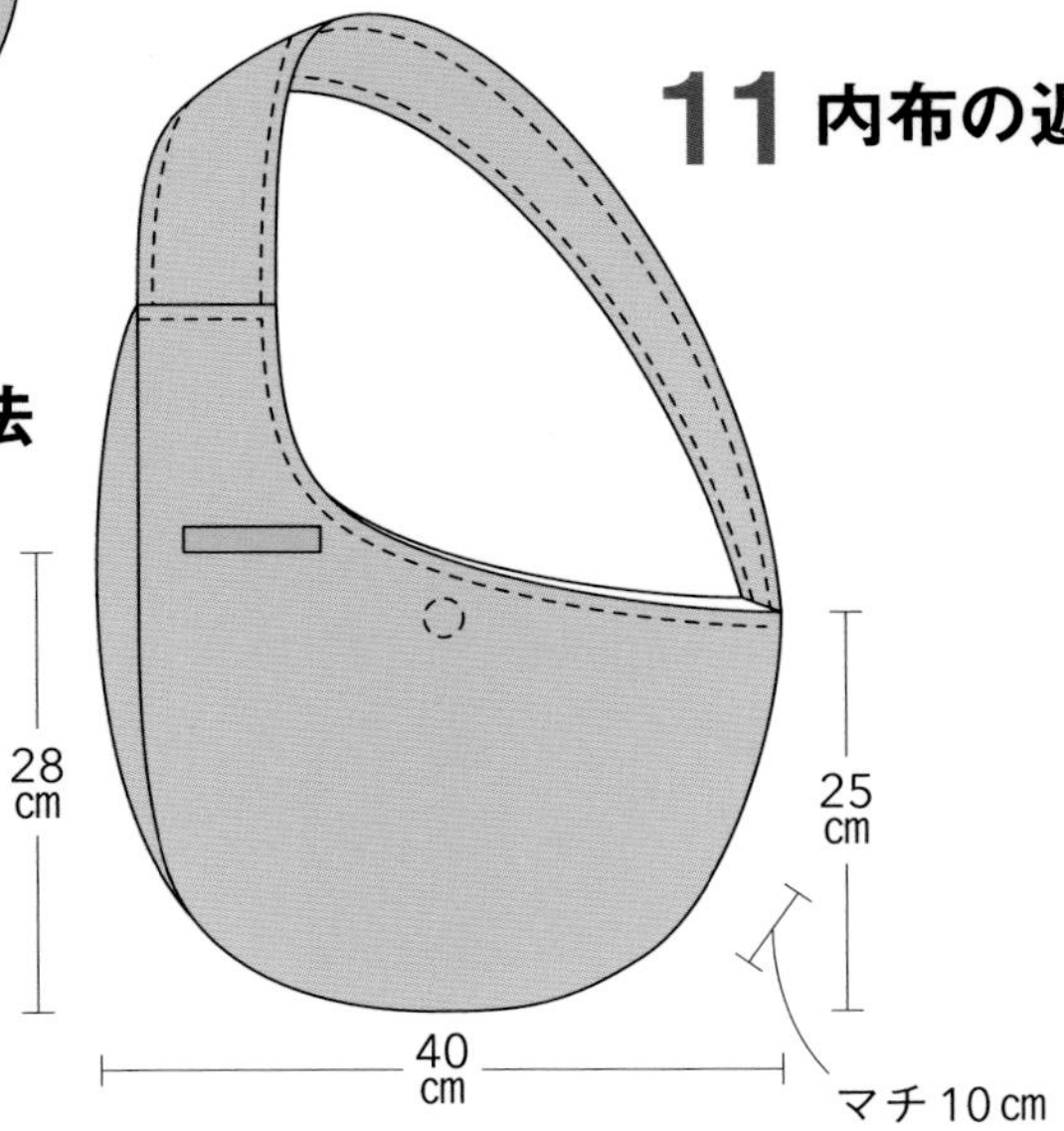
28
㎝
25
㎝
40
㎝
マチ10㎝

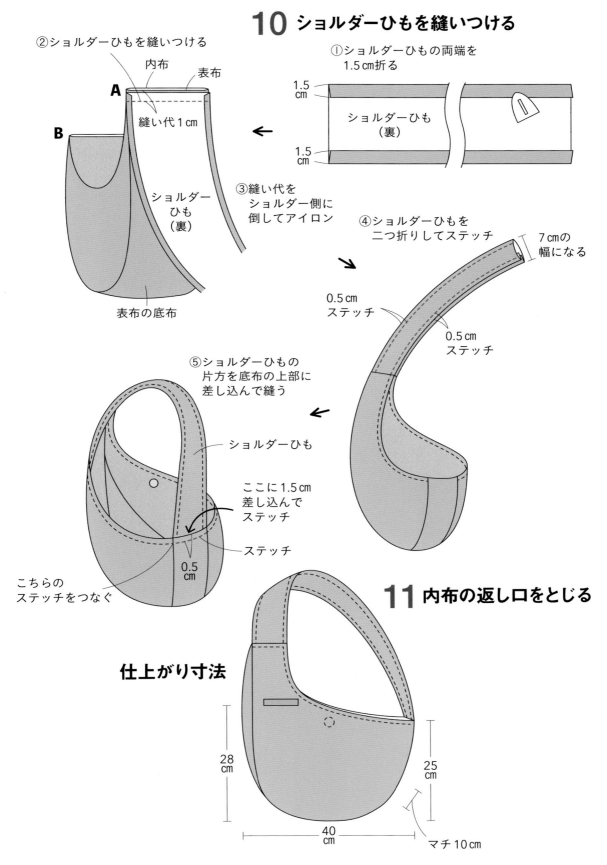

H
巾着バッグ

How to make ▼ 74 page

帯締めを持ち手にして よそゆき巾着バッグ

くびれのあるかわいいデザインの巾着バッグ。底部分にもタックやギャザーを入れています。イブルキルトで作ったカジュアルな感じと、帯地を縦横に使ったよそゆきの感じの2タイプ。どちらも表面のリボンをアクセントにしました。生地と相性のよい帯締めを探すのも楽しい。

くびれの部分は、中にゴムを入れています。

I ペタンコショルダーバッグ

How to make ▼ 77 page

パッチワークのように
布の組み合わせを楽しんで

ポケットの底部分にはタックが入っています。

ポケット、ひも、本体の生地の配置に工夫をしました。織りの帯で作ったバッグと、ネコのプリント地のバッグ。帯のほうは、裏側の無地の部分を本体に生かし、とてもよいデザインになりました。プリントのほうは、いろんなネコの顔をポケットに配置しました。

作り方を
動画でも
チェック

巾着バッグ H

工程

1 布を裁つ。
2 内布に内ポケットを縫いつける。
3 内布を縫い合わせる。
4 表布の中心布と脇布を縫い合わせる。
5 表布、内布それぞれ、タックをよせ、
ギャザーをよせて底布を縫い合わせる。
6 持ち手を縫う。
7 表布に持ち手を仮縫いする。
8 表布と内布を中表で縫い合わせる。
9 返し口から表に返す。
10 前・後飾りひもを縫い、ゴムとつなぐ。
11 ゴム通し口から10でつないだひもを通す。
12 リボンを作ってつける。

材料

○表中心布…2枚
○表脇布…2枚
○底布（型紙）
…表布・内布　各1枚
○内布…2枚
○内ポケット布…1枚
○持ち手布…2枚
○持ち手キルト…2枚
○ゴム…18cm　2本
○前・後飾りひも…2枚
○前面リボン、リボン中心布…各1枚
○帯締め…37cm

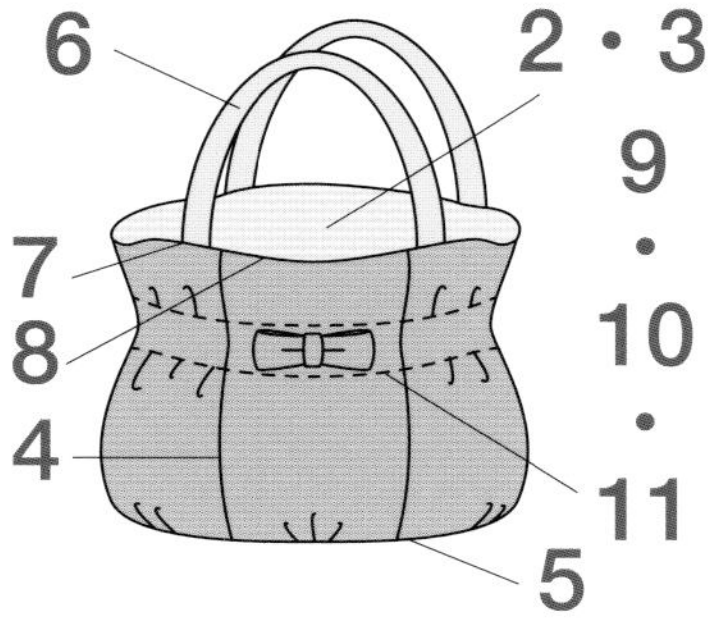
6
2・3
9
・
10
・
11
7
8
4
5

2 内布に内ポケットを縫いつける

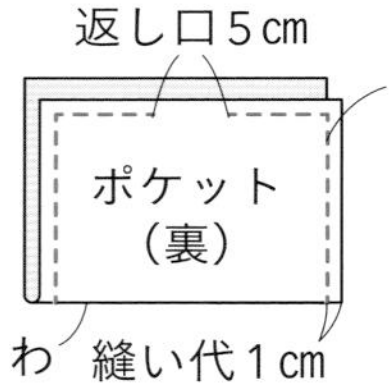
返し口5cm
ポケット
（裏）
わ
縫い代1cm

①ポケット布を中表に半分に折り、返し口を残して縫う
②縫い代をアイロンで割り、返し口から表に返す
③内布の中心の下から4cmのところに縫いつける

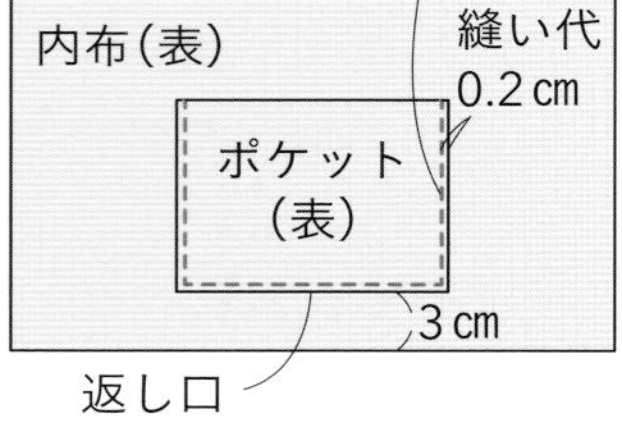
内布（表）
縫い代
0.2cm
ポケット
（表）
3cm
返し口

1 布を裁つ

表中心布2枚、表脇布2枚、底布（型紙）表布内布各1枚、内布2枚、内ポケット布1枚、持ち手布2枚、持ち手キルト2枚、前後飾りひも2枚、リボン1枚、リボン中心布1枚を裁つ。

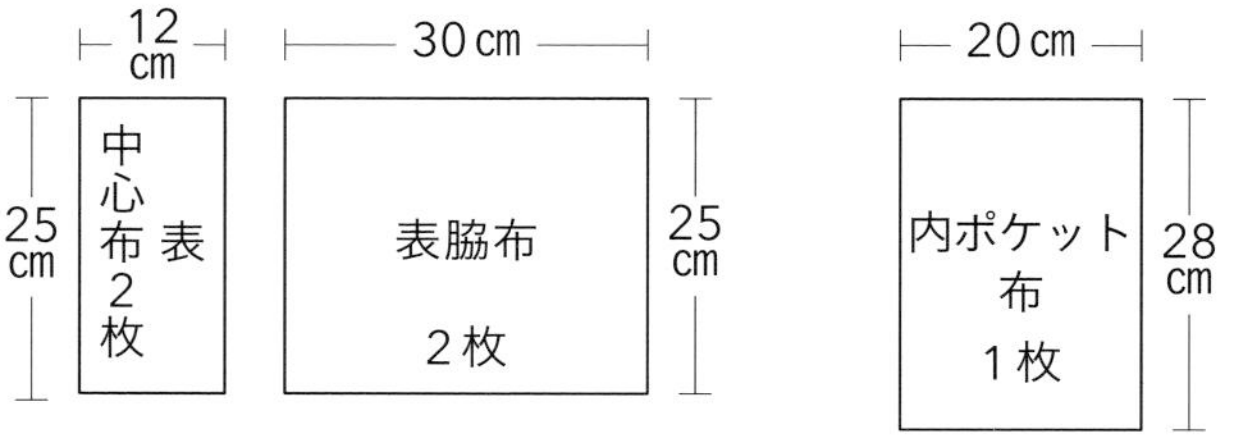
12
cm
25
cm
中心布 表
2
枚
30cm
表脇布
2枚
25
cm
20cm
内ポケット
布
1枚
28
cm

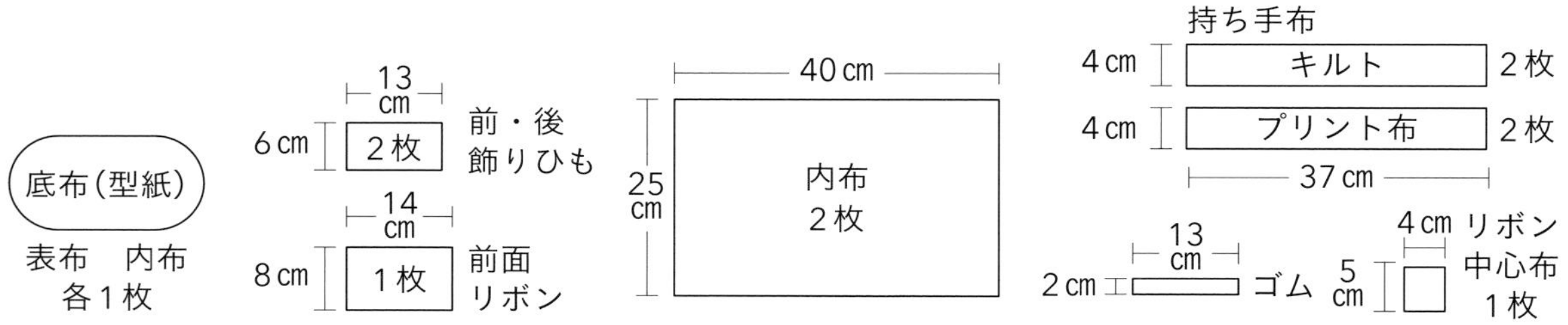
持ち手布
4cm
キルト
2枚
4cm
プリント布
2枚
37cm
40cm
25
cm
内布
2枚
13
cm
6cm
2枚
前・後
飾りひも
14
cm
8cm
1枚
前面
リボン
底布（型紙）
表布　内布
各1枚
13
cm
2cm
ゴム
4cm
5
cm
リボン
中心布
1枚

3 内布を縫い合わせる

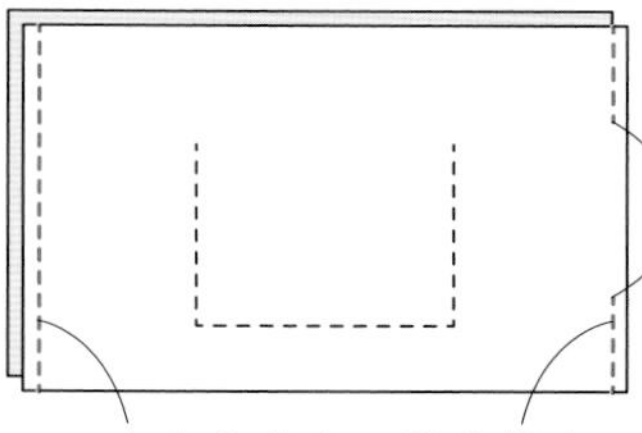
返し口12cm
縫い残す

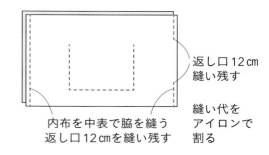

内布を中表で脇を縫う
返し口12cmを縫い残す

縫い代を
アイロンで
割る

4 表布の中心布と脇布を縫い合わせる

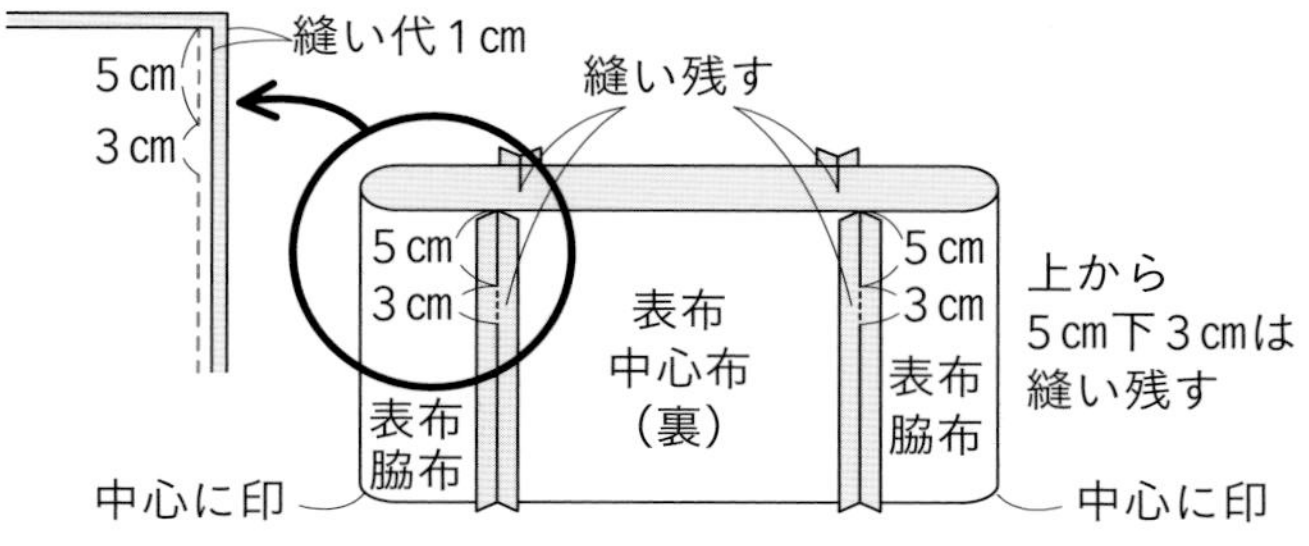
縫い代1cm
5cm
3cm
縫い残す
5cm
3cm
表布
中心布
(裏)
5cm
3cm
表布
脇布
表布
脇布
上から
5cm下3cmは
縫い残す
中心に印
中心に印

①表布の中心布と脇布を
中表で縫い合わせ輪にする

②縫い代をアイロンで割る

5 表布、内布それぞれ、タックをよせ、ギャザーをよせて底布を縫い合わせる

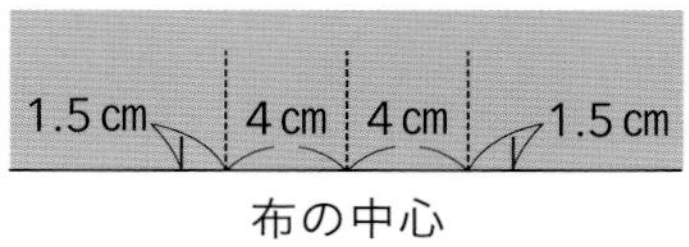
1.5cm
4cm
4cm
1.5cm
布の中心

①布の底辺を図のように
折りタックをよせる
※表布、内布それぞれ
タックをよせる

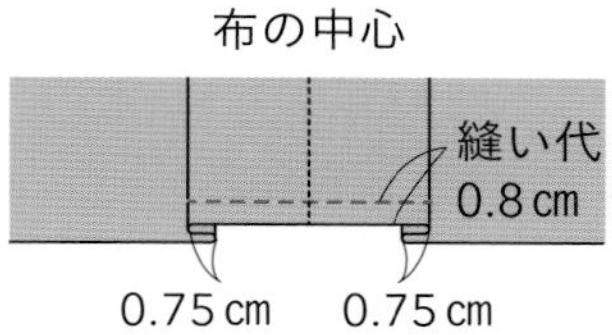
布の中心
縫い代
0.8cm
0.75cm
0.75cm

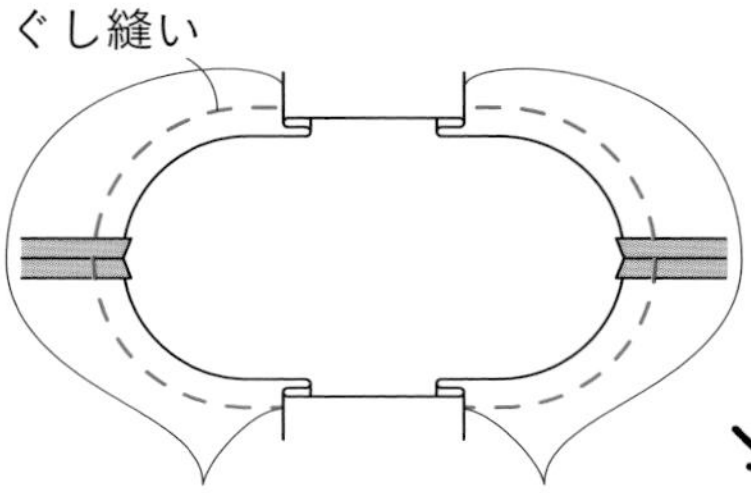
ぐし縫い

こちらも
ギャザーをよせ
20cmにする

②ぐし縫いして
ギャザーをよせ
20cmにする

全体を56cmに

※表布、内布それぞれ
ぐし縫いして
ギャザーをよせる

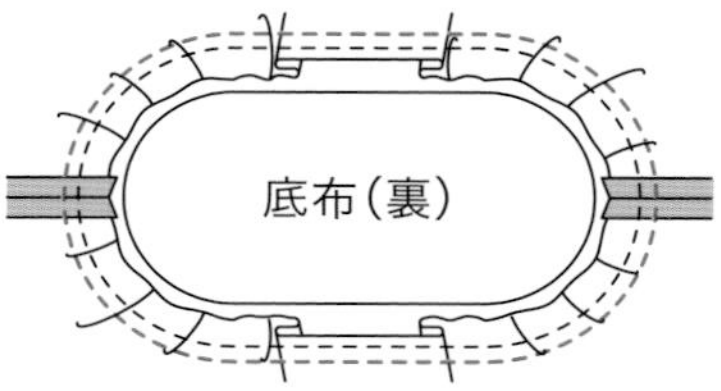
底布(裏)

③内布、表布それぞれ
底布と中表に合わせて縫い合わせる

6 持ち手を縫う

イブルキルトは
ほどいて
キルト芯を外す

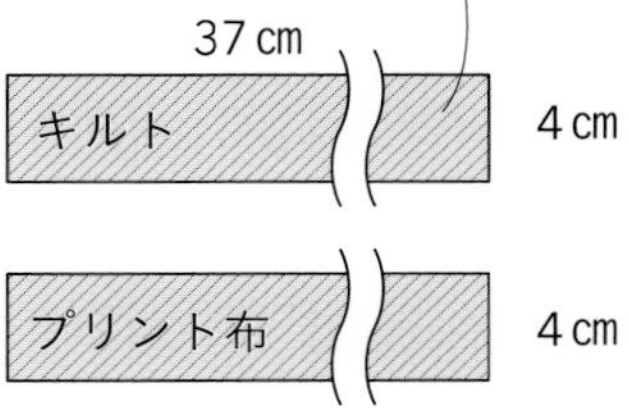
37cm
キルト
4cm
プリント布
4cm

しっかりした芯を貼る

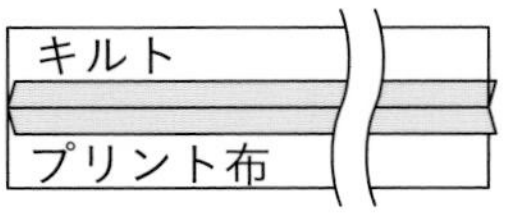
キルト
プリント布

1cm裏側へ折り、
アイロンで押さえる

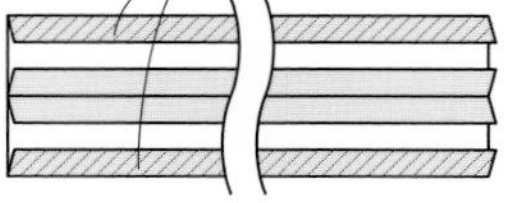

二つ折りして
ステッチ

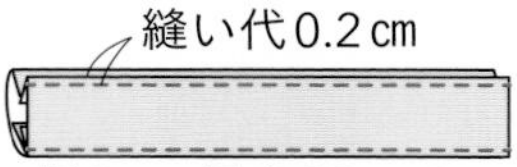
縫い代0.2cm

幅2cm、長さ37cmの
持ち手2本作る

7 表布に持ち手を仮縫いする

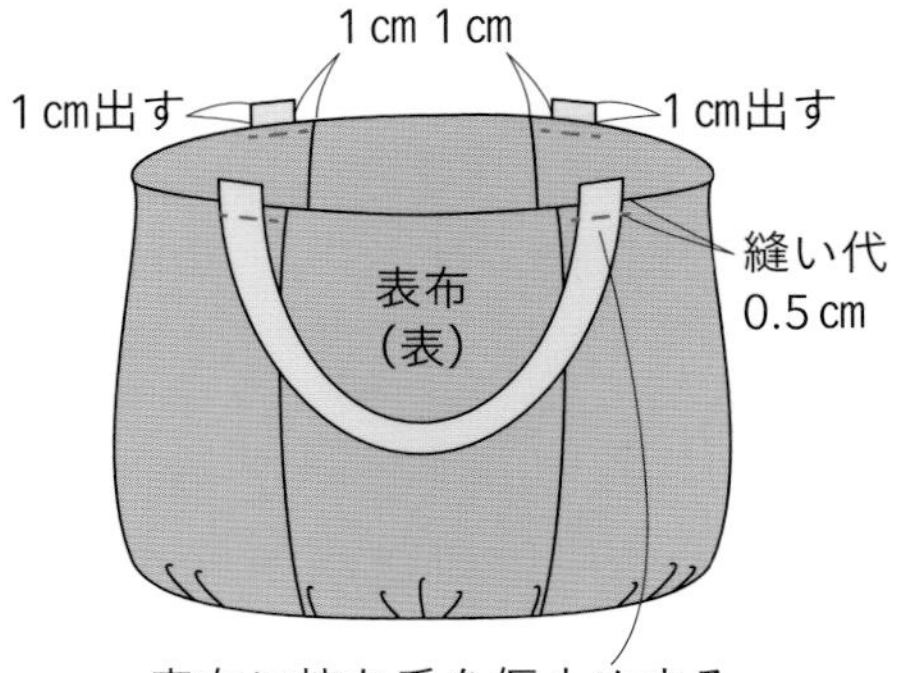
1cm 1cm
1cm出す
1cm出す
表布
(表)
縫い代
0.5cm

表布に持ち手を仮止めする

※帯締めは端を接着剤で止めて
ほつれないようにする。

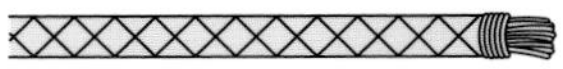

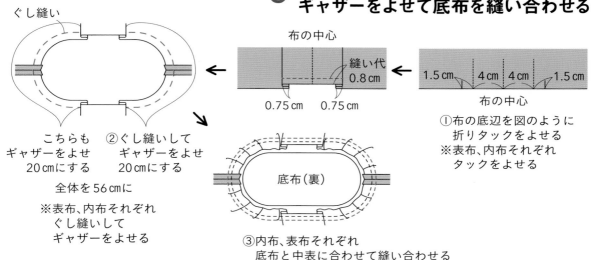

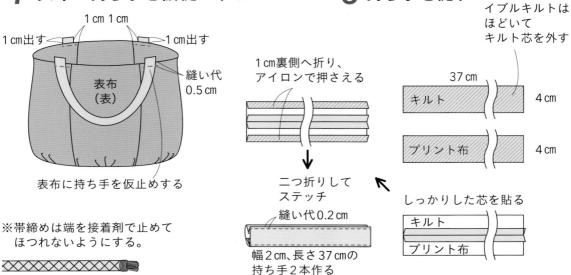

8 表布と内布を中表で縫い合わせる

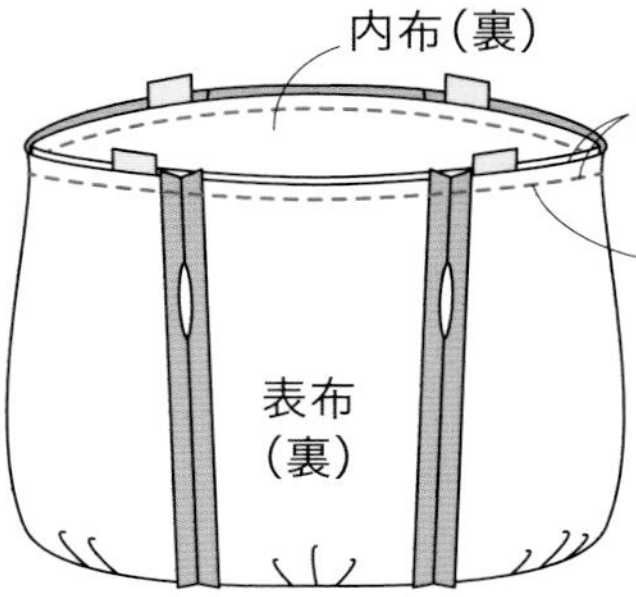

内布（裏）
縫い代1cm
表布（裏）

表布と内布を中表に合わせ縫い合わせる

9 返し口から表に返す

①返し口から表に返し、返し口をとじる。
バッグ口をアイロンで整える。

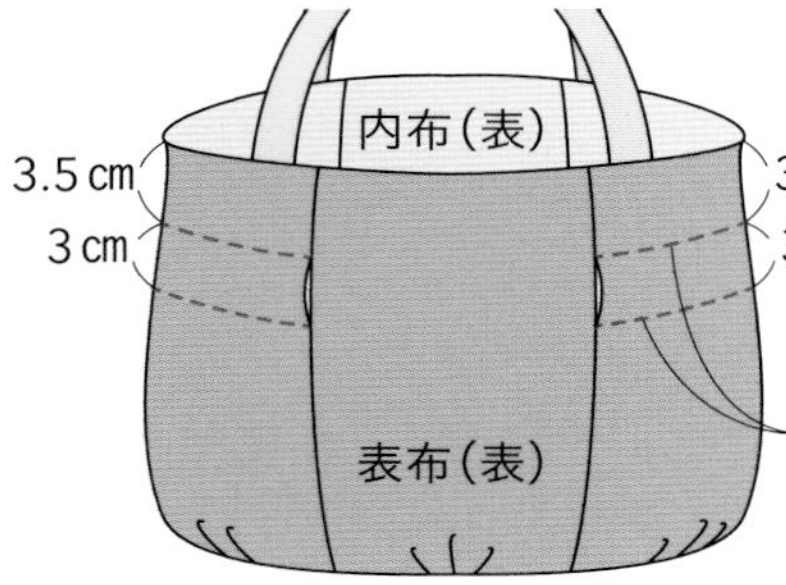

内布（表）
3.5cm
3cm
3.5cm
3cm
表布（表）

②ゴム通し部分をステッチで縫う

10 前・後飾りひもを縫い、ゴムとつなぐ

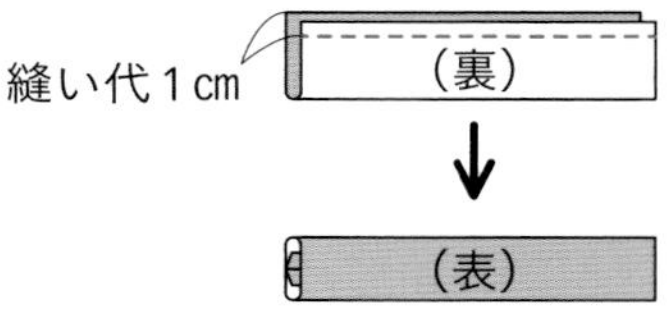

縫い代1cm
（裏）
（表）

①飾りひもを中表に二つ折りし、縫い代1cmで縫う

②縫い代をアイロンで割り、表に返す

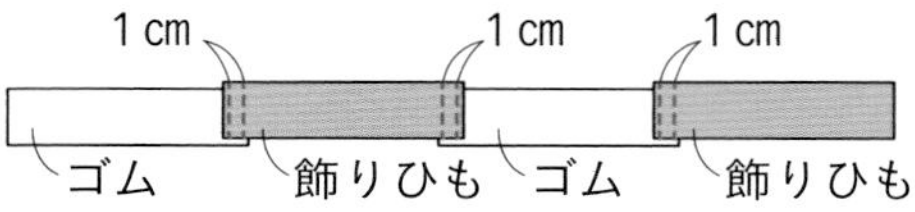

1cm
1cm
1cm
ゴム
飾りひも
ゴム
飾りひも

ゴムの上に飾りひもを重ねて（1cm）縫い合わせる

11 ゴム通し口から10でつないだひもを通す

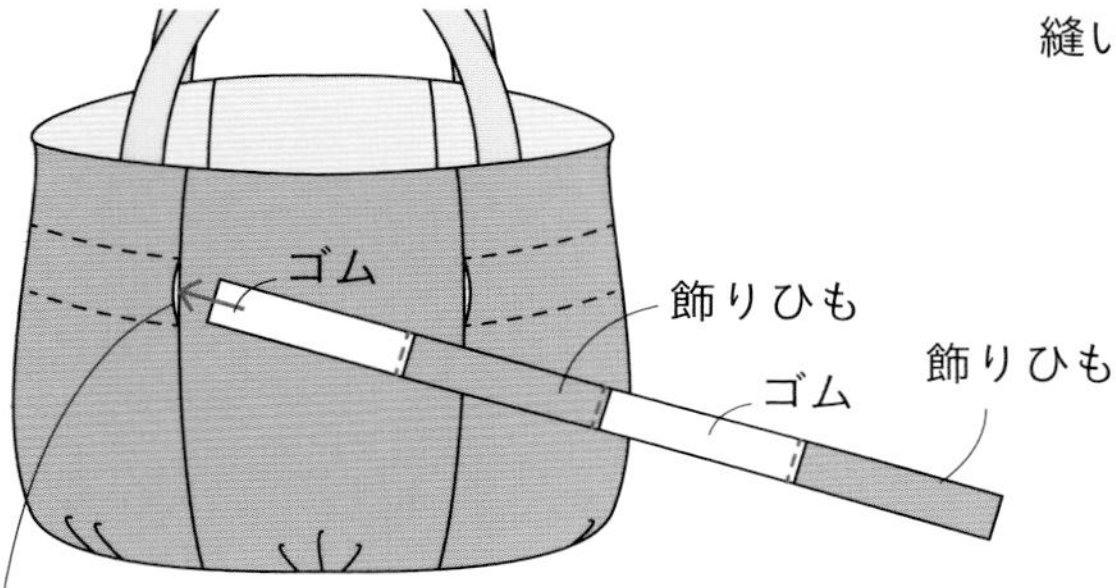

ゴム
飾りひも
ゴム
飾りひも

①つないだひもをゴム通し口から通す

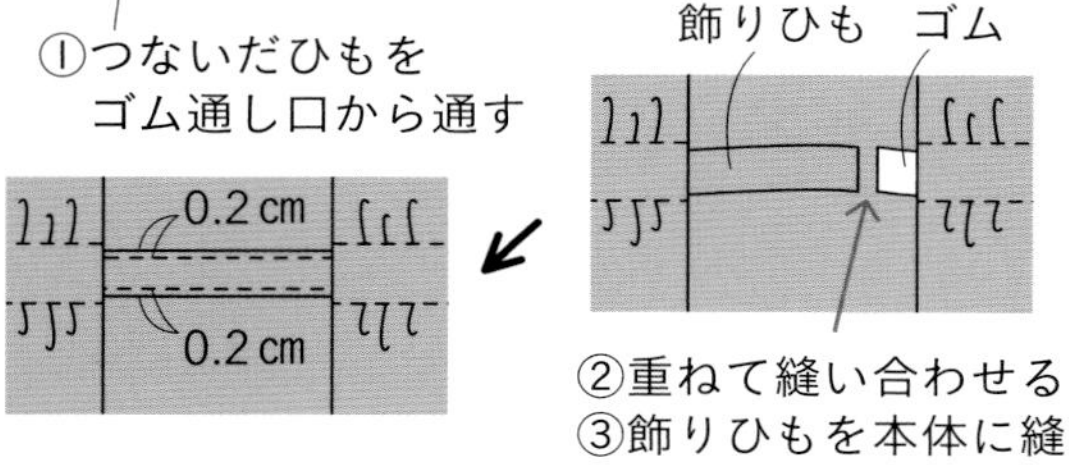

飾りひも
ゴム
0.2cm
0.2cm

②重ねて縫い合わせる
③飾りひもを本体に縫いつける

12 リボンを作ってつける

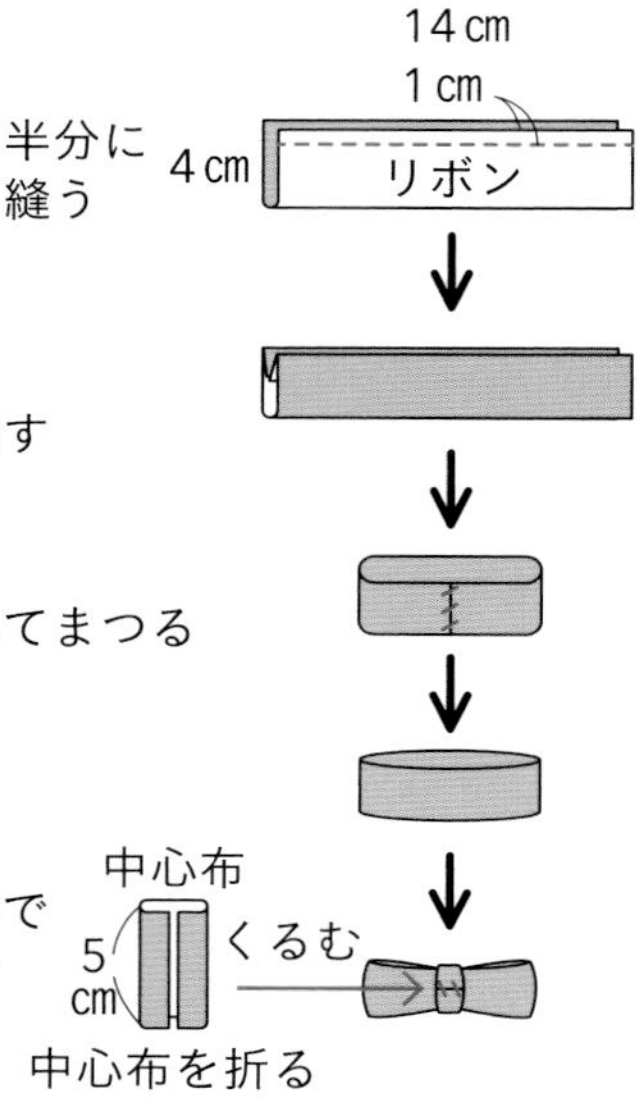

14cm
1cm
4cm
リボン
中心布
5cm
くるむ
中心布を折る

①中表に半分に折って縫う

②表に返す

③輪にしてまつる

④中心布でくるむ

仕上がり寸法

37cm
22cm
27cm

バッグ中心の飾りひもの真ん中にリボンをつける

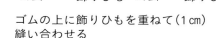

作り方を
動画でも
チェック

ペタンコショルダーバッグ Ⅰ

工程

1 布を裁つ。
2 スマホポケットを作り、表中心布に縫いつける。
3 外ポケットを作り、表中心布に縫いつける。
4 ポケットのタックをとり仮縫いする。
5 表中心布と脇布を縫い合わせる。
6 内布の中心布にマグネットボタンをつける。
7 内布中心布と脇布を縫い合わせる。
8 表袋と内袋を中表にして縫い合わせる。
9 ショルダーひもを縫いつける。
10 返し口をとじる。

材料

○ 中心布
…表布・内布　各2枚
○ 脇布
…表布・内布　各2枚
○ 外ポケット布
…表布・内布　各1枚
○ スマホポケット布
…表布　1枚
○ ショルダーひも
…表布・内布　各1枚
○ マグネットボタン
…18㎜　1組

It's a Girl
It's Twins

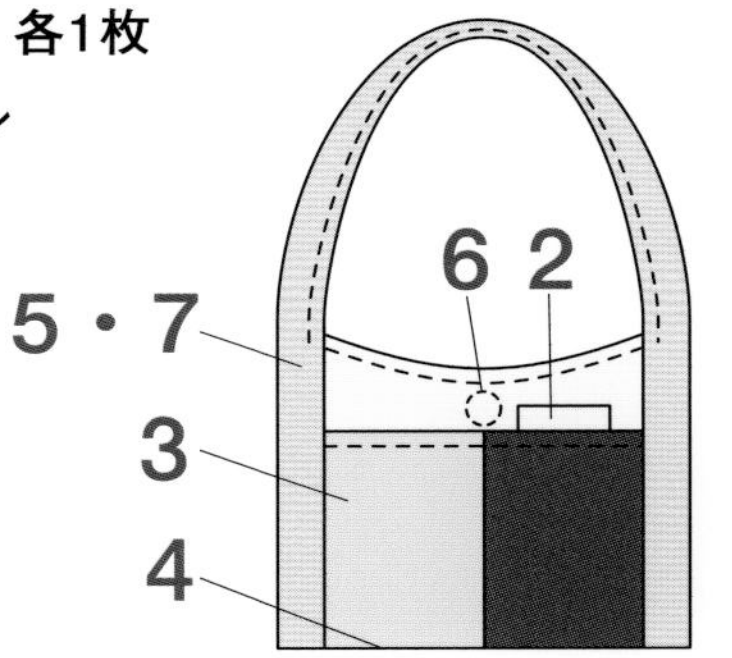
6
2
5・7
3
4

2 スマホポケットを作り、表中心布に縫いつける

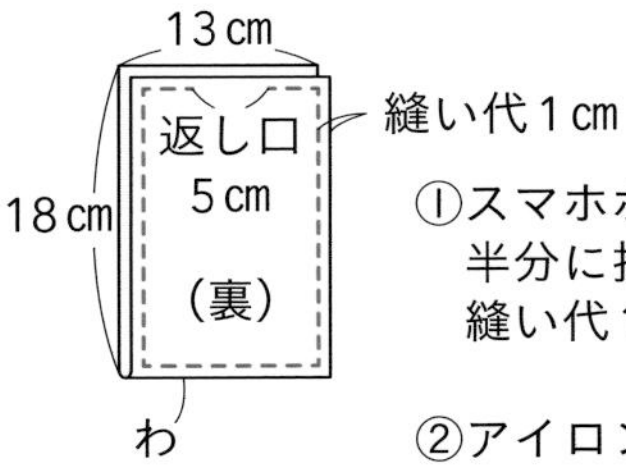
13㎝
返し口
5㎝
(裏)
18㎝
わ
縫い代1㎝

①スマホポケット布を中表で半分に折り、返し口を残して縫い代1㎝で縫う

②アイロンで縫い代を割り表に返す

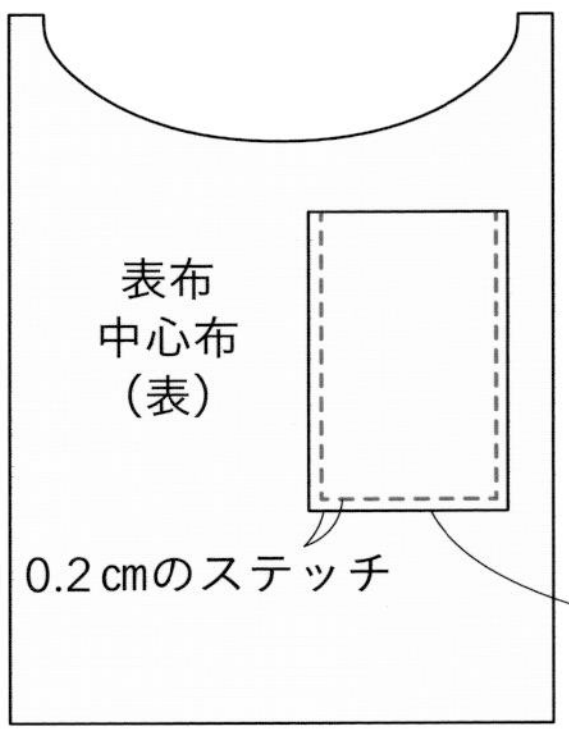
表布
中心布
(表)
0.2㎝のステッチ
返し口は
下に

③表布の中心布の表に縫いつける
※つけ位置は型紙参照

1 布を裁つ

中心布(表布・内布各2枚)、脇布(表布・内布各2枚)、外ポケット布(表布・内布各1枚)、スマホポケット布1枚、ショルダーひも(表布・内布各1枚)

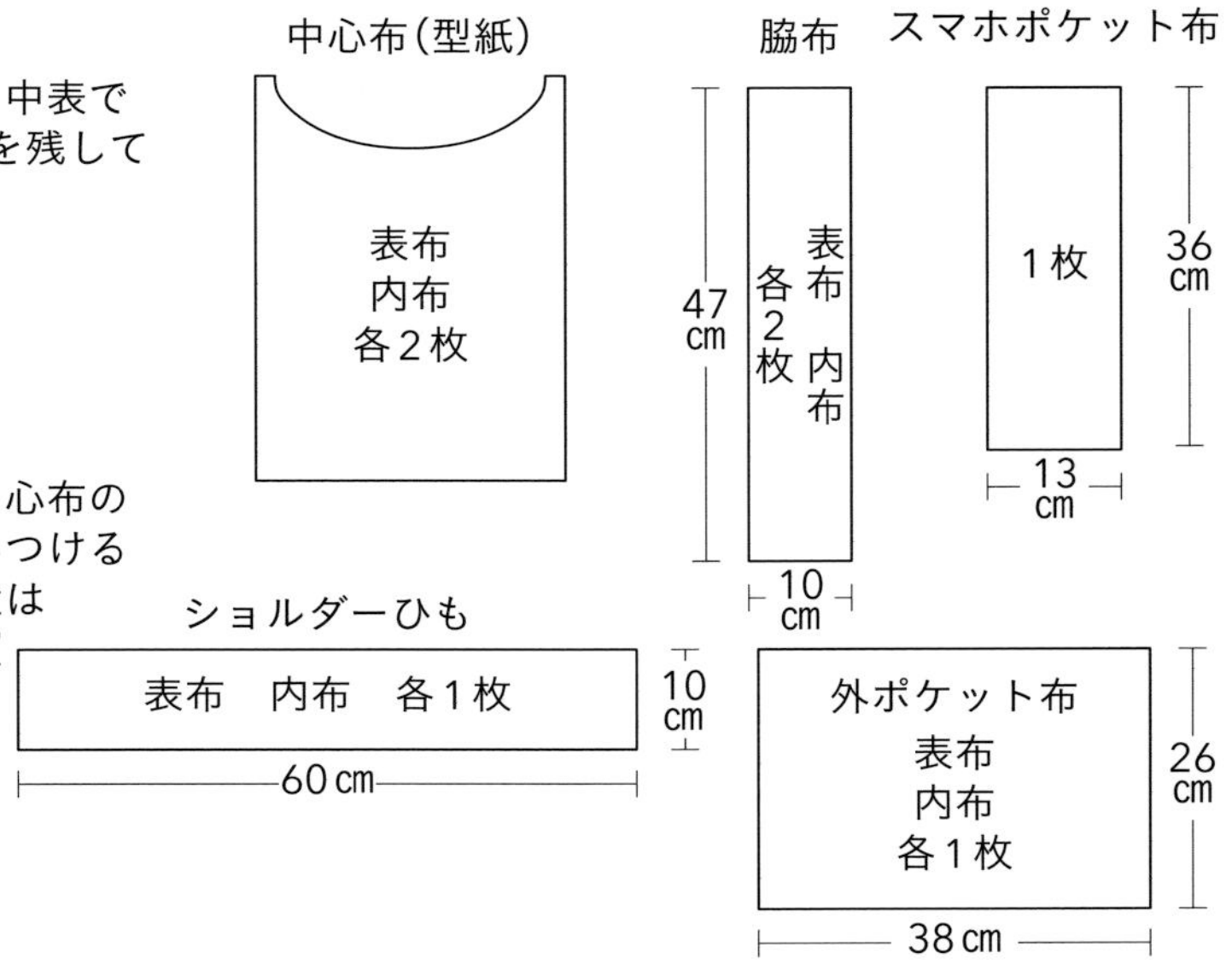
中心布(型紙)
表布
内布
各2枚
脇布
47
㎝
表布
内布
各2枚
10
㎝
スマホポケット布
1枚
36
㎝
13
㎝
ショルダーひも
表布　内布　各1枚
10
㎝
60㎝
外ポケット布
表布
内布
各1枚
26
㎝
38㎝

※両側にポケットをつける場合は各2枚

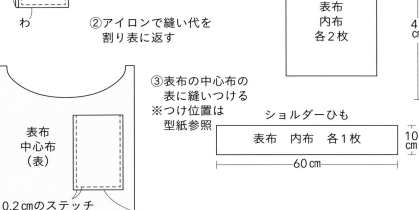

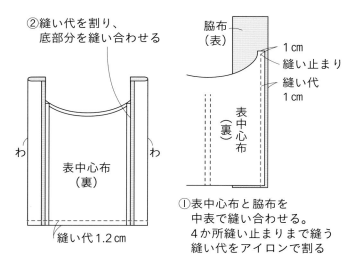

3 外ポケットを作り、表中心布に縫いつける

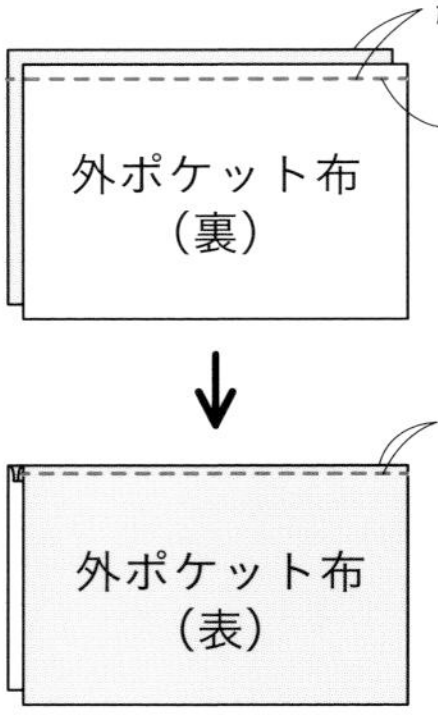

縫い代1㎝
外ポケット布
(裏)
①外ポケット布を
中表に合わせて縫う
0.3㎝のステッチ
外ポケット布
(表)
②表に返して
0.3㎝でステッチ

③表布の中心に外ポケット布
を縫いつける

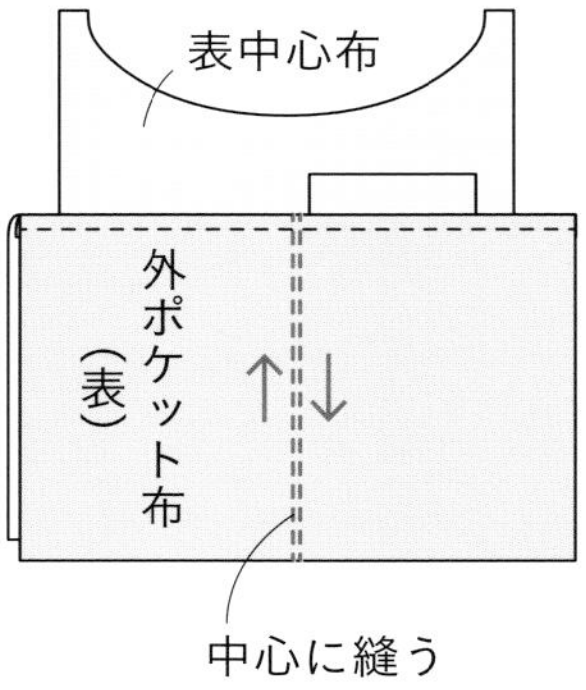

表中心布
外ポケット布
(表)
中心に縫う

④外ポケット布の両端を
中心布に合わせて
仮縫い

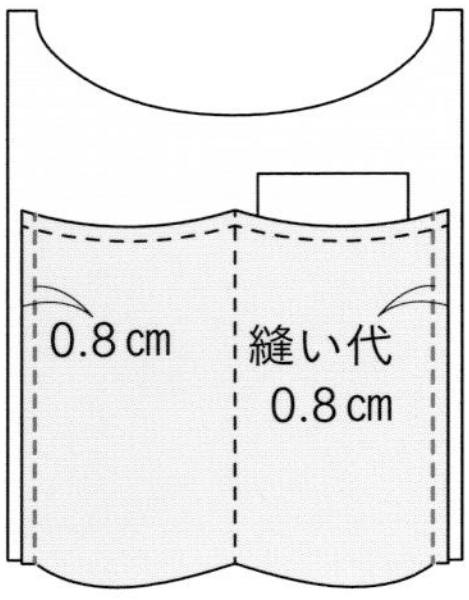

0.8㎝
縫い代
0.8㎝

4 ポケットのタックをとり仮縫いする

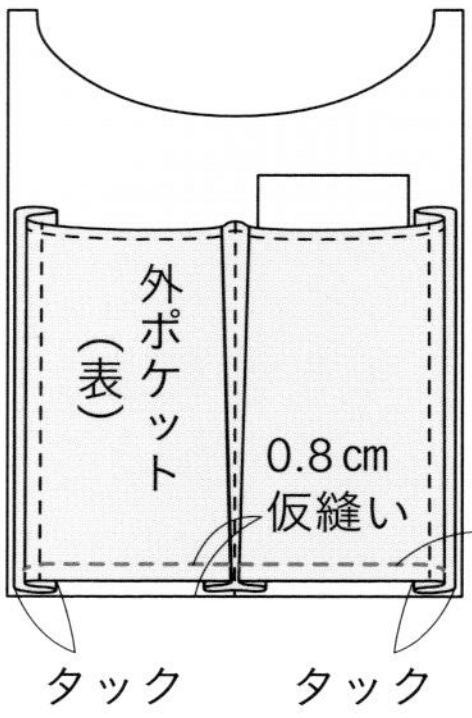

外ポケット
(表)
0.8㎝
仮縫い
タック
タック

ポケットの左右
余り分(4㎝ずつ)
をタックをとり
たたんで縫う

5 表中心布と脇布を縫い合わせる

②縫い代を割り、
底部分を縫い合わせる

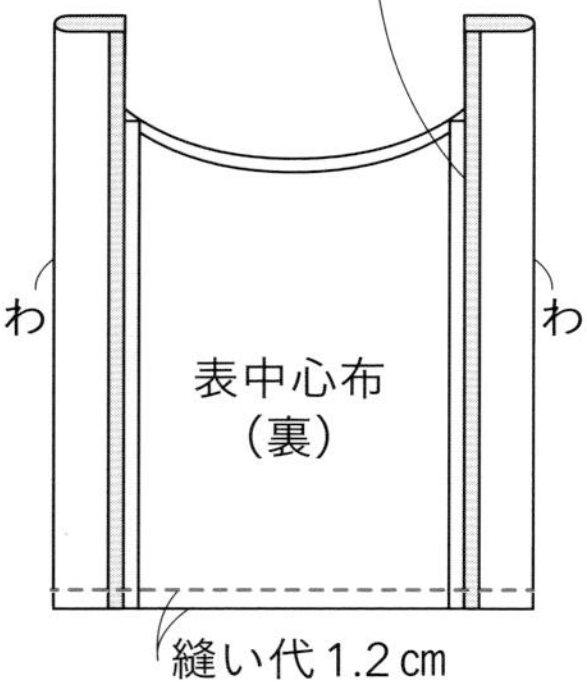

わ
わ
表中心布
(裏)
縫い代1.2㎝

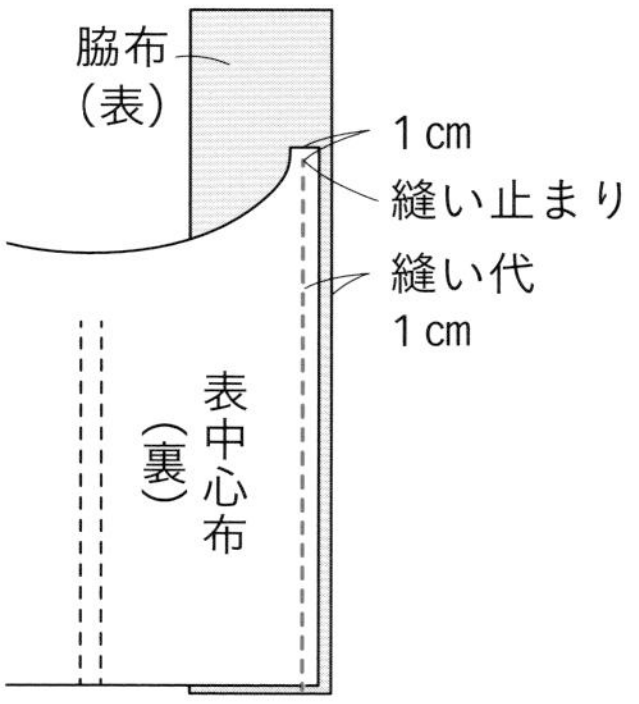

脇布
(表)
1㎝
縫い止まり
縫い代
1㎝
表中心布
(裏)

①表中心布と脇布を
中表で縫い合わせる。
4か所縫い止まりまで縫う
縫い代をアイロンで割る

6 内布の中心布にマグネットボタンをつける

※マグネットボタンのつけ方は
p.21参照。

マグネットボタンのつけ位置は
型紙参照

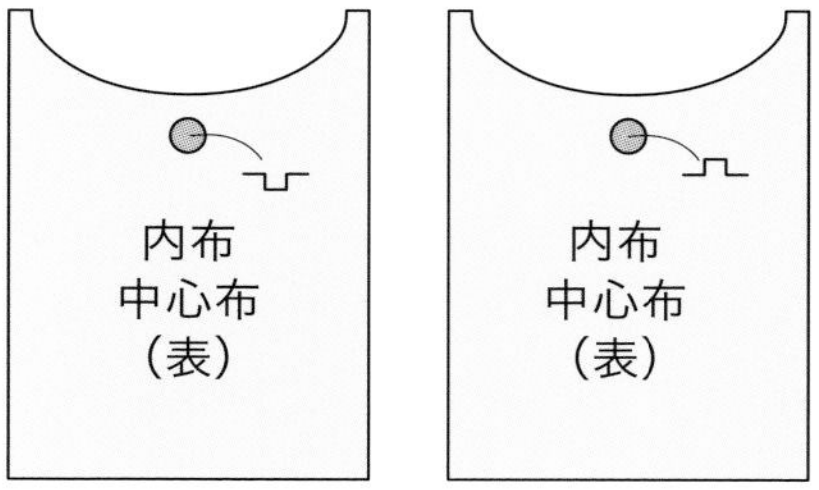

内布
中心布
(表)
内布
中心布
(表)

7 内布中心布と脇布を縫い合わせる

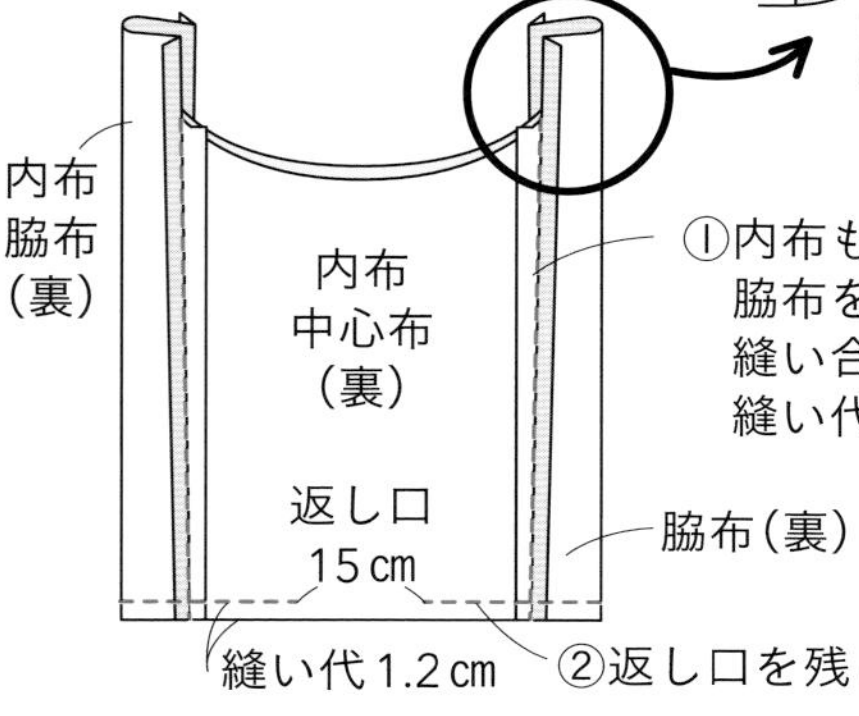

内布
脇布
(裏)
内布
中心布
(裏)
返し口
15㎝
脇布(裏)
縫い代1.2㎝

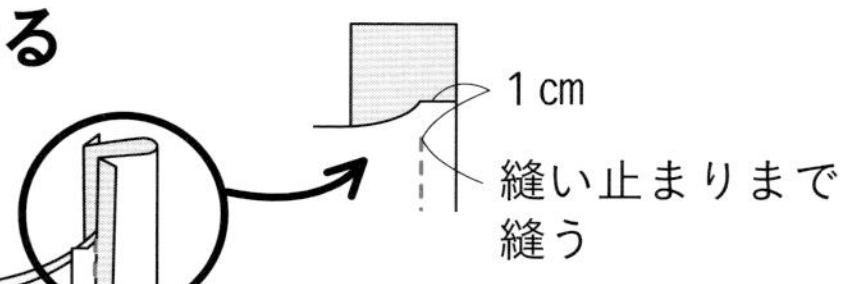

1㎝
縫い止まりまで
縫う

①内布も中心布と
脇布を中表で
縫い合わせる。
縫い代は割る

②返し口を残して底を縫う

④表布の脇布と内布の脇布を縫い合わせる。
上3㎝は縫わない

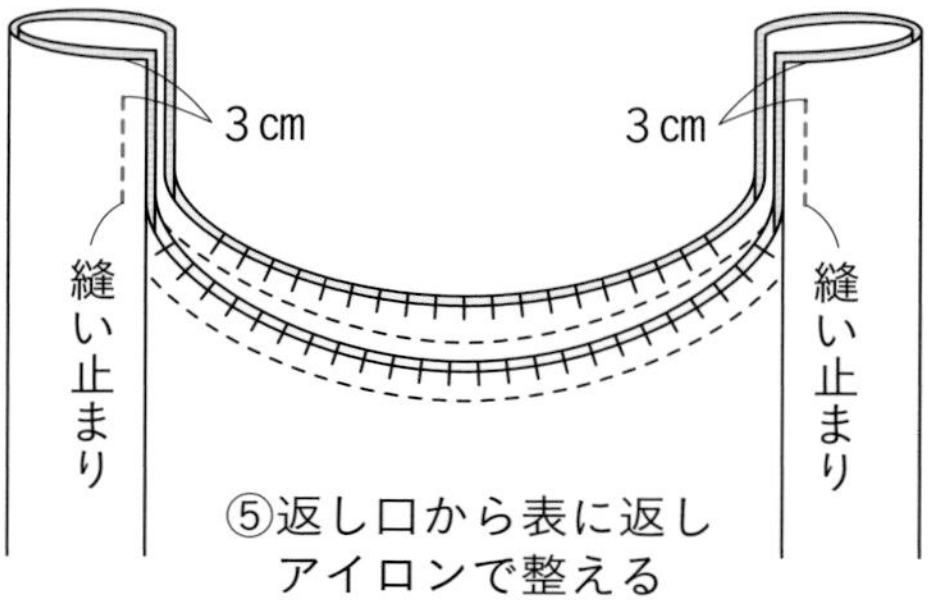
3㎝
3㎝
縫い止まり
縫い止まり
⑤返し口から表に返し
アイロンで整える

8 表袋と内袋を中表にして縫い合わせる

①中心布のカーブ部分を
縫い止まりまで縫う
2か所

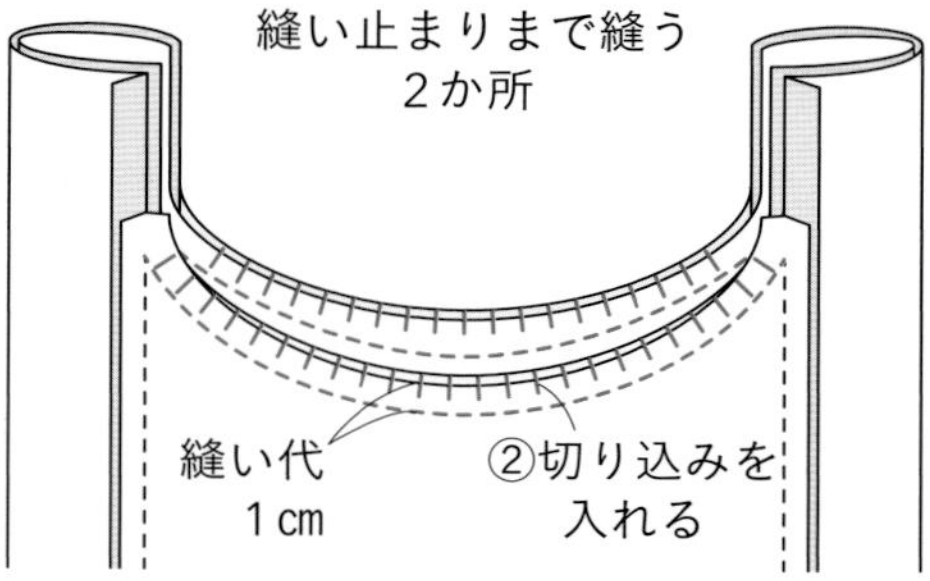
縫い代
1㎝
②切り込みを
入れる

③アイロンで縫い代を割る

9 ショルダーひもを縫いつける

①ショルダーひもの両サイドを
1㎝折ってアイロンをかける

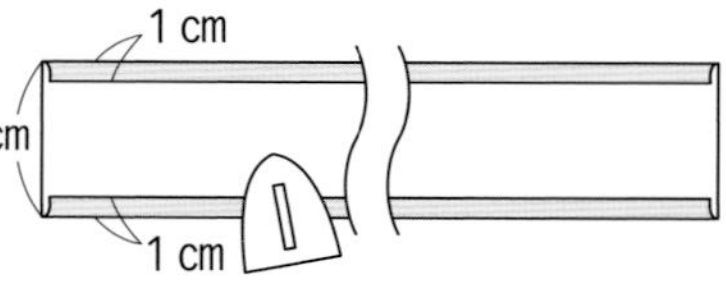
1㎝
8㎝
1㎝

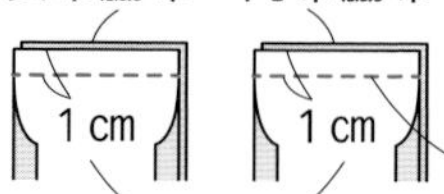
表布脇布
内布脇布
1㎝
1㎝
ショルダーひも

②表布の脇布に表布の
ショルダーひもを、
内布の脇布に内布の
ショルダーひもを
縫い合わせる
縫い代を開いて縫う

③表布のショルダーひもと
内布のショルダーひもを
合わせてステッチをかける

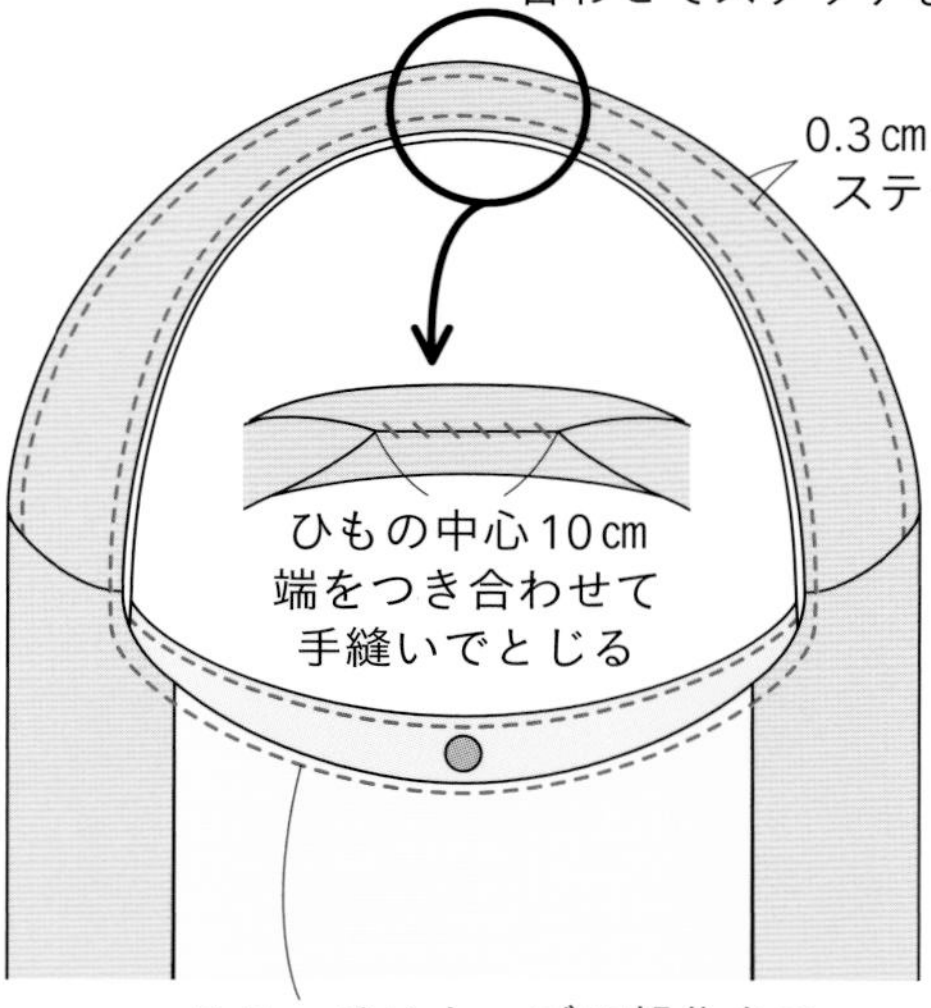
0.3㎝
ステッチ
ひもの中心10㎝
端をつき合わせて
手縫いでとじる

ステッチはカーブの部分まで
続けて1周する

10 返し口をとじる

仕上がり寸法

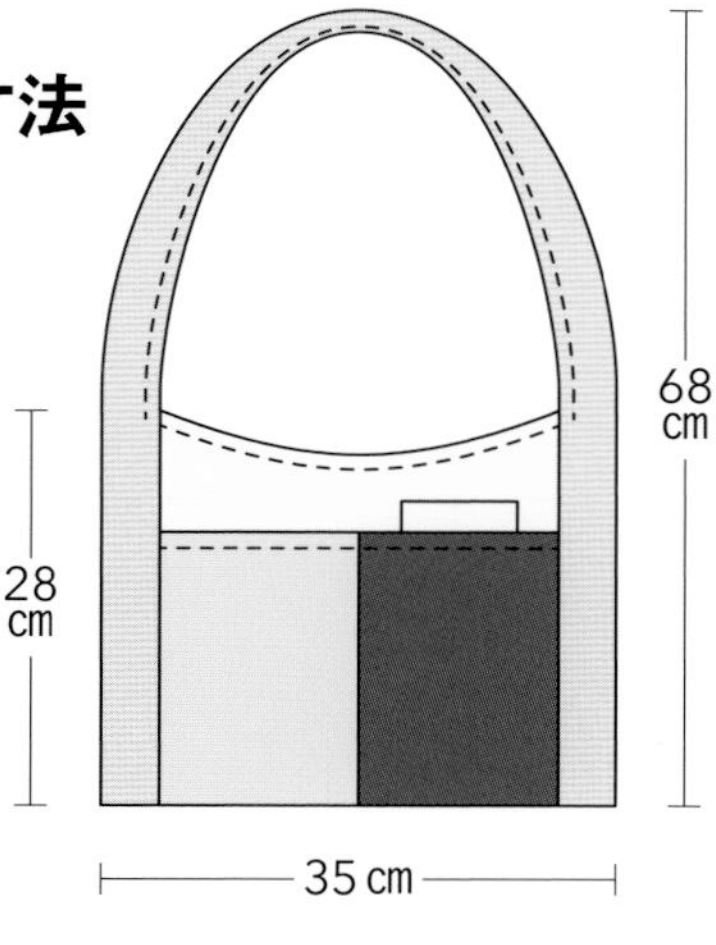
68㎝
28㎝
35㎝

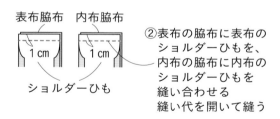

J リング持ち手の2WAYバッグ

How to make ▼ 82 page

2つの形が楽しめるスクエアと三角の形

素敵なきもの地でノスタルジックなデザインのバッグを作りました。リング持ち手が利いています。帯地のラインを縦横に配置した右のバッグと、銘仙のおしゃれな模様を生かした左のバッグ。サイド布にマグネットボタンをつけてあるので、合わせると三角の形になります。

持ち手のリングは、きもの地の印象に合わせました。

作り方を
動画でも
チェック

リング持ち手の2WAYバッグ J

工程

1 布を裁つ。
2 内布に内ポケットを縫いつける。
3 内布の両サイド布にマグネットボタンをつける。
4 表布、内布ともに中心布とサイド布を縫い合わせる。
5 表布と内布を中表に合わせて縫う。
6 表に返してアイロンで整える。
7 リング持ち手を縫いつける。

材料

○ 中心布（型紙）
…表布・内布　各1枚
○ サイド布（型紙）
…表布・内布　各2枚
○ 内ポケット布…1枚
○ 持ち手…1組
○ マグネットボタン
…18㎜　1組

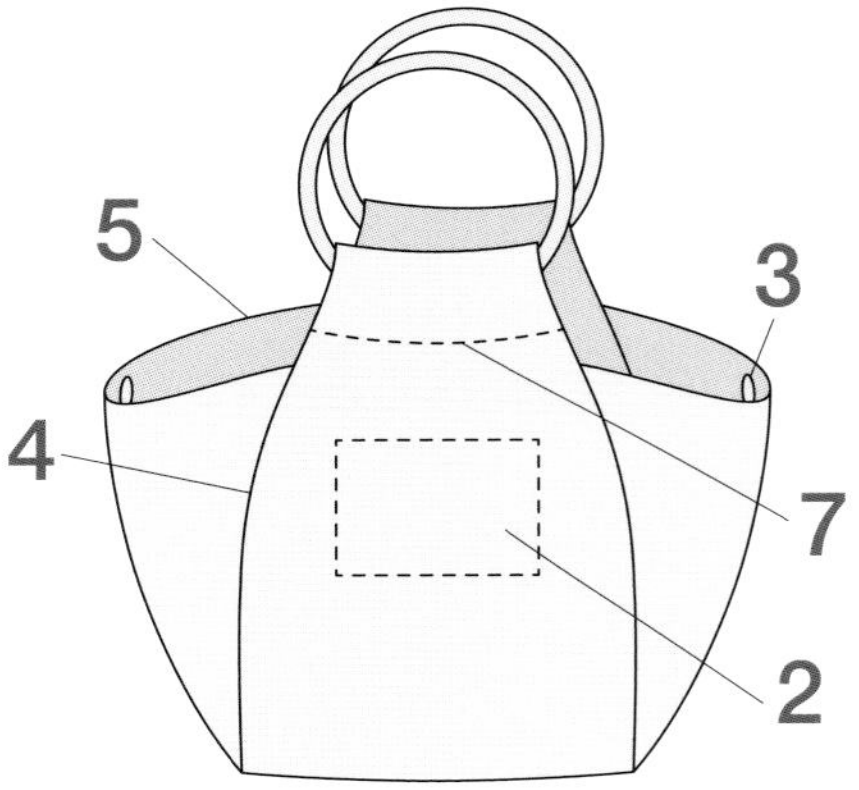

5
4
3
7
2

2 内布に内ポケットを縫いつける

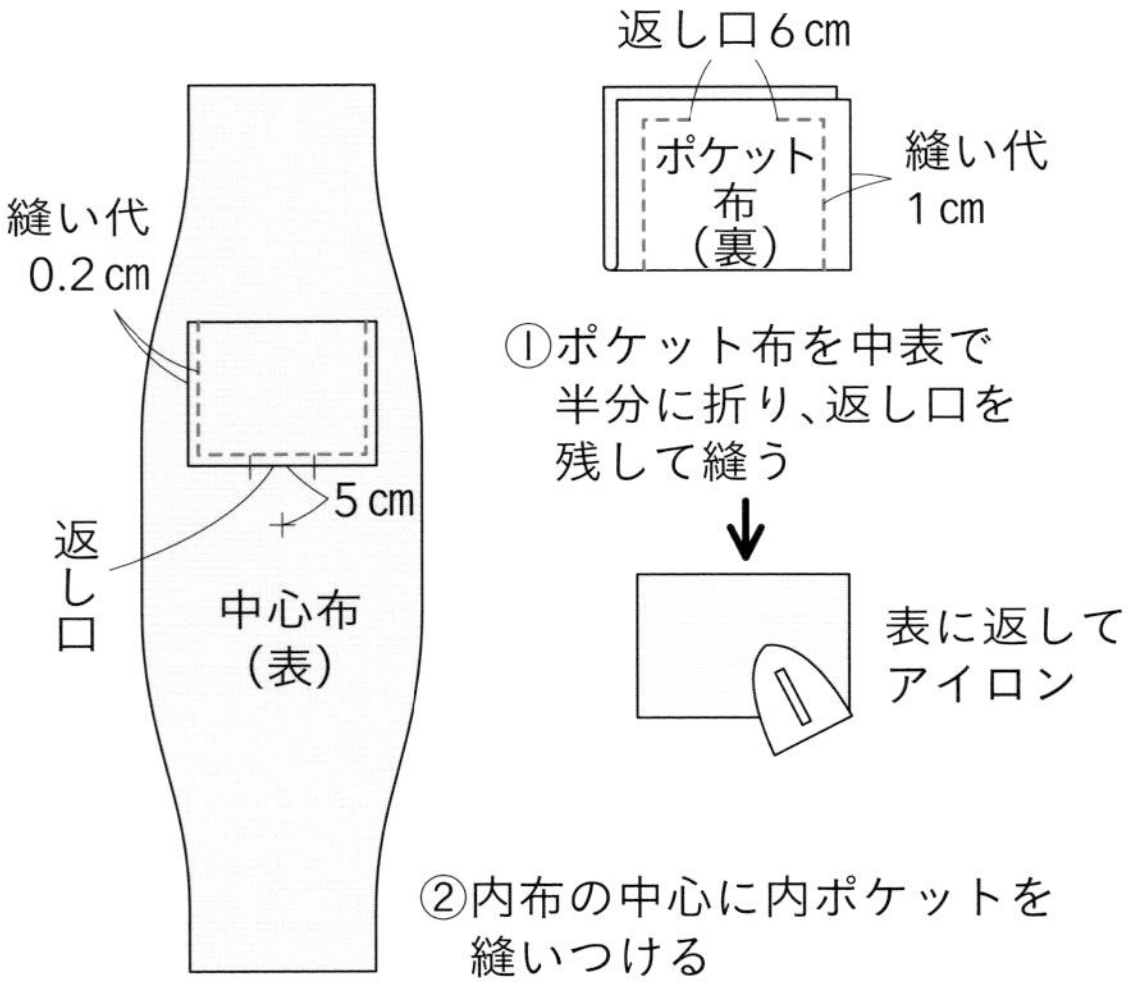

返し口6cm
ポケット布（裏）
縫い代1cm
①ポケット布を中表で半分に折り、返し口を残して縫う
表に返してアイロン
縫い代0.2cm
5cm
返し口
中心布（表）
②内布の中心に内ポケットを縫いつける

1 布を裁つ。

中心布（表布・内布各1枚）、サイド布（表布・内布各2枚）、内ポケット布1枚を裁つ。

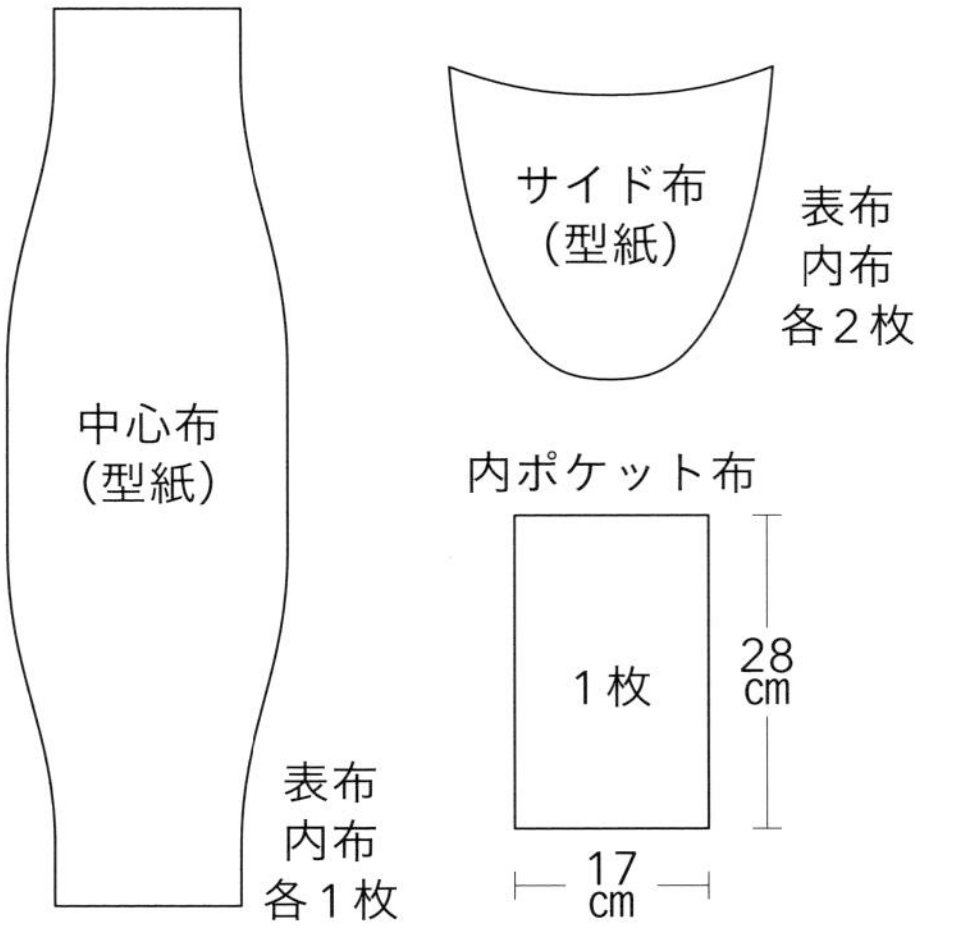

中心布（型紙）
表布
内布
各1枚
サイド布（型紙）
表布
内布
各2枚
内ポケット布
1枚
28cm
17cm

3 内布の両サイド布にマグネットボタンをつける

※マグネットボタンのつけ方はp.21参照。

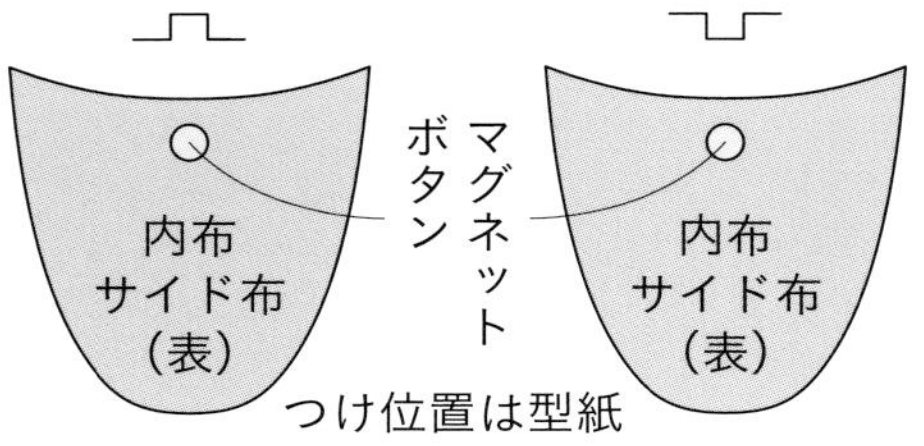

内布
サイド布
（表）
マグネットボタン
内布
サイド布
（表）
つけ位置は型紙

4 表布、内布ともに中心布とサイド布を縫い合わせる

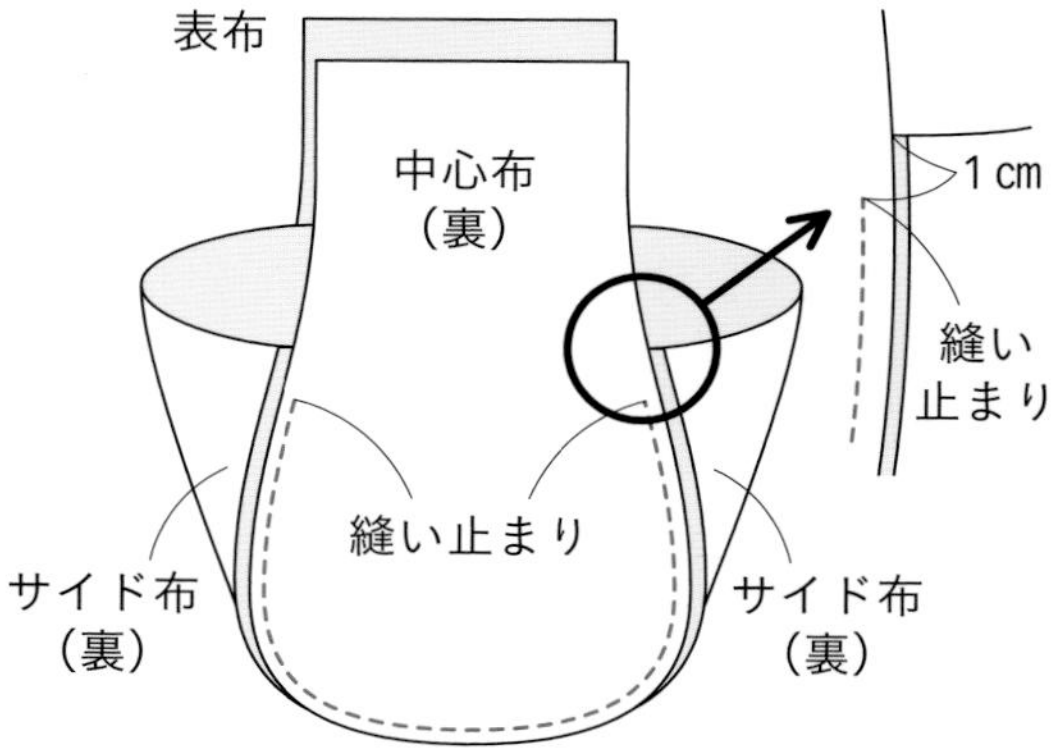
表布
中心布
(裏)
1cm
縫い
止まり
縫い止まり
サイド布
(裏)
サイド布
(裏)

※内布も同様に縫う

5 表布と内布を中表に合わせて縫う

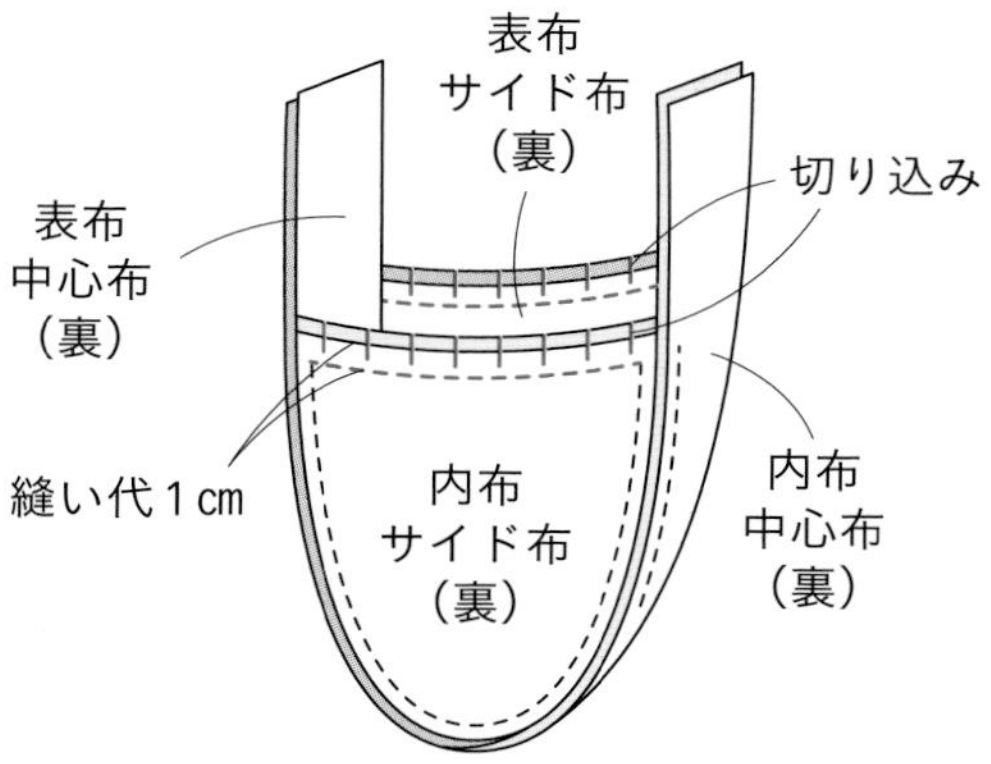
表布
サイド布
(裏)
切り込み
表布
中心布
(裏)
縫い代1cm
内布
サイド布
(裏)
内布
中心布
(裏)

①サイド布を縫い合わせ、切り込みを入れる

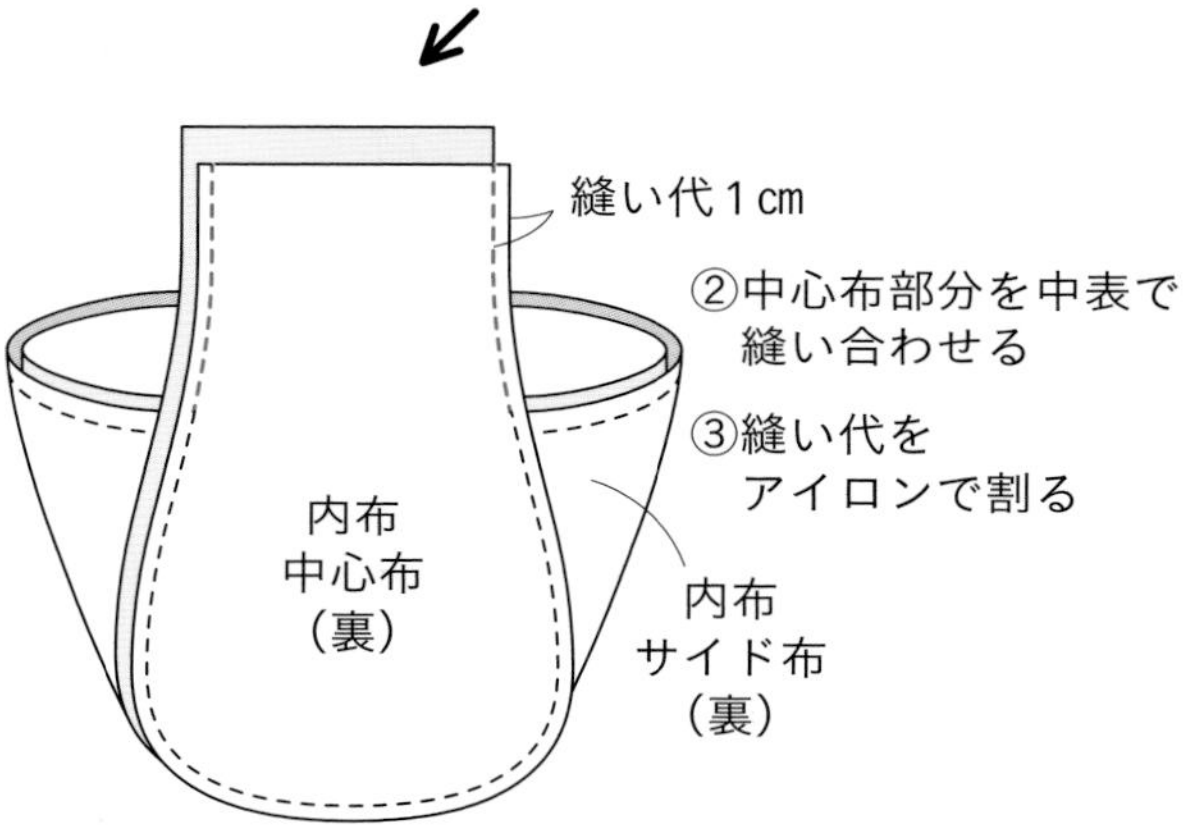
縫い代1cm
②中心布部分を中表で
縫い合わせる
③縫い代を
アイロンで割る
内布
中心布
(裏)
内布
サイド布
(裏)

6 表に返してアイロンで整える

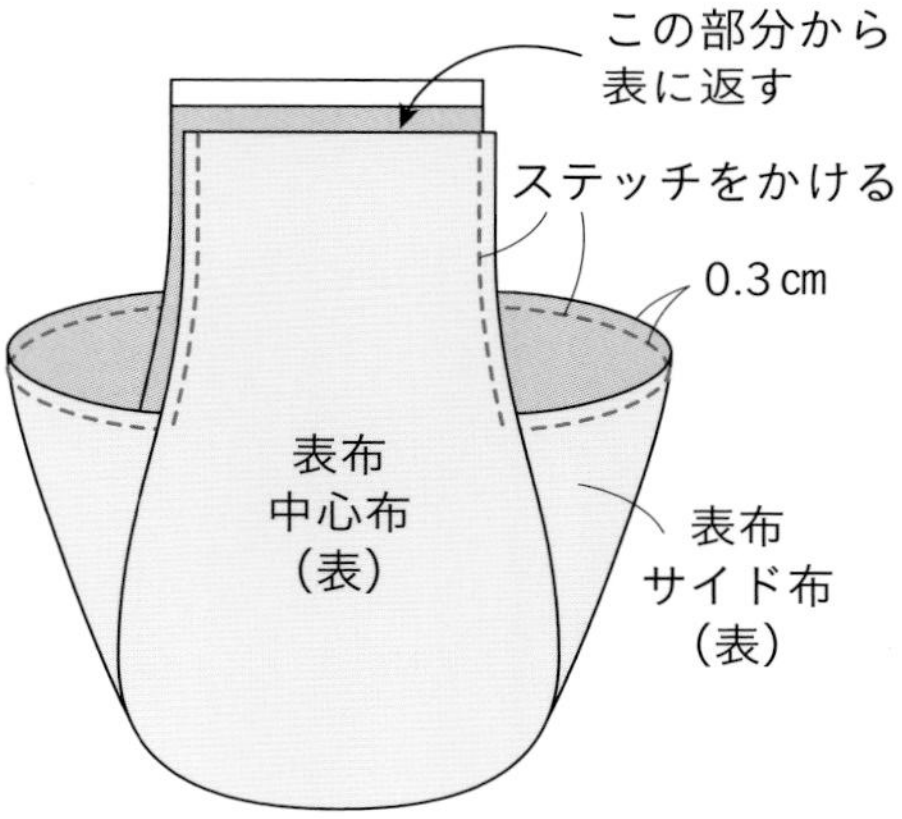
この部分から
表に返す
ステッチをかける
0.3cm
表布
中心布
(表)
表布
サイド布
(表)

7 リング持ち手を縫いつける

①リングをとりつける部分を
アイロンで整える

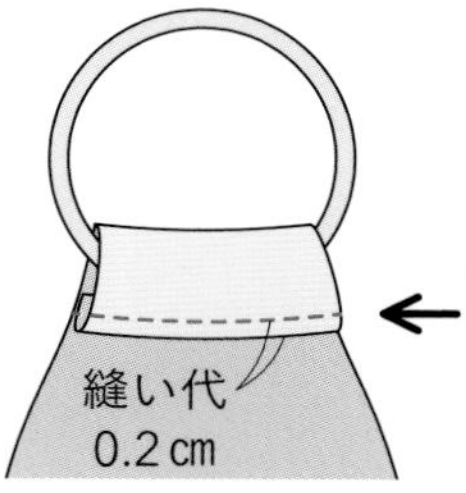
縫い代
0.2cm

②リング持ち手を
縫いつける

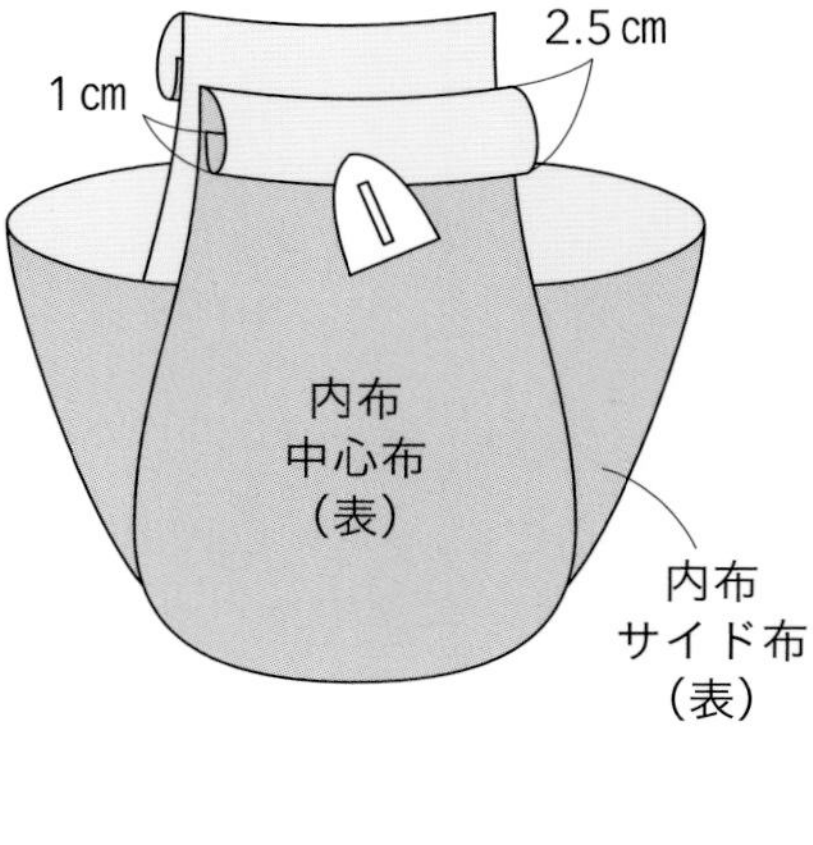
2.5cm
1cm
内布
中心布
(表)
内布
サイド布
(表)

仕上がり寸法

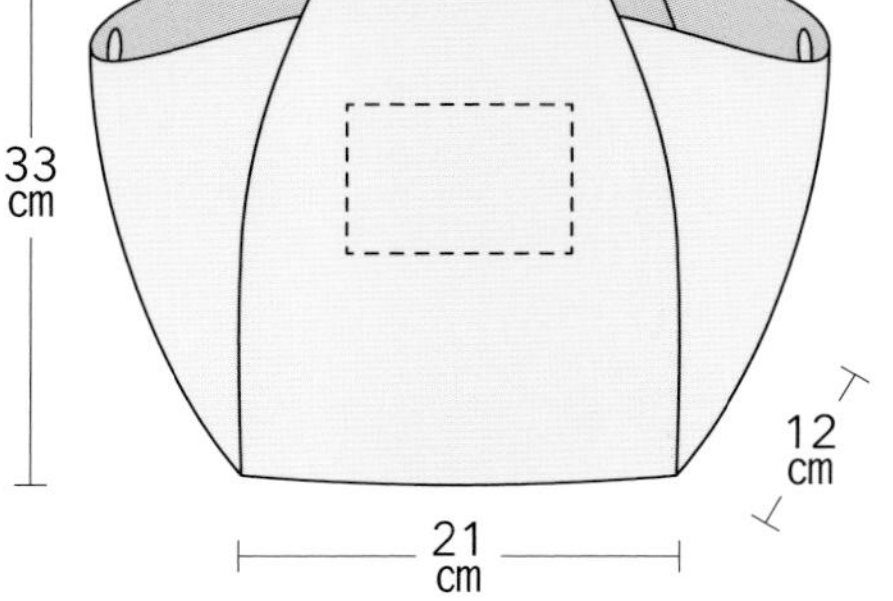
35
cm
33
cm
12
cm
21
cm

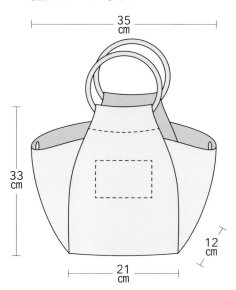

Chapter

04

いろんな工夫がある小物

老眼鏡はどこに入れたかしらとか、
バッグの中がごちゃごちゃしてしまうとか、
出歩くときのバッグにまつわる悩みって
いろいろありますね。
そんなことを、こまごま考えた小物を考えました。
小物は小さなハギレでも作れます。
あまり時間もかからないので、
たくさん作ってみました。
いろんな布地で小物作りを楽しんでください。

K
ハギレで作るカードケース

How to make ▼88 page

表側、内側、ベルトと、組み合わせ自由自在

名刺やカードを入れるケース。ちょっとのハギレでできてしまう大きさです。ハギレでも捨てるのはもったいないし、売っているハギレはかわいいし。ぜひ作ってみてください。内側やベルトに、違う布地を使うなど、布の組み合わせも楽しいです。

張りのある薄手の接着芯を貼るとちょうどいい厚さに。

作り方を
動画でも
チェック

ハギレで作るカードケース K

工程

1 布を裁つ。
2 表布の裏に接着芯を貼る。
3 ループを作る。
4 表布にループを仮止めする。
5 表布を折りたたむ。
6 表布と内布を縫い合わせる。
7 表に返して仕上げる。

材料

○ 表布（型紙）…1枚
○ 内布（型紙）…1枚
○ ループ布…1枚
○ ほつれ止め

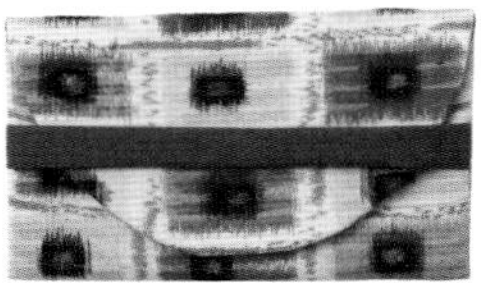

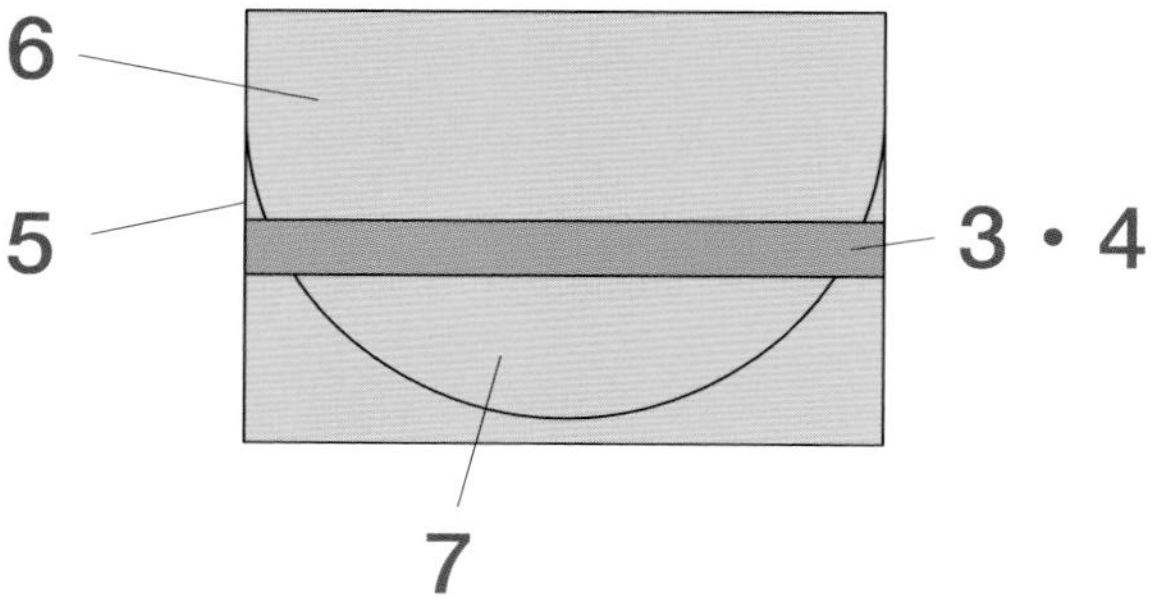
6
5
3・4
7

2 表布の裏に接着芯を貼る

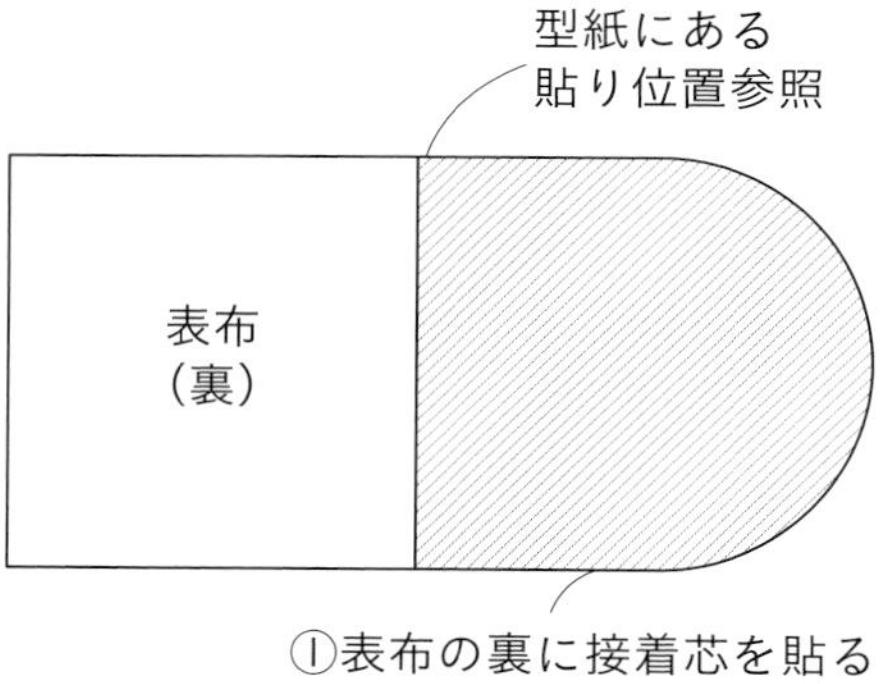
型紙にある
貼り位置参照
表布
（裏）
①表布の裏に接着芯を貼る

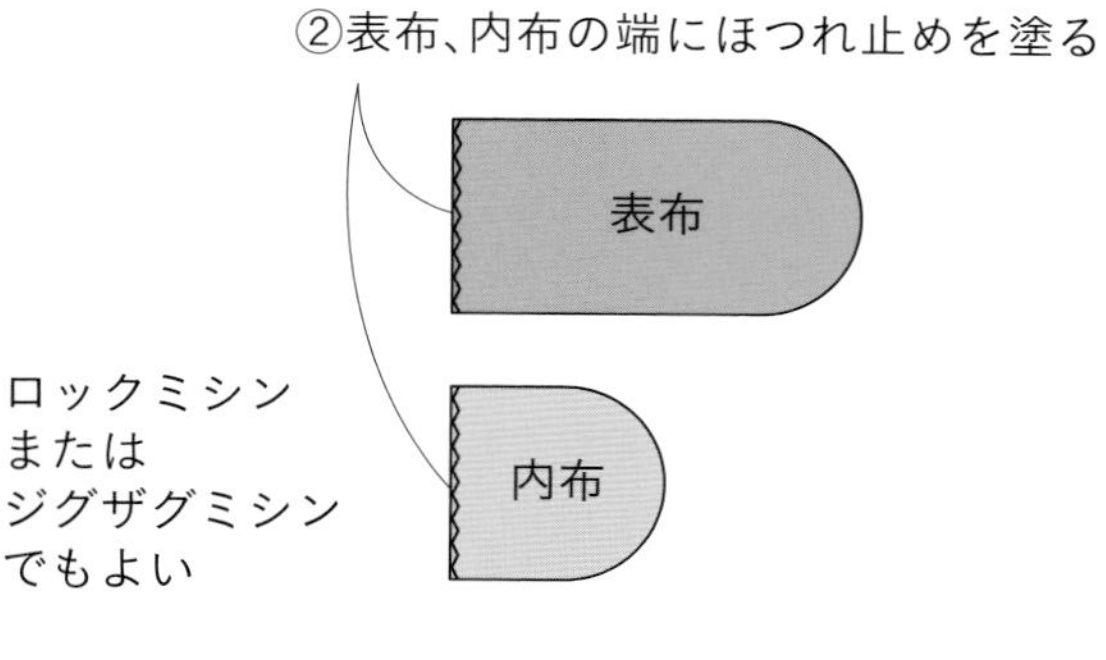
②表布、内布の端にほつれ止めを塗る
表布
内布
ロックミシン
または
ジグザグミシン
でもよい

1 布を裁つ

表布（型紙）1枚、内布（型紙）1枚、接着芯、
ループ布1枚を裁つ。

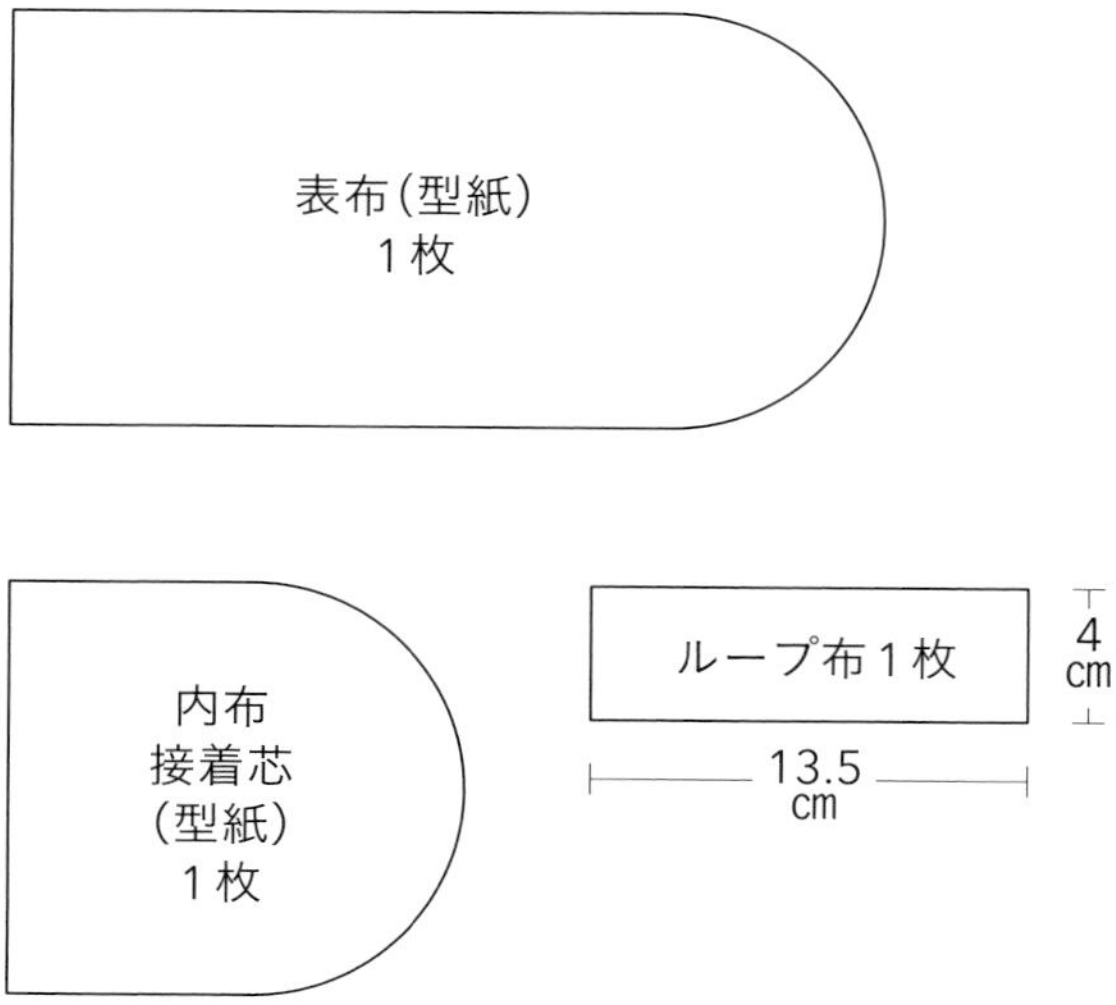
表布（型紙）
1枚
内布
接着芯
（型紙）
1枚
ループ布1枚
4
cm
13.5
cm

3 ループを作る

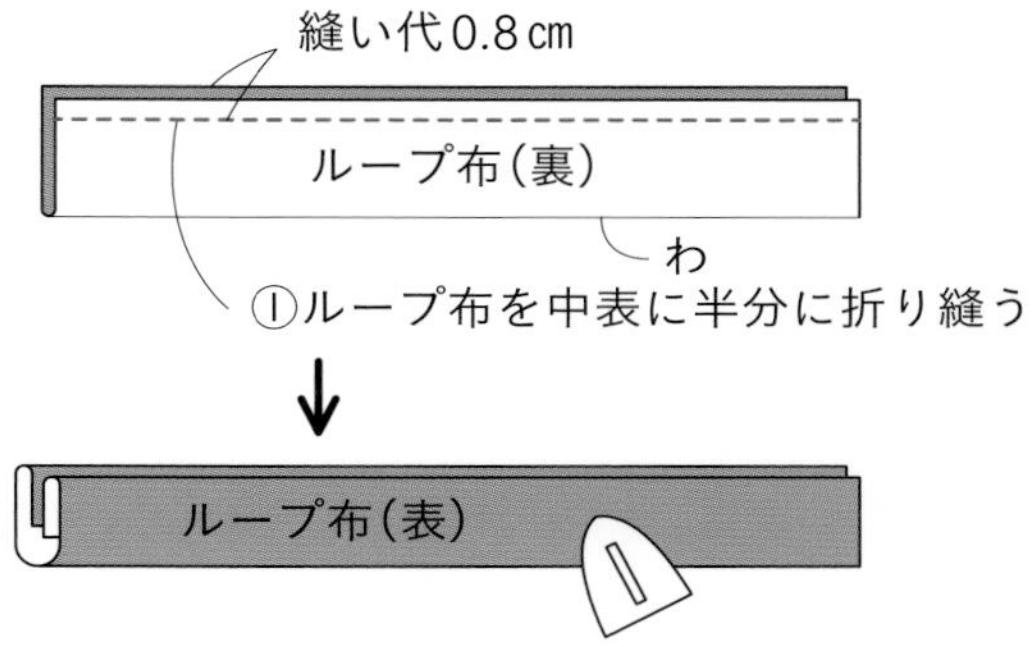
縫い代0.8㎝
ループ布(裏)
わ
①ループ布を中表に半分に折り縫う
ループ布(表)

②表に返してアイロンをかける

4 表布にープを仮止めする

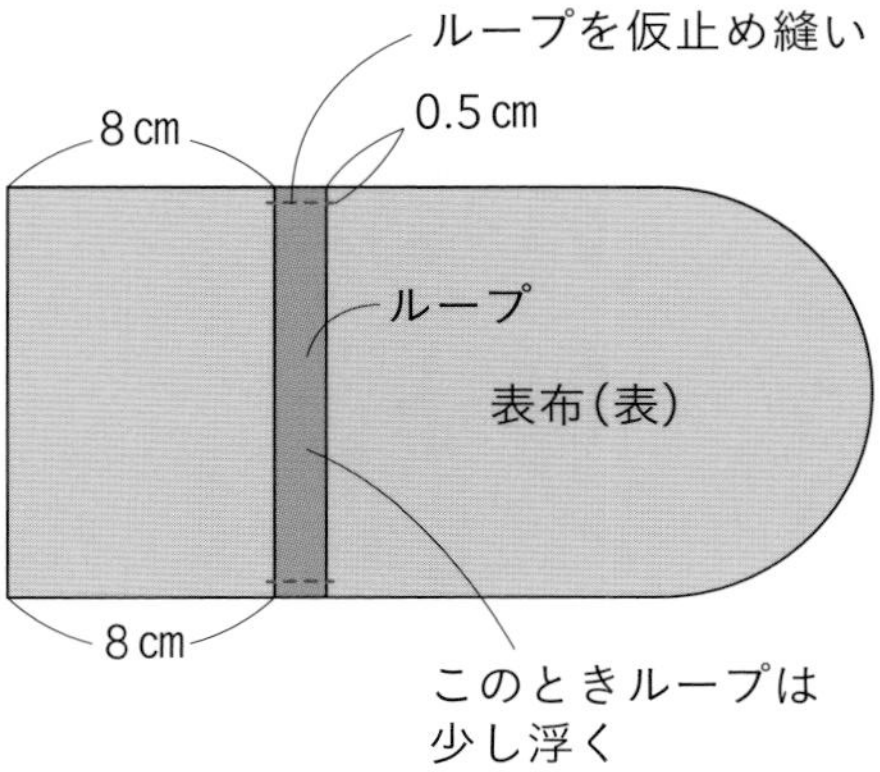
ループを仮止め縫い
8㎝
0.5㎝
ループ
表布(表)
8㎝
このときループは
少し浮く

5 表布を折りたたむ

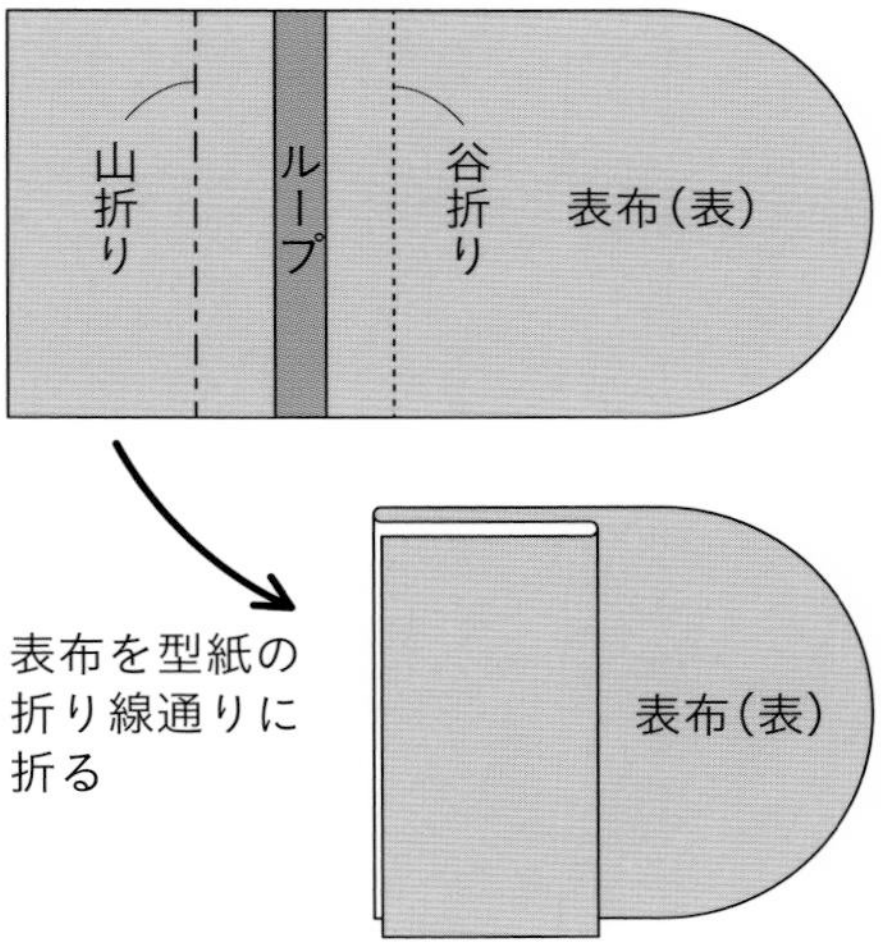
山折り
ループ
谷折り
表布(表)
表布を型紙の
折り線通りに
折る
表布(表)

6 表布と内布を縫い合わせる

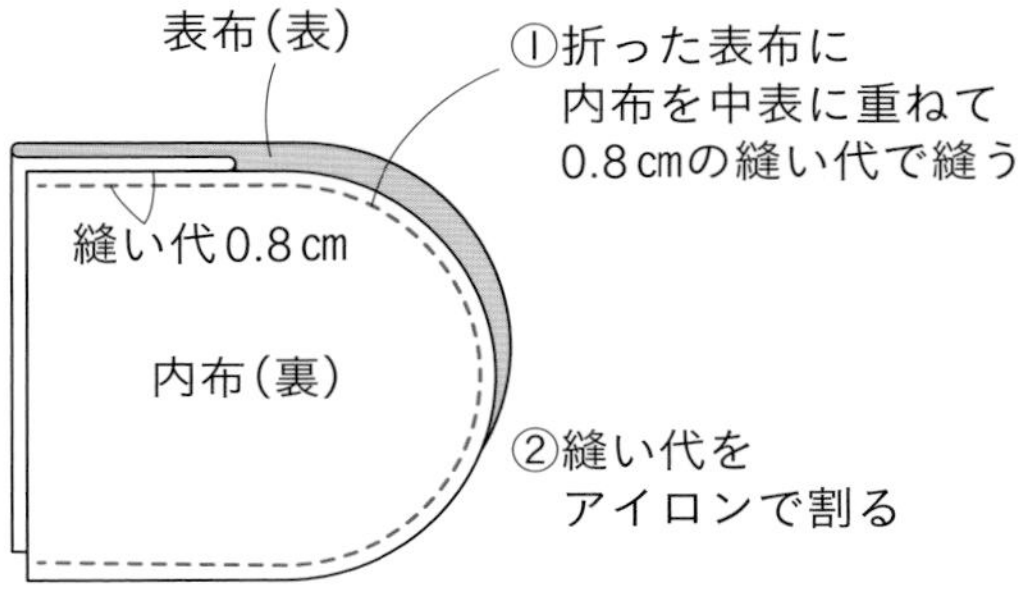
表布(表)
①折った表布に
内布を中表に重ねて
0.8㎝の縫い代で縫う
縫い代0.8㎝
内布(裏)
②縫い代を
アイロンで割る

7 表に返して仕上げる

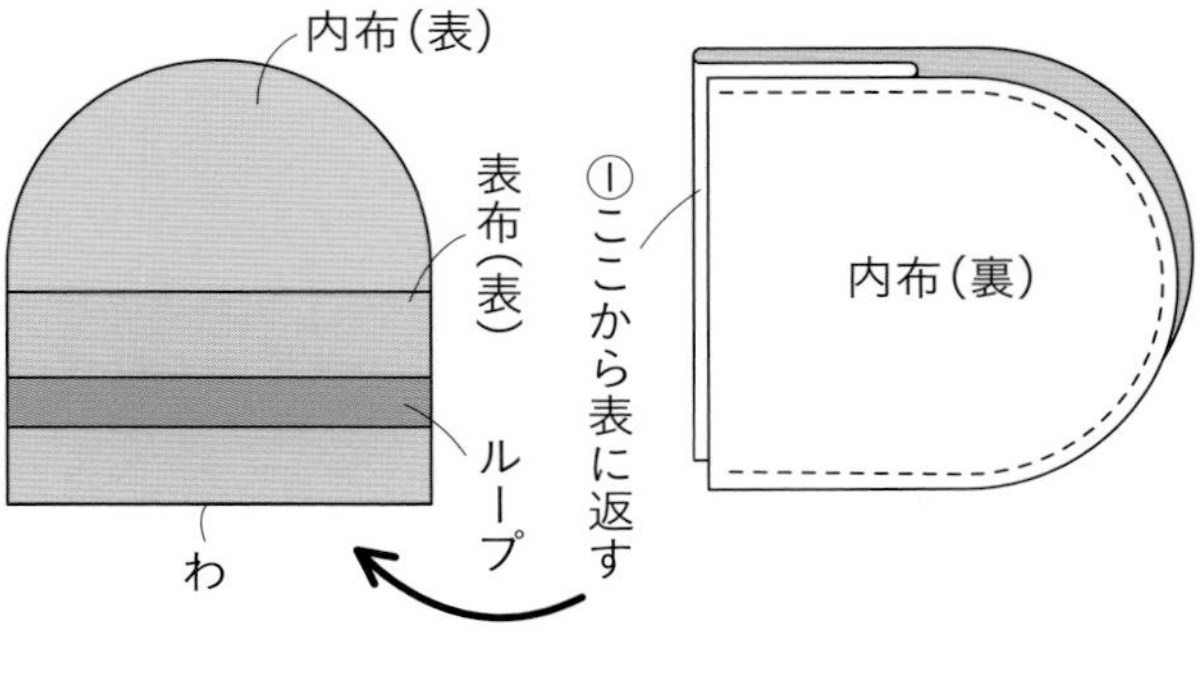
内布(表)
表布(表)
ループ
わ
①ここから表に返す
内布(裏)

②形を整えてアイロンで仕上げる

仕上がり寸法

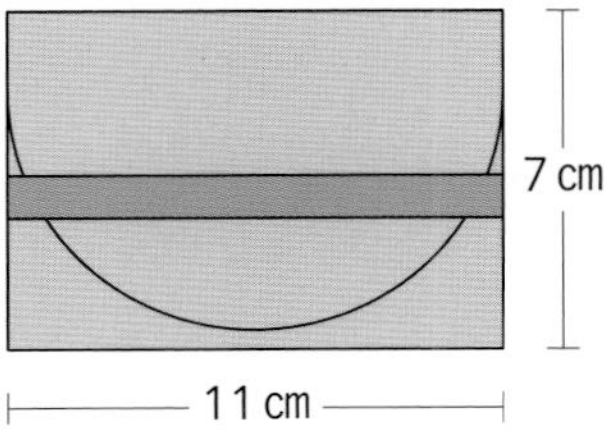
7㎝
11㎝

L

ポケットいっぱいバッグインバッグ

How to make ▼ 92 page

バッグの中を整理整頓
かごの内袋としても素敵

バッグの中が散らからない便利なバッグインバッグ。ポケットをたくさんつけて、整理しやすくしました。長方形に縫った基本のポケットを配置して、たたんで縫ってくるっと返すだけ。とても簡単に作れます。100円ショップの手ぬぐいで作ったものと、紬のきもの地で作ったもの。

マチがあるのでたくさん入ります。

作り方を
動画でも
チェック

ポケットいっぱいバッグインバッグ L

工程

1 布を裁つ。
2 ポケットを縫う。
3 バッグ布にポケットを縫いつける。
4 マグネットボタンをつける。
5 マチを切る。
6 布を袋に縫う。
7 返し口から表に返す。

材料

○ 手ぬぐい…2枚
○ マグネットボタン
…15㎜　1組

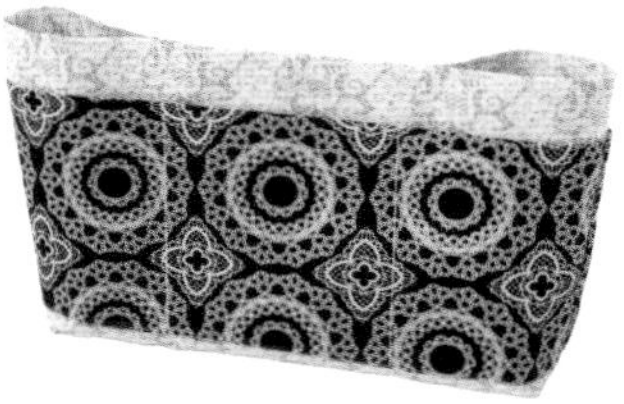

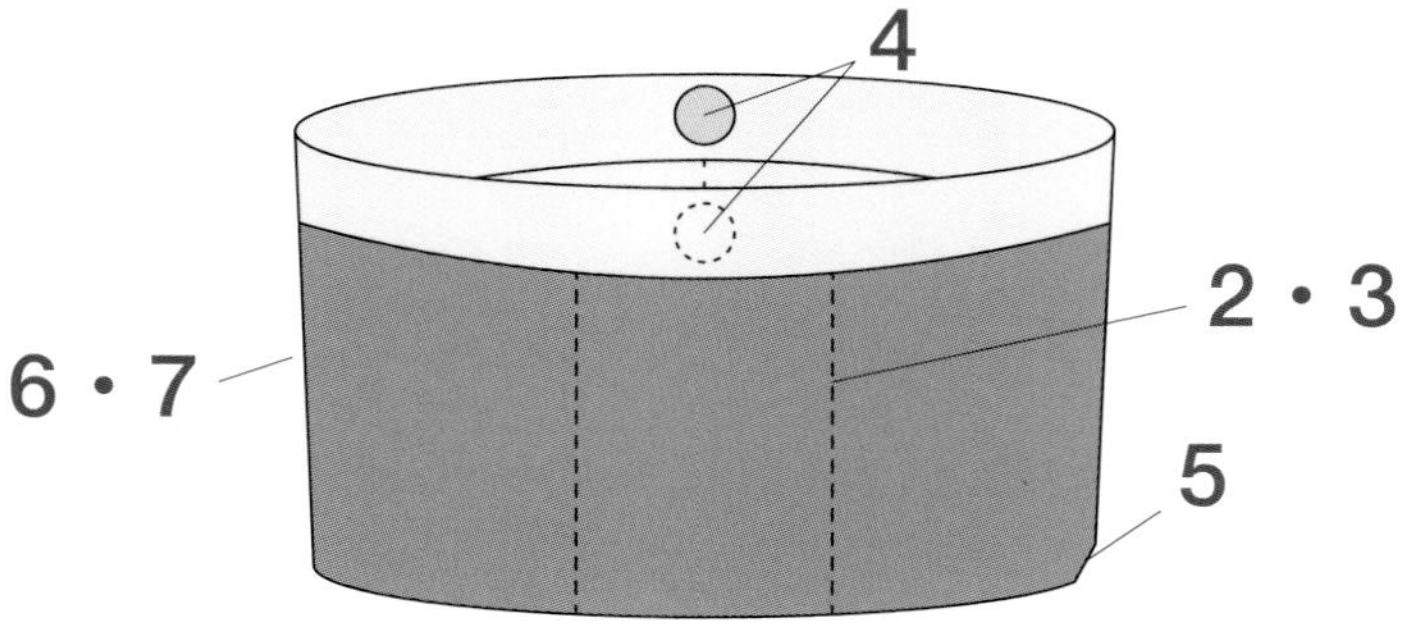
4
2・3
6・7
5

2 ポケットを縫う

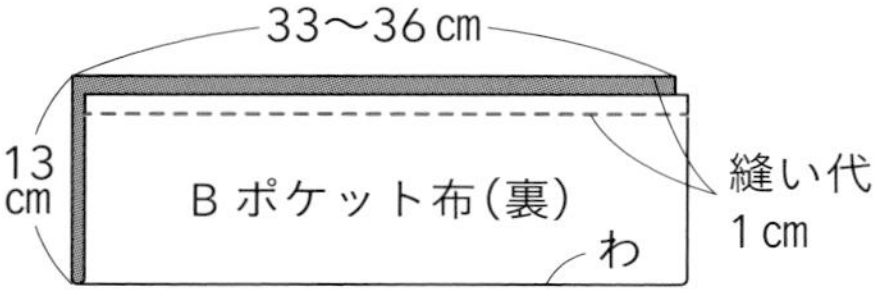
33〜36㎝
13㎝
Bポケット布(裏)
縫い代1㎝
わ

B布を中表に半分に折り、
1㎝の縫い代で縫う。
縫い代をアイロンで割り表に返す。
3枚同様に

1 布を裁つ

バッグ布1枚、ポケット布3枚を裁つ。

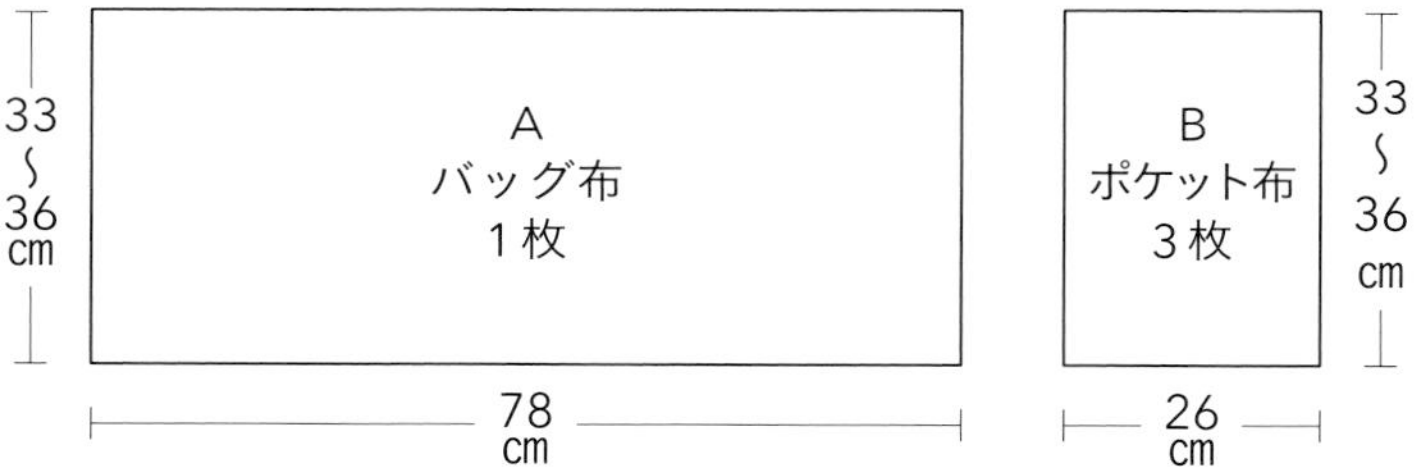
33〜36㎝
A
バッグ布
1枚
78㎝
B
ポケット布
3枚
33〜36㎝
26㎝

3 バッグ布にポケットを縫いつける

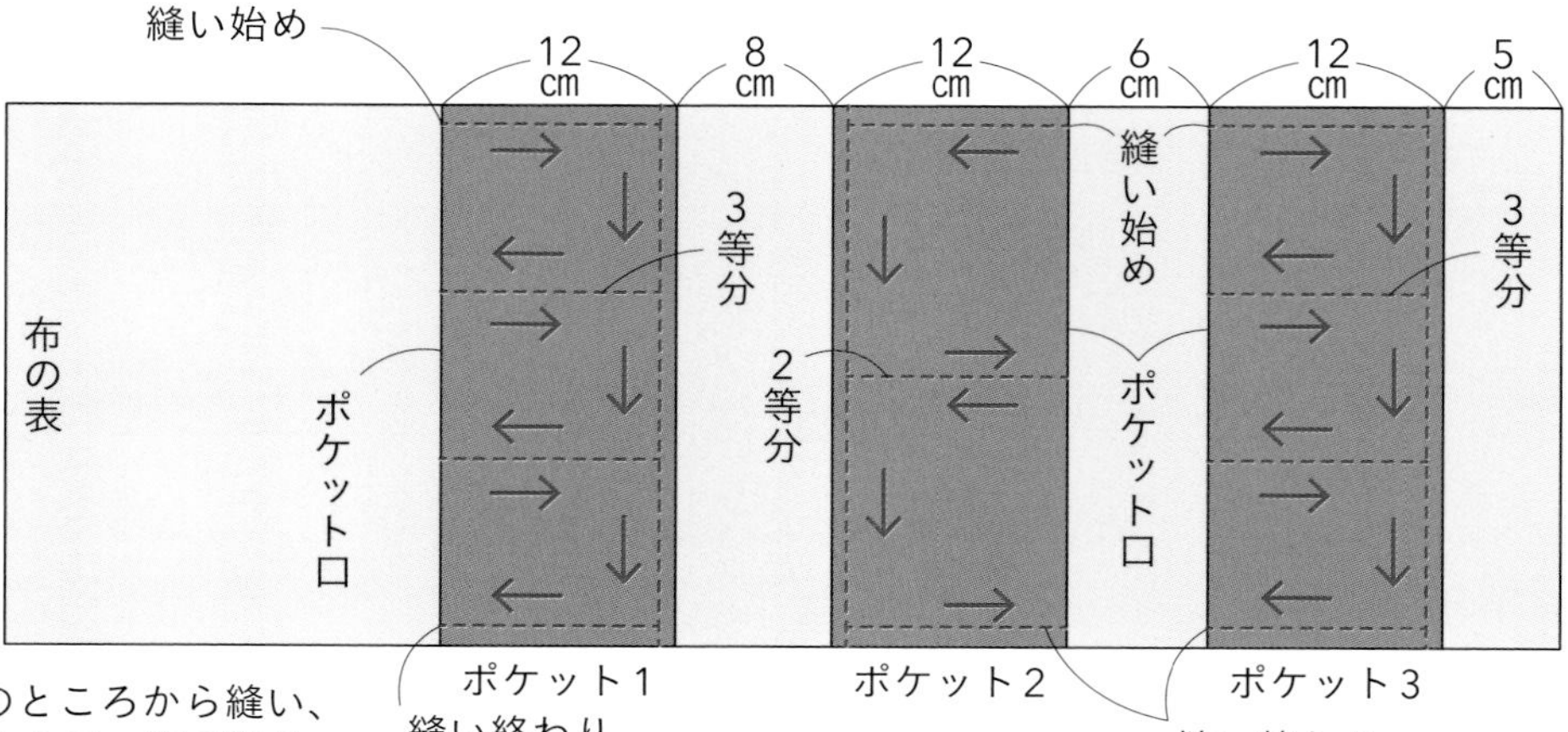
縫い始め
12㎝
8㎝
12㎝
6㎝
12㎝
5㎝
布の表
ポケット口
3等分
2等分
縫い始め
ポケット口
3等分
ポケット1
縫い終わり
ポケット2
ポケット3
縫い終わり

縫い始めのところから縫い、
縫い終わりまで一筆で縫う

4 マグネットボタンをつける

※マグネットボタンのつけ方はp.21参照。

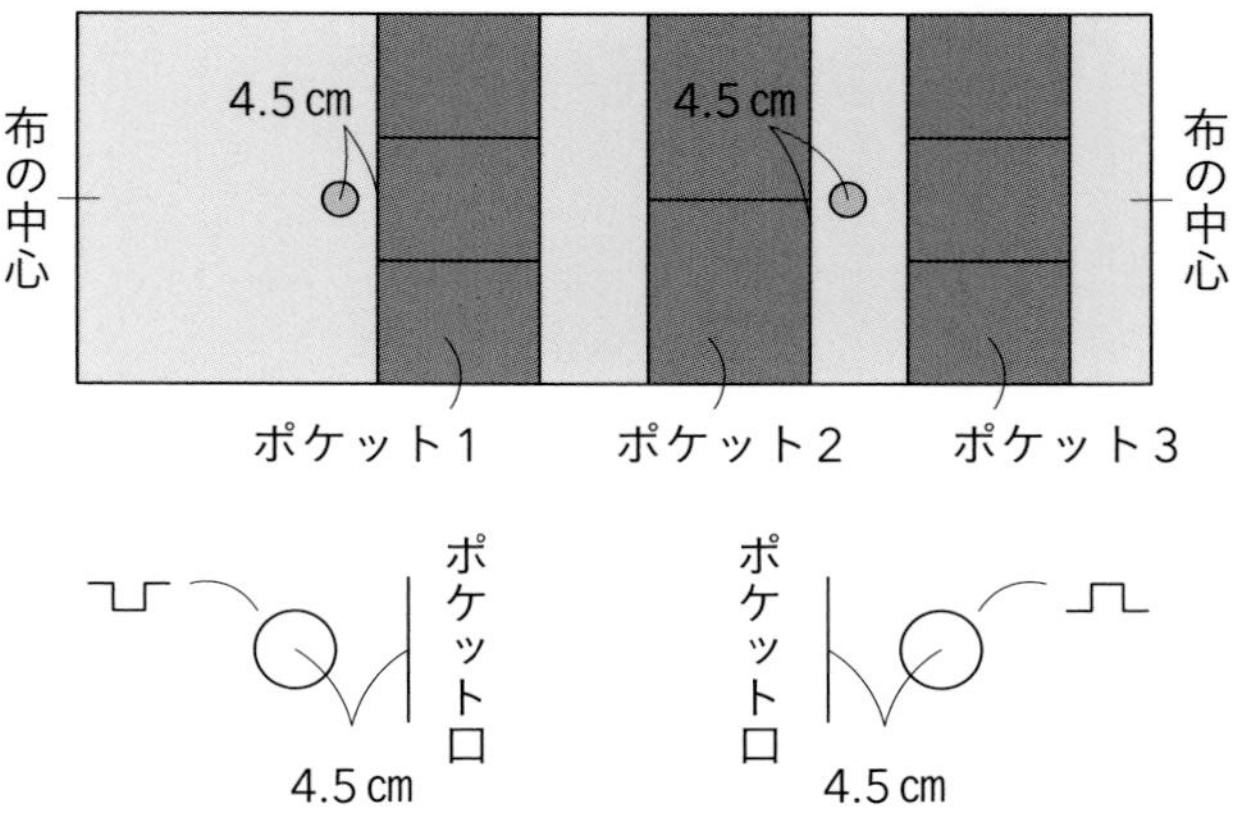
布の中心
4.5cm
4.5cm
布の中心
ポケット1
ポケット2
ポケット3
ポケット口
4.5cm
ポケット口
4.5cm

5 マチを切る

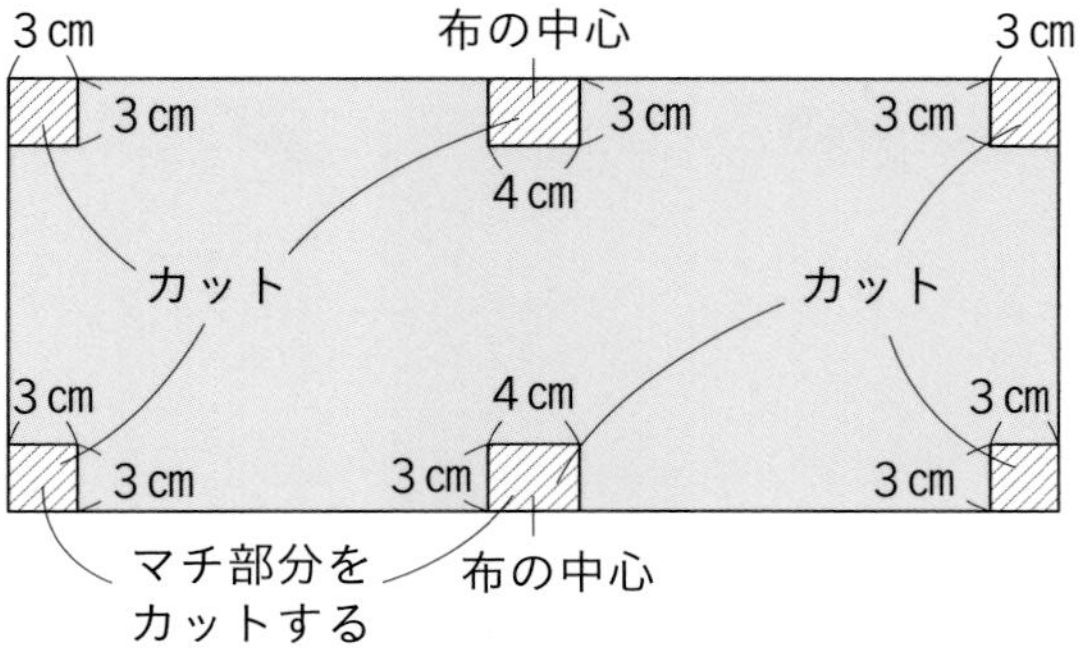
3cm
布の中心
3cm
3cm
3cm
3cm
3cm
4cm
カット
カット
3cm
4cm
3cm
3cm
3cm
3cm
3cm
マチ部分を
カットする
布の中心

6 布を袋に縫う

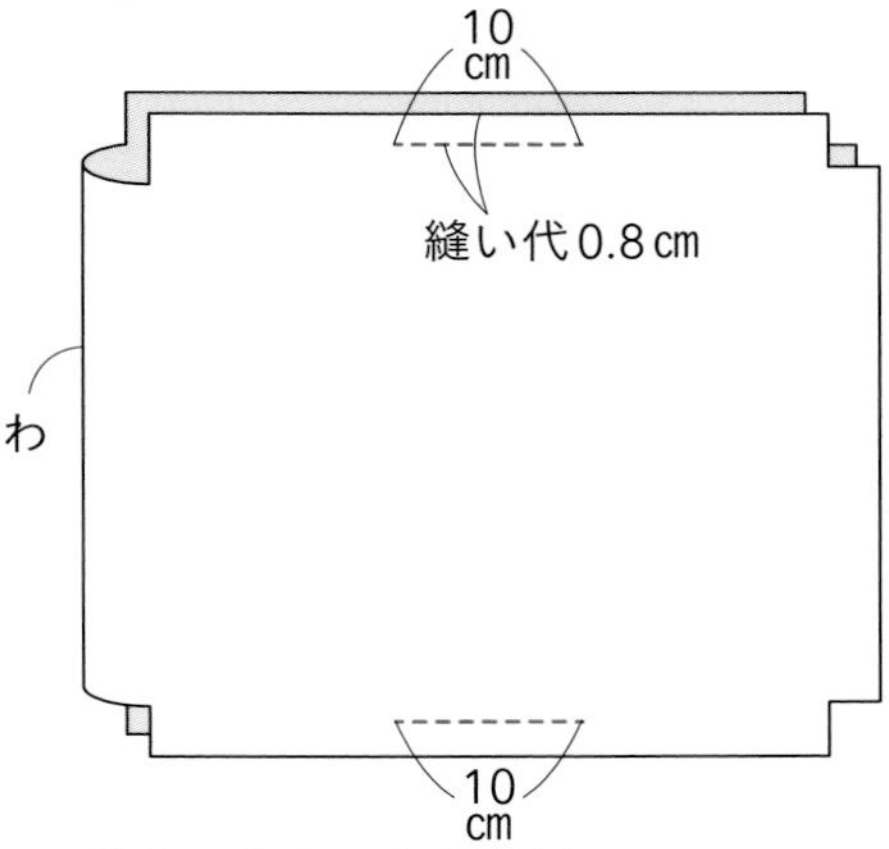
10cm
縫い代0.8cm
わ
10cm

①布を中表に半分に折り、
中心部分を10cm縫う

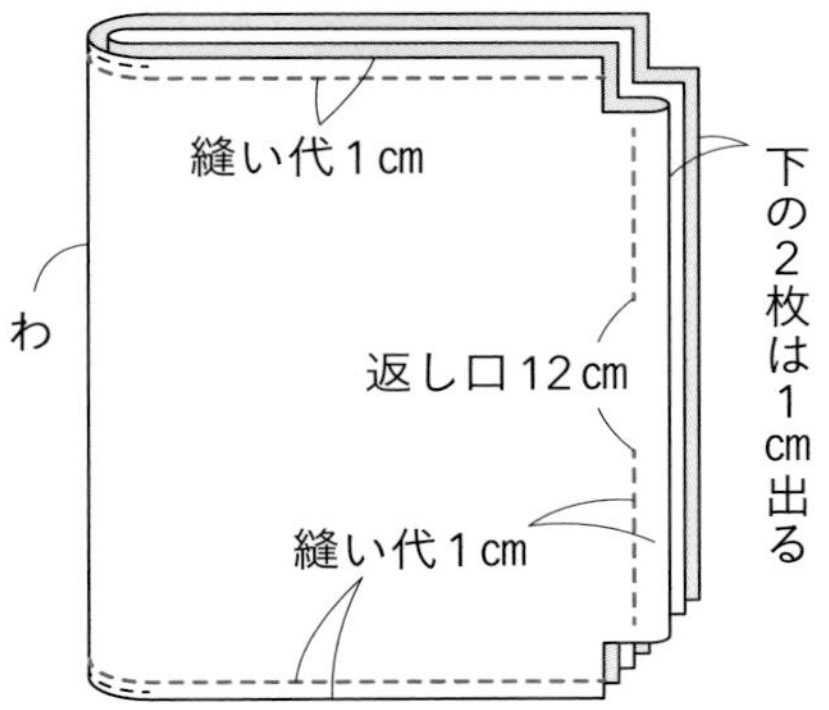
縫い代1cm
わ
返し口12cm
縫い代1cm
下の2枚は1cm出る

②さらに半分に折り、
返し口を残して縫う

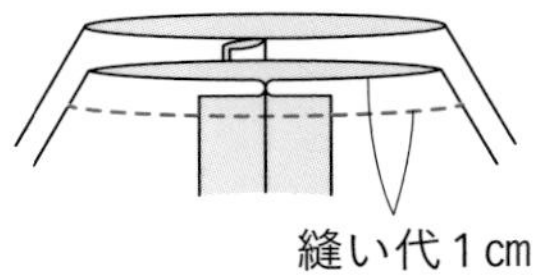
縫い代1cm

③4枚一緒にマチを縫う

7 返し口から表に返し 返し口をとじる

仕上がり寸法

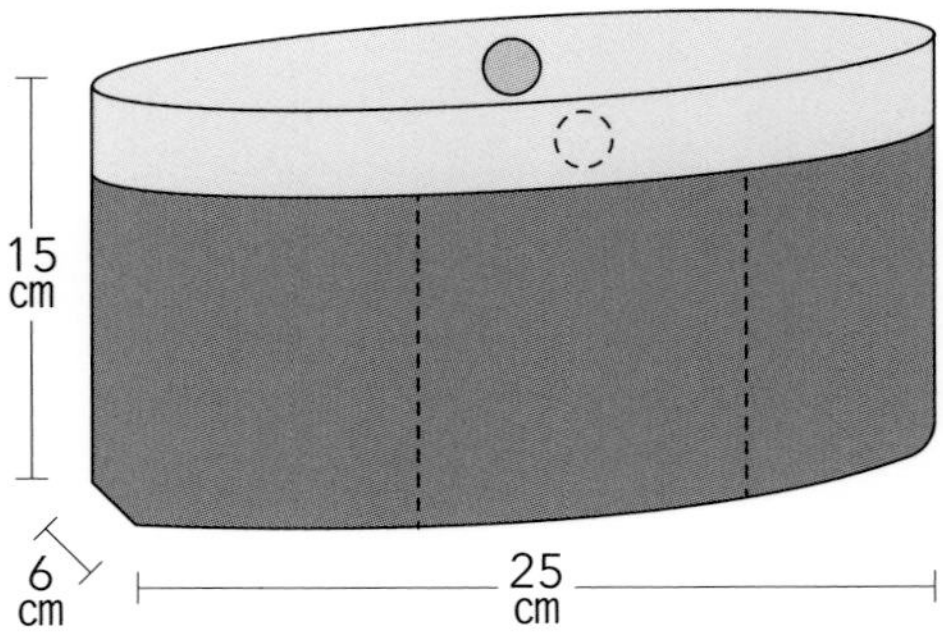
15cm
6cm
25cm

M

ストラップつき
メガネケース

How to make ▶ 96 *page*

ストラップつきのなくさないメガネケース

ショッピング中、タグの文字が小さくて読めないときがありますよね。そんなとき、バッグにぶら下げてあれば、すぐにメガネを取り出せます。バッグチャーム的なおしゃれアイテムにもなります。きものの衿元のように左右から合わせる形なので、外側にメガネ拭きなどを入れることも可能。

きもの地などのハギレを使っても楽しい。

作り方を
動画でも
チェック

ストラップつきメガネケース M

工程

1 布を裁つ。
2 布にキルト芯を貼る。
3 ひもとループを縫う。
4 ループにDカンを通して仮止めする。
5 布を中表に縫い合わせる。
6 返し口から表に返し、
折りたたんでステッチをかける。
7 ひもにナスカンをつけ、Dカンに
とりつける。

材料

○表布（型紙）…1枚
○キルト芯（型紙）…1枚
○ひも用布…1枚
○ループ布…1枚
○Dカン…1個
○ナスカン…1個

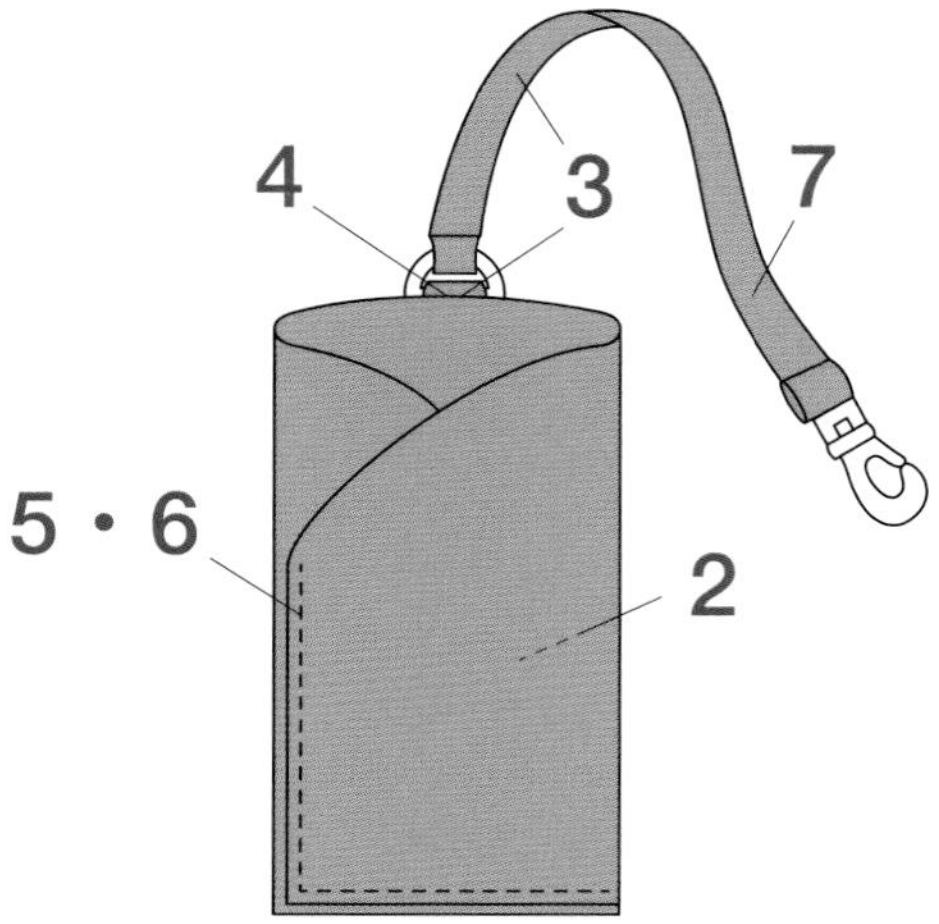
4
3
7
5・6
2

2 布にキルト芯を貼る

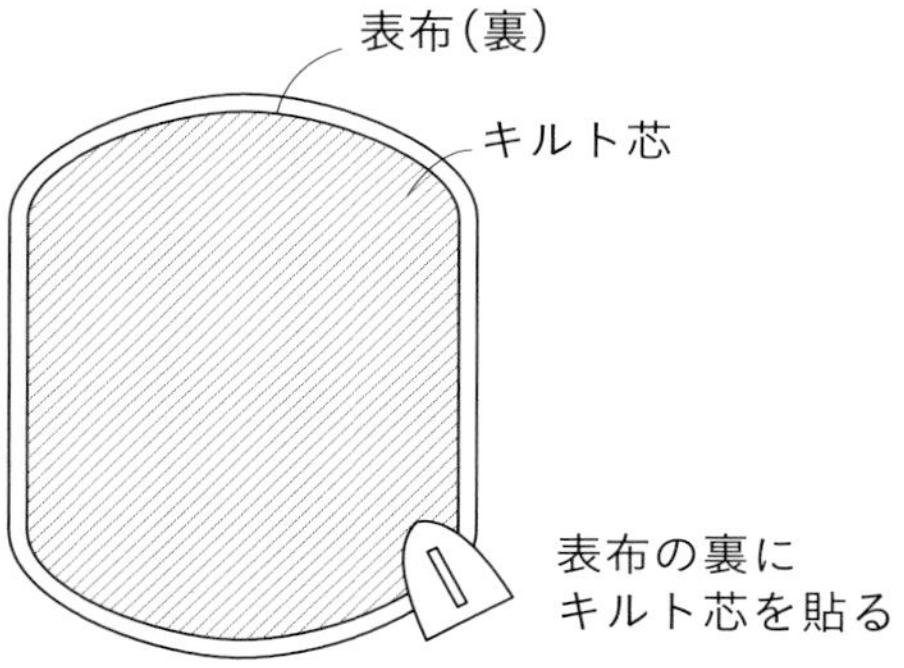
表布（裏）
キルト芯
表布の裏に
キルト芯を貼る

1 布を裁つ

型紙で表布とキルト芯を裁ち、
ひも用の布1枚、ループ用の布1枚を裁つ。

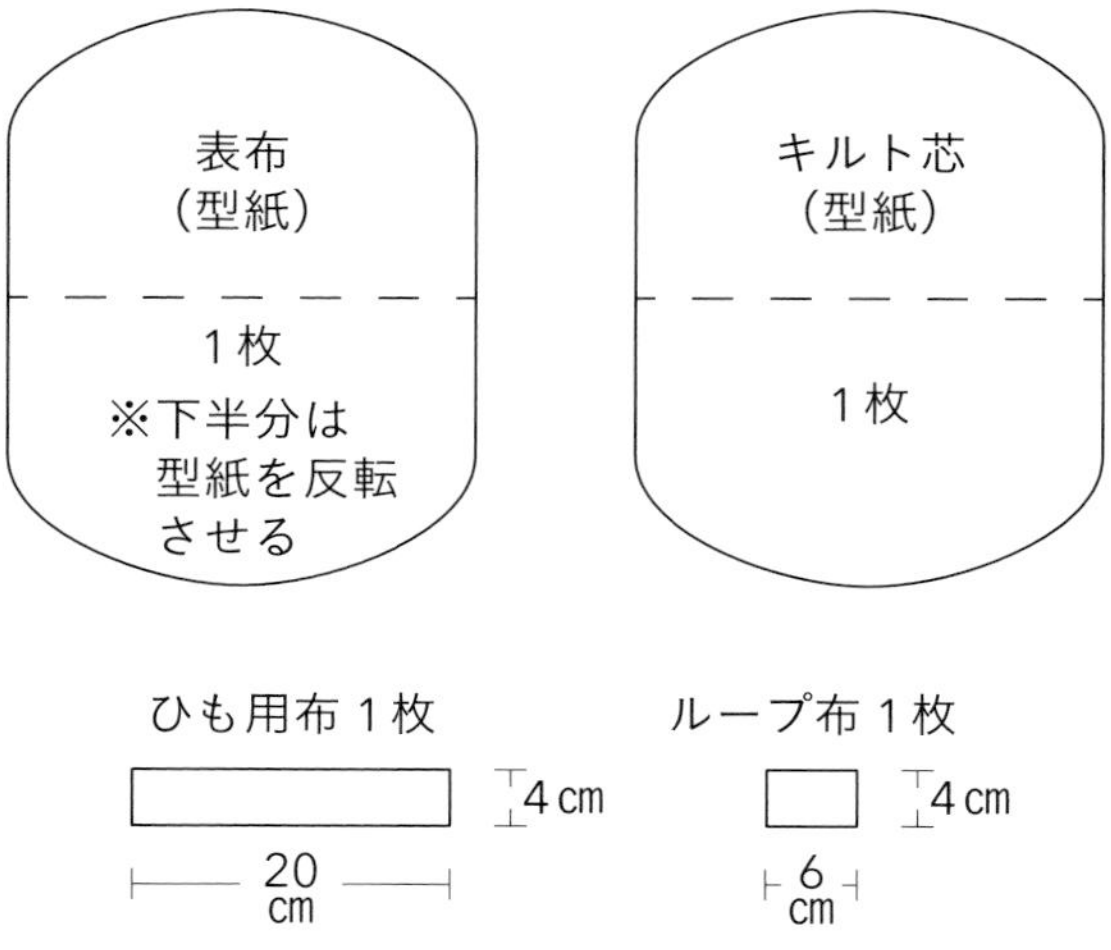
表布
（型紙）
1枚
※下半分は
型紙を反転
させる
キルト芯
（型紙）
1枚
ひも用布1枚
4cm
20
cm
ループ布1枚
4cm
6
cm

3 ひもとループを縫う

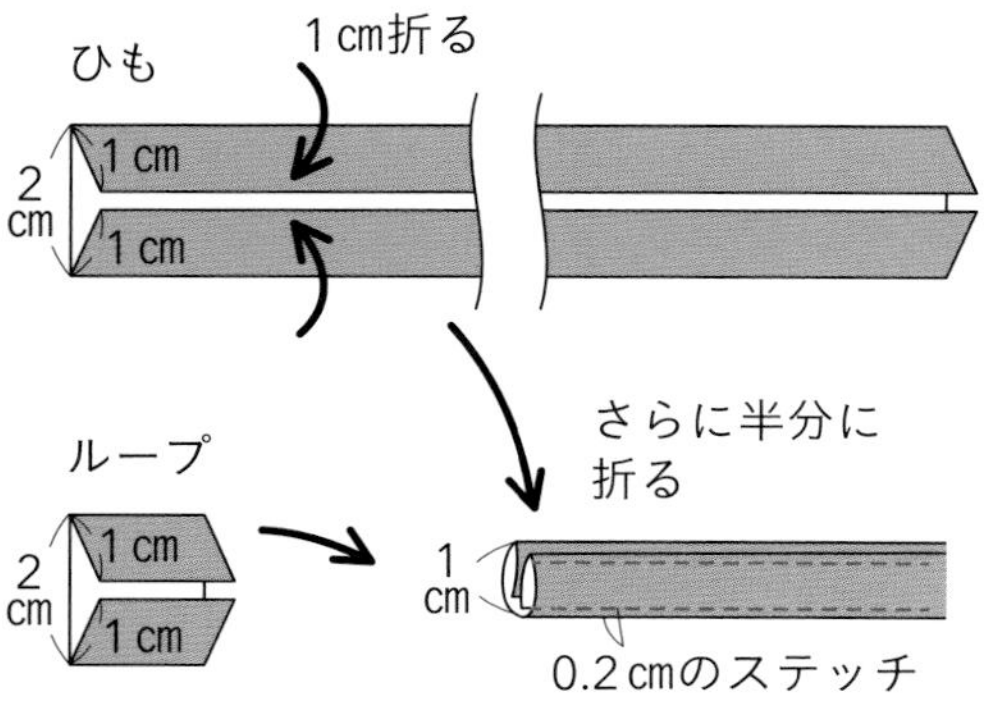
ひも
1cm折る
1cm
1cm
2
cm
ループ
1cm
1cm
2
cm
さらに半分に
折る
1
cm
0.2cmのステッチ

ひもとループをそれぞれ
四つ折りしてステッチをかける

4 ループにＤカンを通して仮止めする

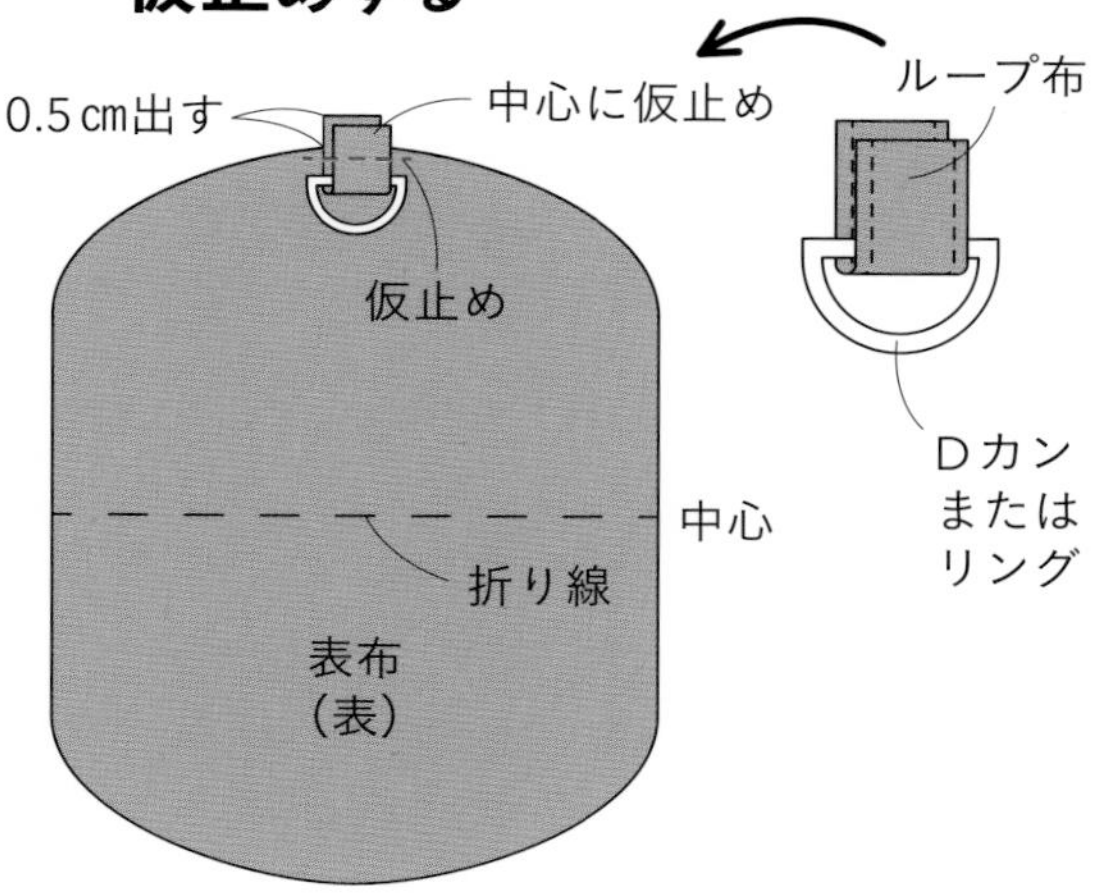
0.5cm出す
中心に仮止め
ループ布
仮止め
Ｄカンまたはリング
中心
折り線
表布（表）

5 布を中表に縫い合わせる

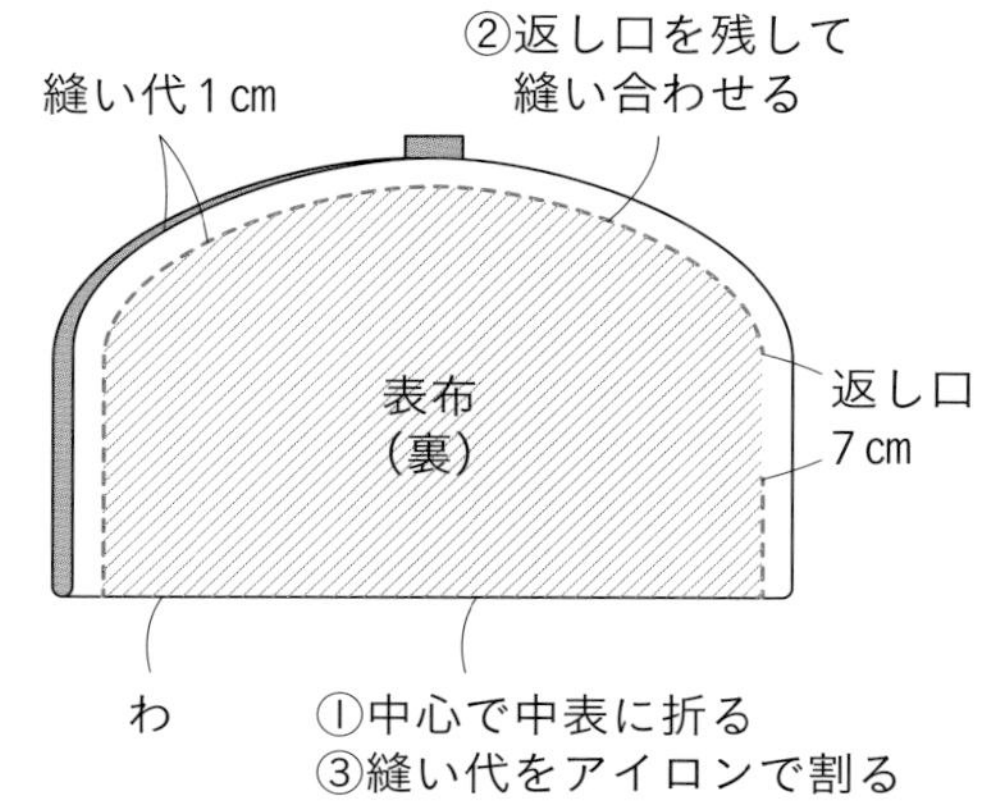
縫い代1cm
②返し口を残して縫い合わせる
表布（裏）
返し口 7cm
わ
①中心で中表に折る
③縫い代をアイロンで割る

6 返し口から表に返し、折りたたんでステッチをかける

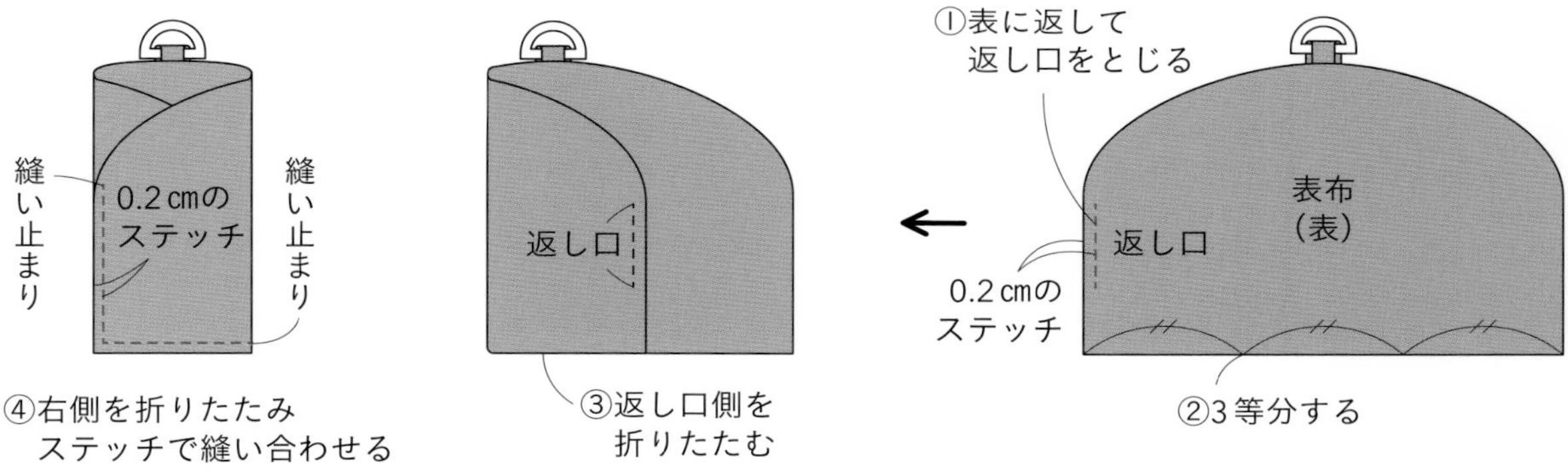
①表に返して返し口をとじる
表布（表）
返し口
0.2cmのステッチ
②3等分する
返し口
③返し口側を折りたたむ
縫い止まり
0.2cmのステッチ
縫い止まり
④右側を折りたたみステッチで縫い合わせる

7 ひもにナスカンをつけ、Ｄカンにとりつける

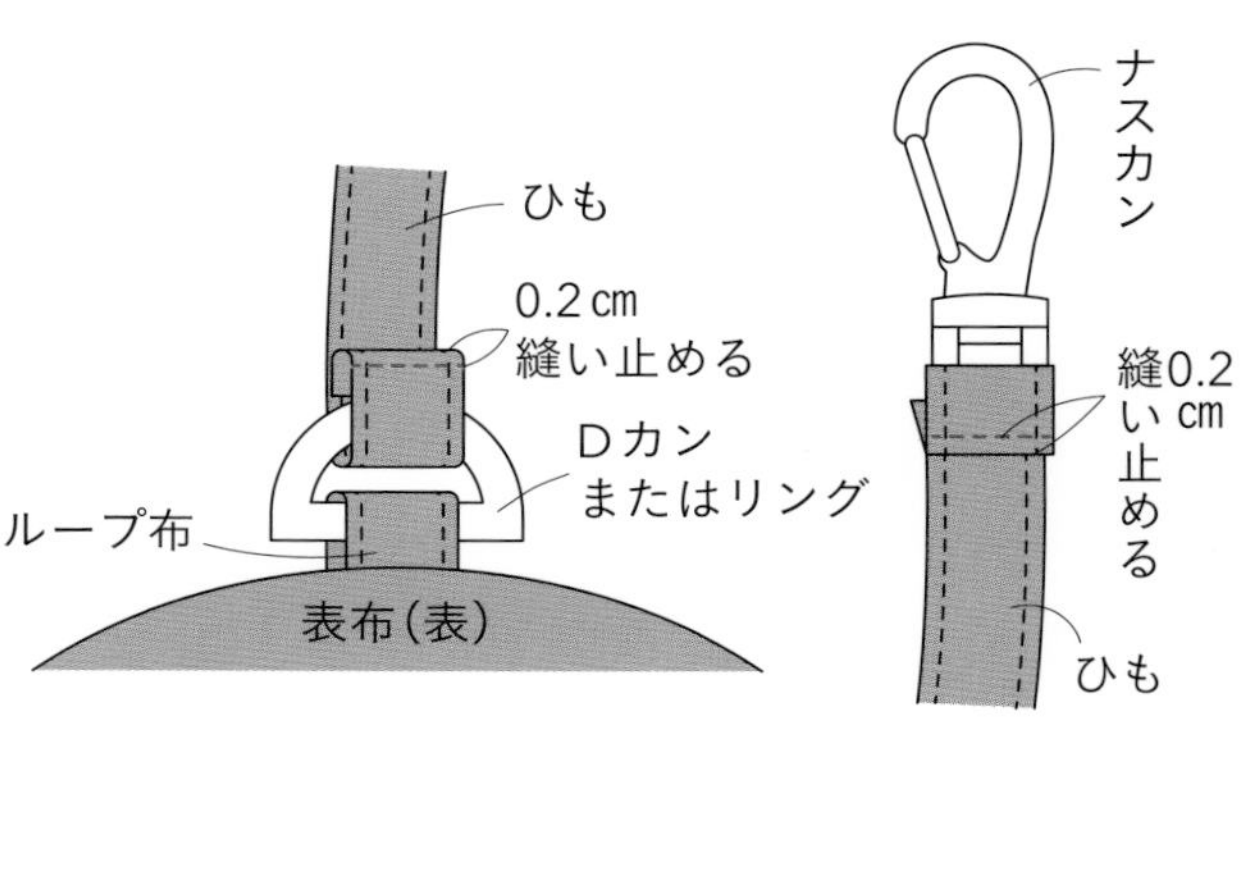
ひも
0.2cm縫い止める
Ｄカンまたはリング
ループ布
表布（表）
ナスカン
縫い止める 0.2cm
ひも

仕上がり寸法

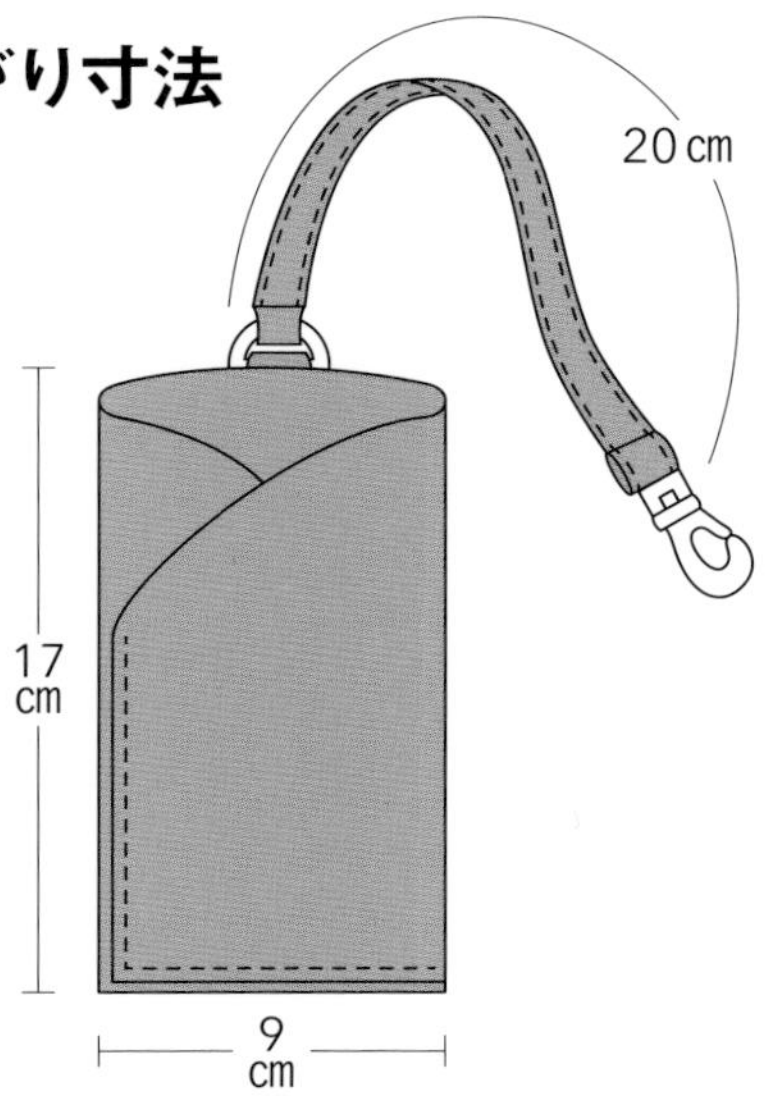
20cm
17cm
9cm

N
ミニコインケース

How to make ▶ 100 page

小銭が出しやすい
コインケース

開くと小銭が見やすくて、取り出しやすいのが特徴のコインケース。これもハギレで作れる小物です。大島紬や銘仙などで、ちょっとおしゃれに作ってもよいですね。１００円ショップにもかわいいハギレがたくさんあります。型紙があるのでチャレンジしてみて。

横に縫いつけたタグがポイント。

作り方を
動画でも
チェック

ミニコインケース N

工程

1 布を裁つ。
2 内布の裏に接着芯を貼る。
3 ループを縫う。
4 表布、内布を中表に縫い合わせる。
5 縫い代を残して余分をカットする。
6 縫い代の角をカットする。
7 表に返して手縫いで箱にまつる。
8 スナッボタンをつける。
9 底板をつける。

材料

○表布…1枚
○内布…1枚
○底布…1枚
○厚紙…1枚
○ループ布…1枚
○接着芯
○スナップボタン
…12㎜　1組

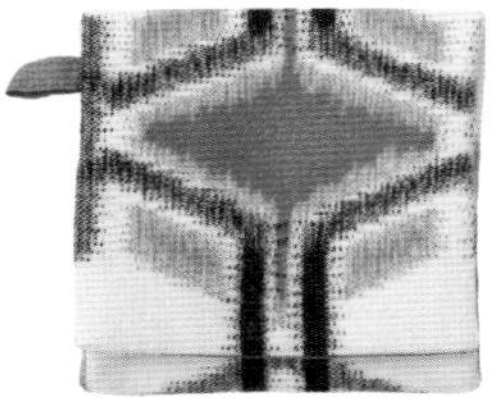

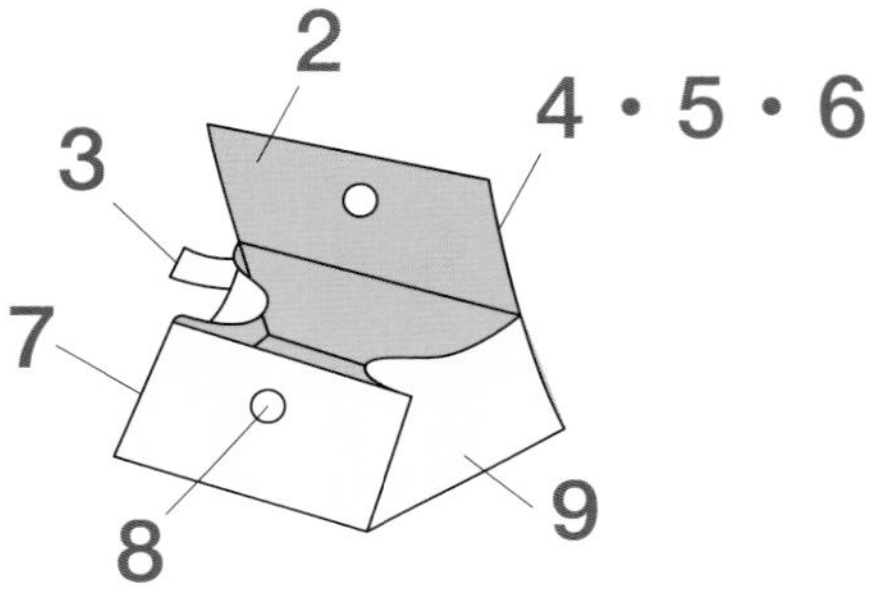

2
4・5・6
3
7
8
9

2 内布の裏に接着芯を貼る

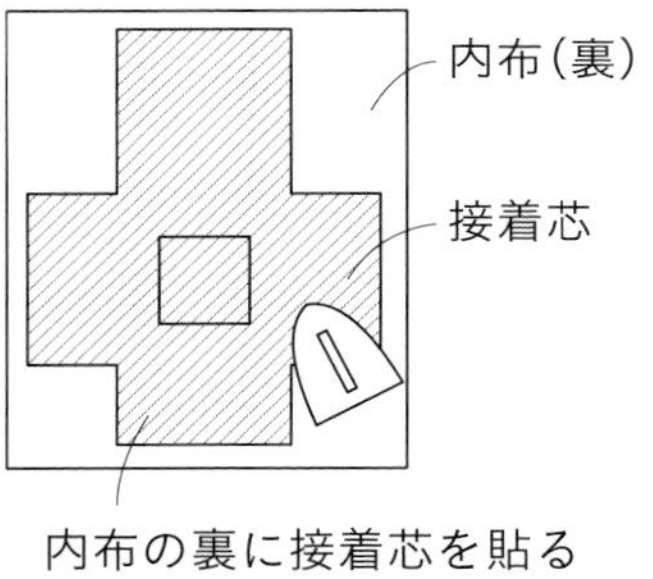

内布(裏)
接着芯
内布の裏に接着芯を貼る

1 布を裁つ

表布 1 枚、内布 1 枚、底布 1 枚、ループ布 1 枚、
接着芯(型紙)1 枚を裁つ。

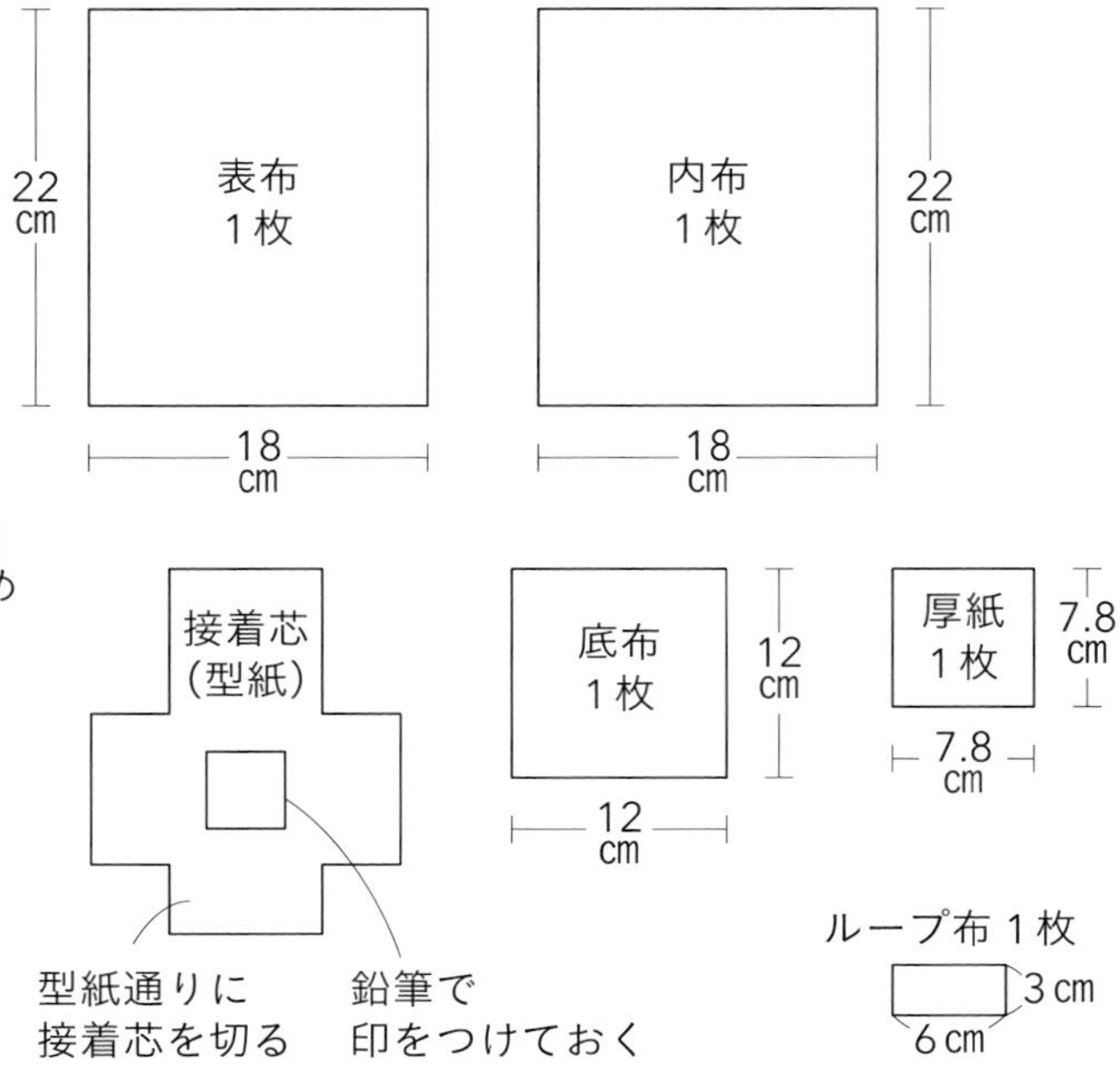

22 cm
表布
1 枚
18 cm
内布
1 枚
22 cm
18 cm
接着芯
(型紙)
型紙通りに
接着芯を切る
鉛筆で
印をつけておく
底布
1 枚
12 cm
12 cm
厚紙
1 枚
7.8 cm
7.8 cm
ループ布 1 枚
3 cm
6 cm

3 ループを縫う

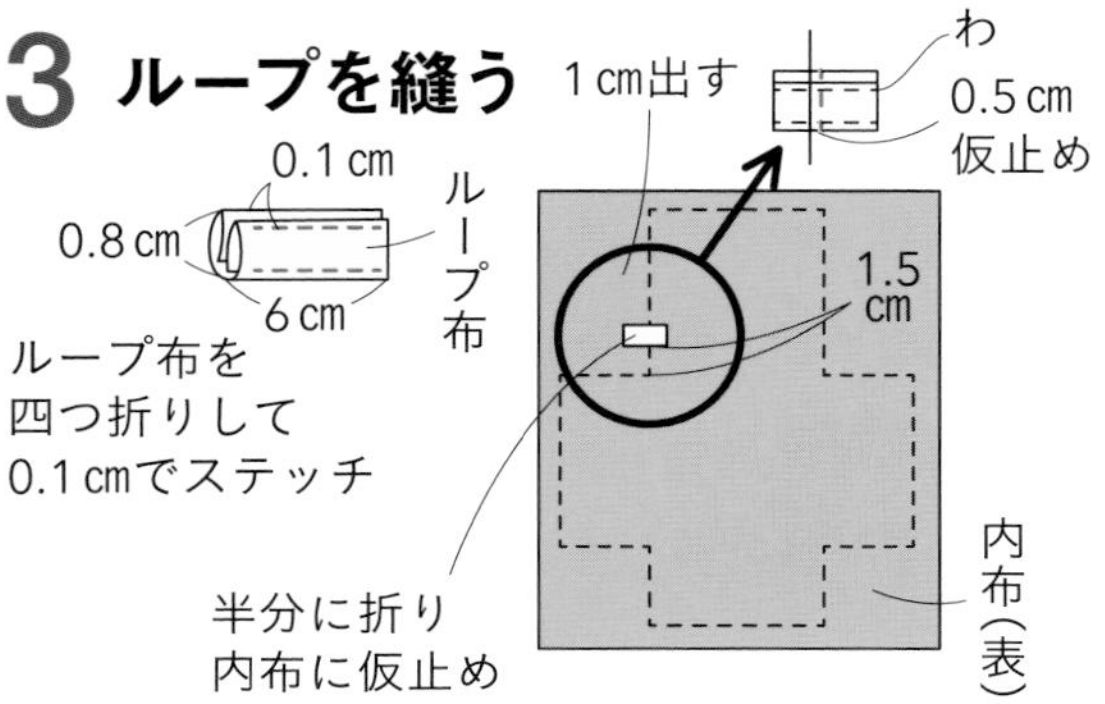

0.1 cm
0.8 cm
6 cm
ループ布
ループ布を
四つ折りして
0.1 cmでステッチ
1 cm出す
わ
0.5 cm
仮止め
1.5 cm
半分に折り
内布に仮止め
内布(表)

4 表布、内布を中表に縫い合わせる

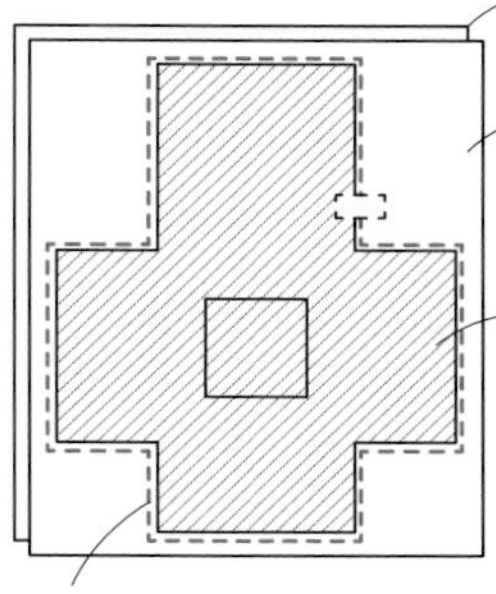
表布(表)
内布(裏)
接着芯
表布と内布を中表に合わせ
接着芯の外側ぎりぎりのところを縫う

5 縫い代を残して余分をカットする

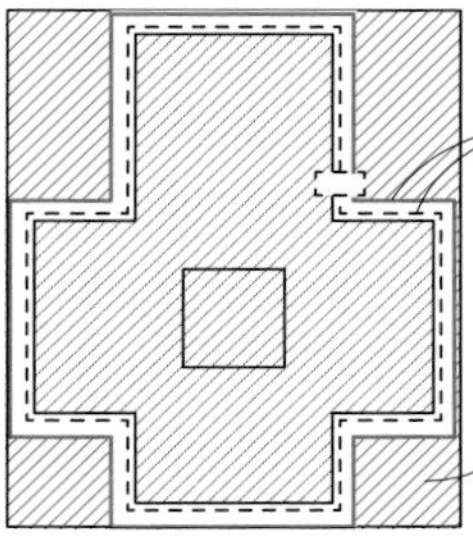
0.8㎝残す
外側0.8㎝を残して
カットする
ループを切らないように
注意する

6 縫い代の角をカットする

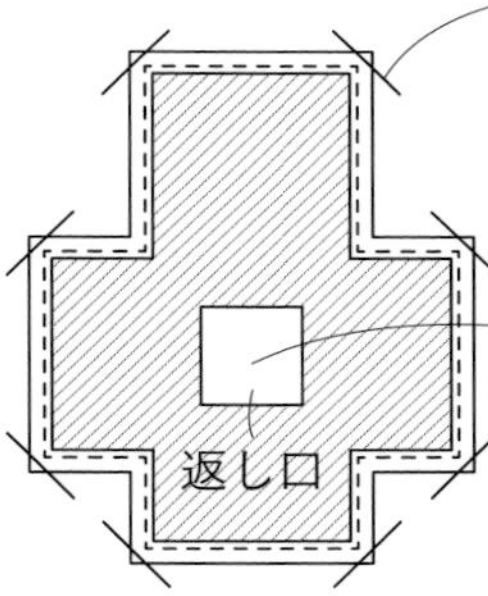
①縫い代を斜めに
カットして
アイロンで割る
②この部分、
接着芯と内布だけ
カットする
表布は切らない
ここが返し口となる
返し口

7 表に返して手縫いで箱にまつる

8 スナップボタンをつける

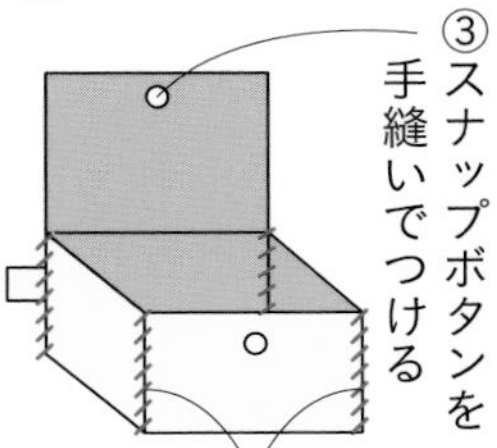
③スナップボタンを手縫いでつける
②手縫いでまつる
(コの字にまつる)

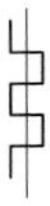

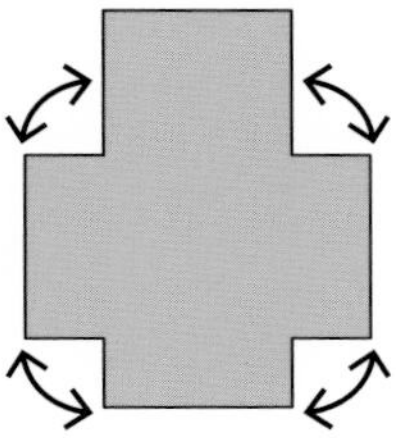
①アイロンで形を整え
箱の形に組み立てる

9 底板をつける

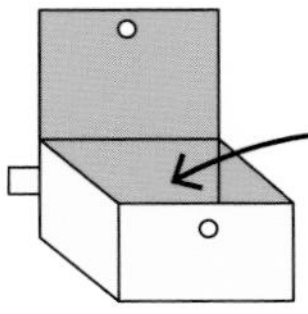
③底板を底に
貼りつける

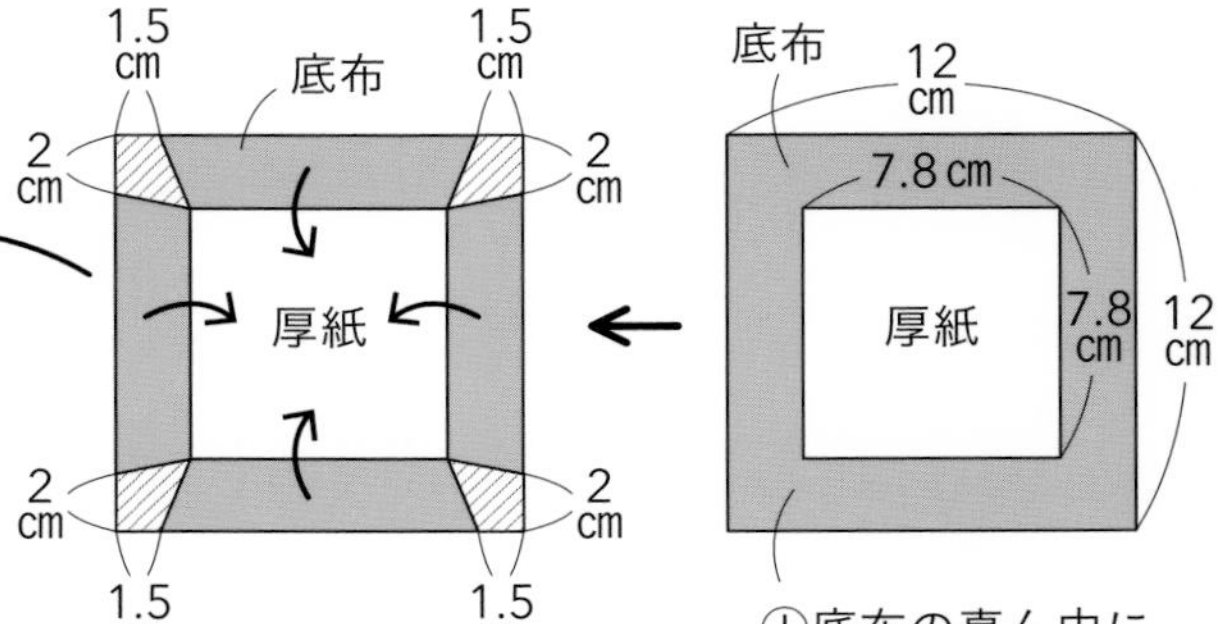
1.5
cm
1.5
cm
底布
2
cm
2
cm
厚紙
2
cm
2
cm
1.5
cm
1.5
cm
②斜線部分の布を
カットして
布を厚紙側に
折り込み貼りつける
底布
12
cm
7.8㎝
厚紙
7.8
cm
12
cm
①底布の真ん中に
厚紙を貼りつける

仕上がり寸法

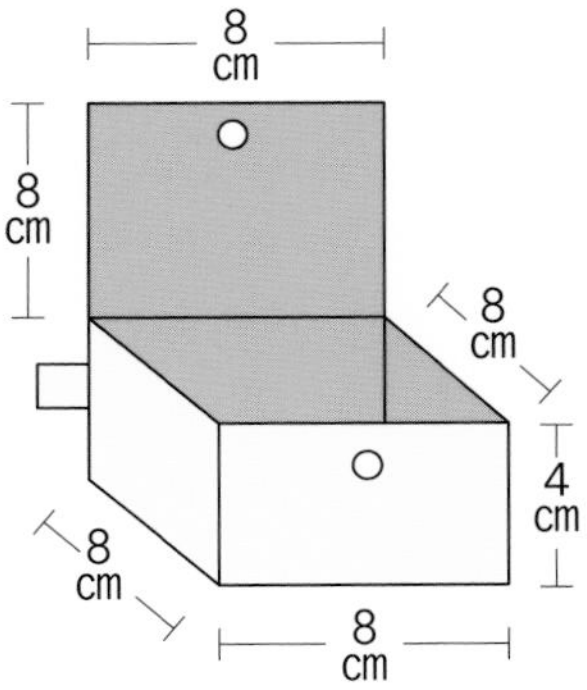
8
cm
8
cm
8
cm
4
cm
8
cm
8
cm

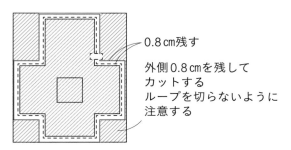

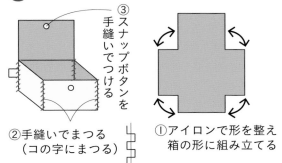

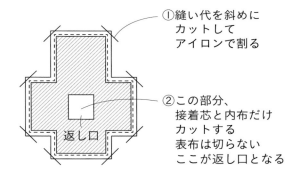

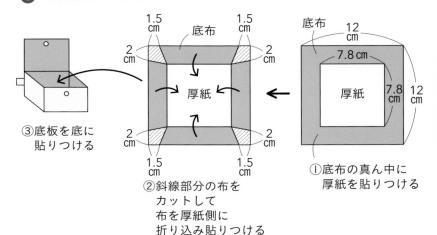

O ecoなティッシュケース

How to make ▼104 page

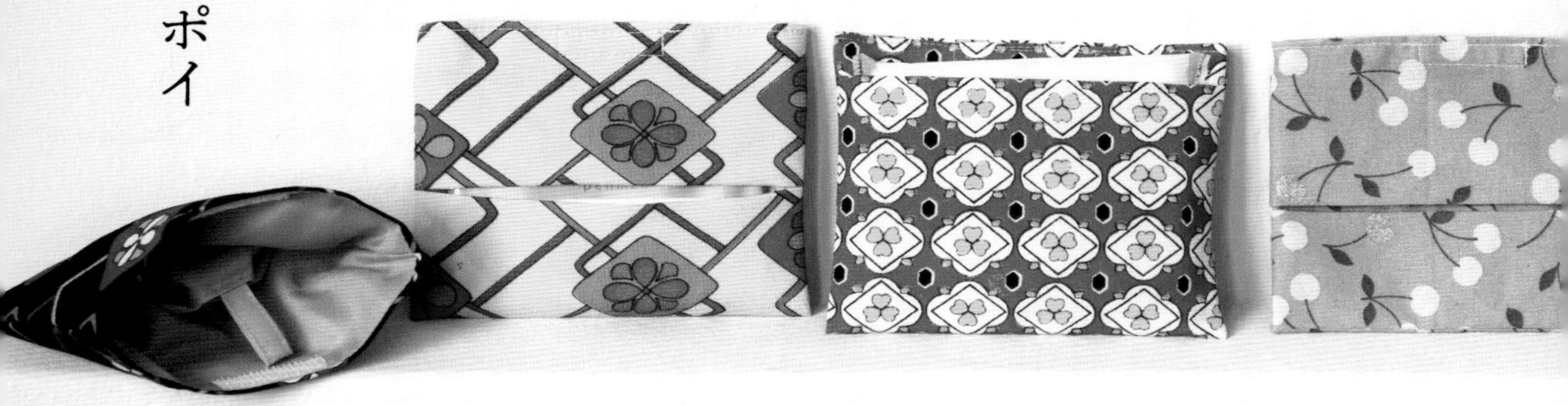

使ったティッシュは真ん中のゴミ入れにポイ

折りたたんで作るティッシュケースですが、もうワンポイント。ゴミを持ち帰るポケットつきです。このポケット部分には１００円ショップで買ったナイロン製のエコバッグを使い、引き出しやすくタグもつけました。お出かけ先でもeco生活を実践しましょう。

表側はティッシュ入れ、反対側にはポケットが。

P
イヤホン入れ

How to make ▶ 106 *page*

イヤホンや充電コードなど、ごちゃごちゃしがちなものを持ち歩くとき、何に入れていくかが悩みどころ。こんな小物入れがあると便利です。コード類のほか、鍵やお薬なども入れられます。ストラップをつけてカバンにつけてもいいですね。幅いっぱいのファスナーが取り出しやすいです。

何でも入れられて、かさばらない

上の部分だけ柄を変えたり、ファスナーの色使いで遊んでも。

作り方を
動画でも
チェック

ecoなティッシュケース O

工程

1 布を裁つ。
2 布を折り、仮止めする。
3 2にナイロン布を中表で重ねて縫い合わせる。
4 ナイロン布を斜めにカットする。
5 返し口を残して縫い合わせる。
6 ループを縫う。
7 ループを挟み縫いとじる。
8 ecoポケットの入れ口にステッチ。
9 面ファスナーを縫いつける。

材料

○表布…1枚
○ナイロン布…1枚
○ループ布…1枚
○面ファスナー…1組

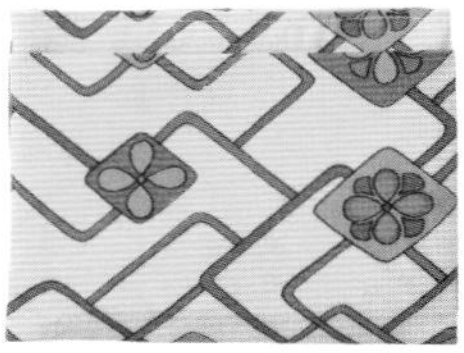

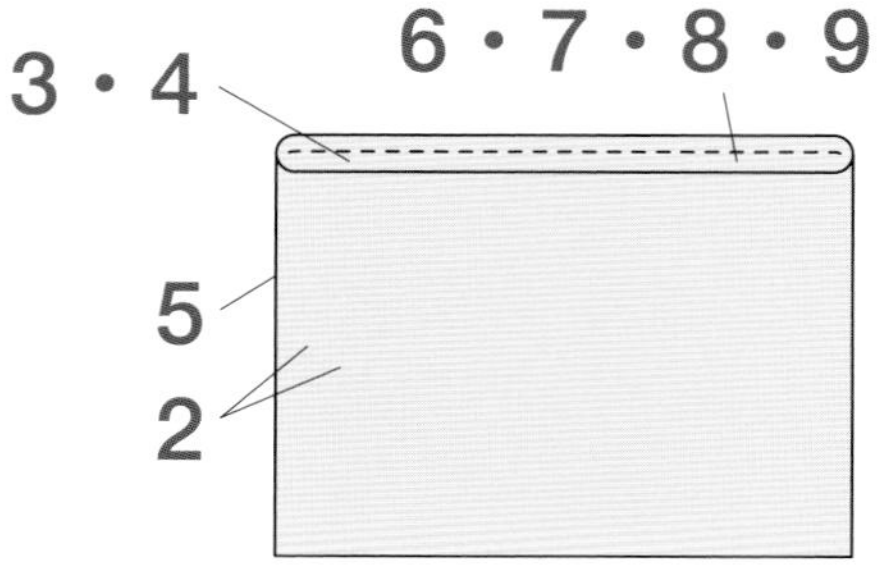
3・4
6・7・8・9
5
2

1 布を裁つ

表布1枚、ナイロン布1枚、ループ布1枚を裁つ。

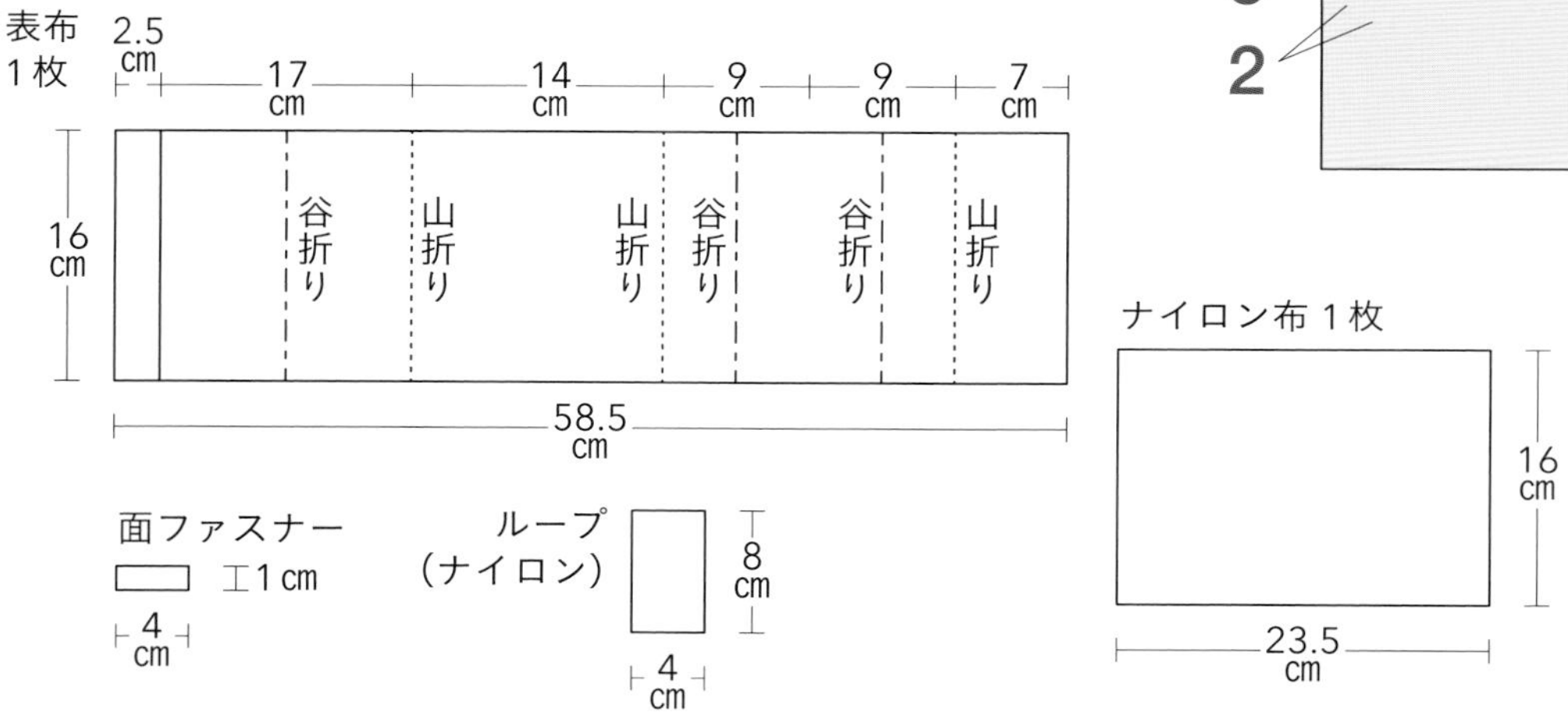
表布
1枚
2.5 cm
17 cm
14 cm
9 cm
9 cm
7 cm
16 cm
谷折り
山折り
山折り
谷折り
谷折り
山折り
58.5 cm
面ファスナー
1cm
4 cm
ループ
（ナイロン）
8 cm
4 cm
ナイロン布 1枚
16 cm
23.5 cm

3 2にナイロン布を中表で重ねて縫い合わせる

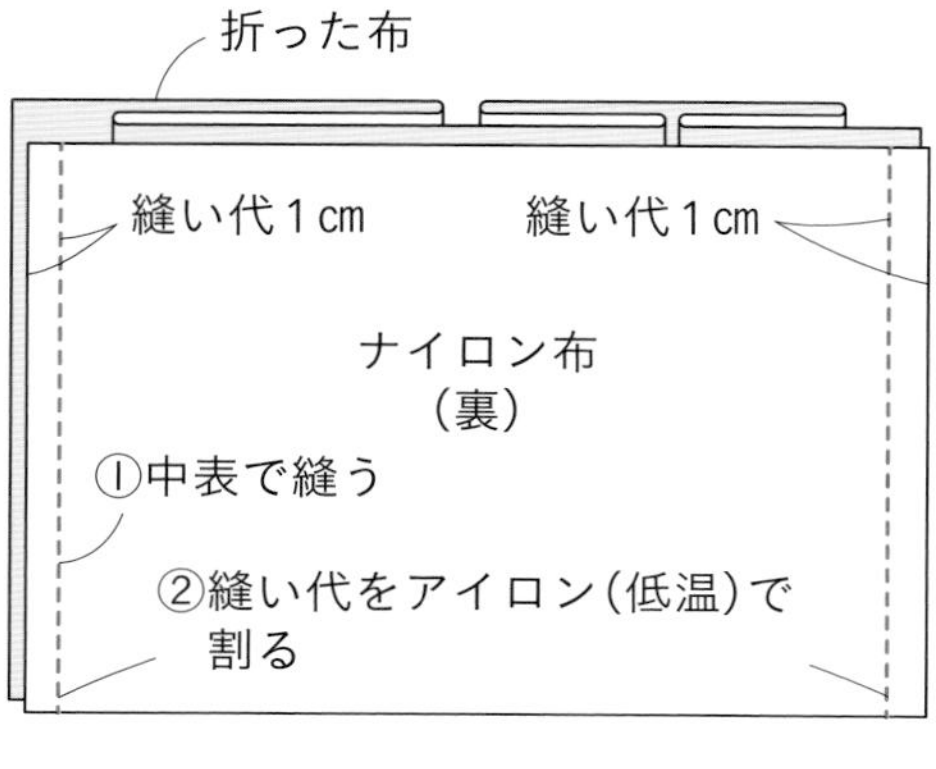
折った布
縫い代1cm
縫い代1cm
ナイロン布
（裏）
①中表で縫う
②縫い代をアイロン（低温）で
割る

2 布を折り、仮止めする

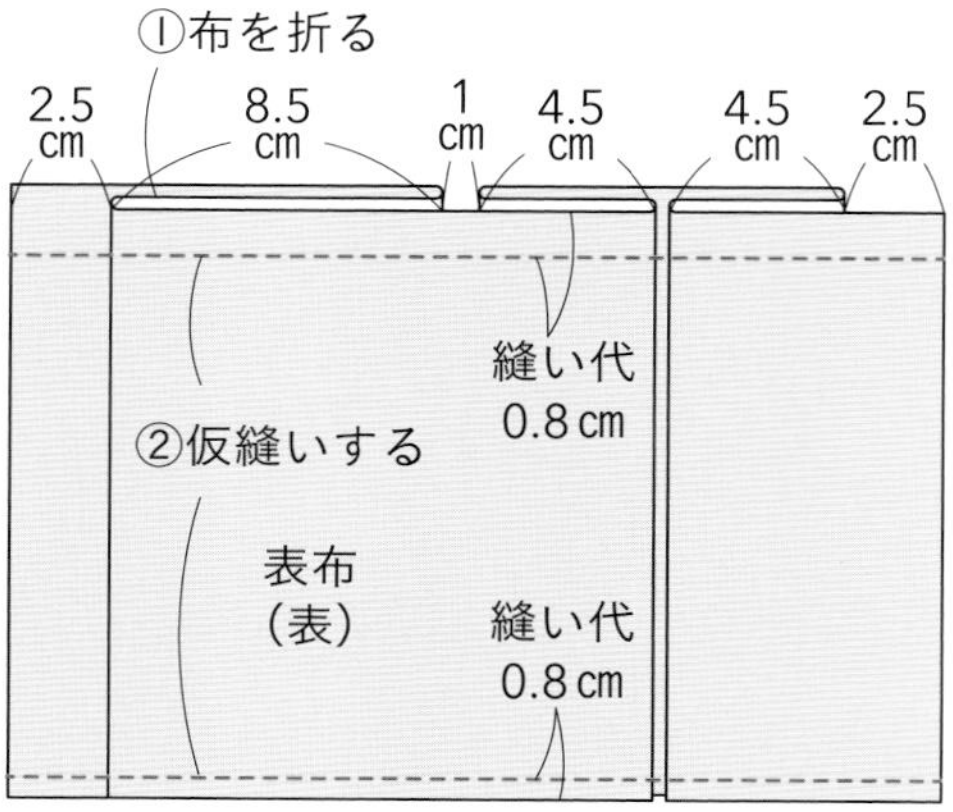
①布を折る
2.5 cm
8.5 cm
1 cm
4.5 cm
4.5 cm
2.5 cm
縫い代
0.8cm
②仮縫いする
表布
（表）
縫い代
0.8cm

4 ナイロン布を斜めにカットする

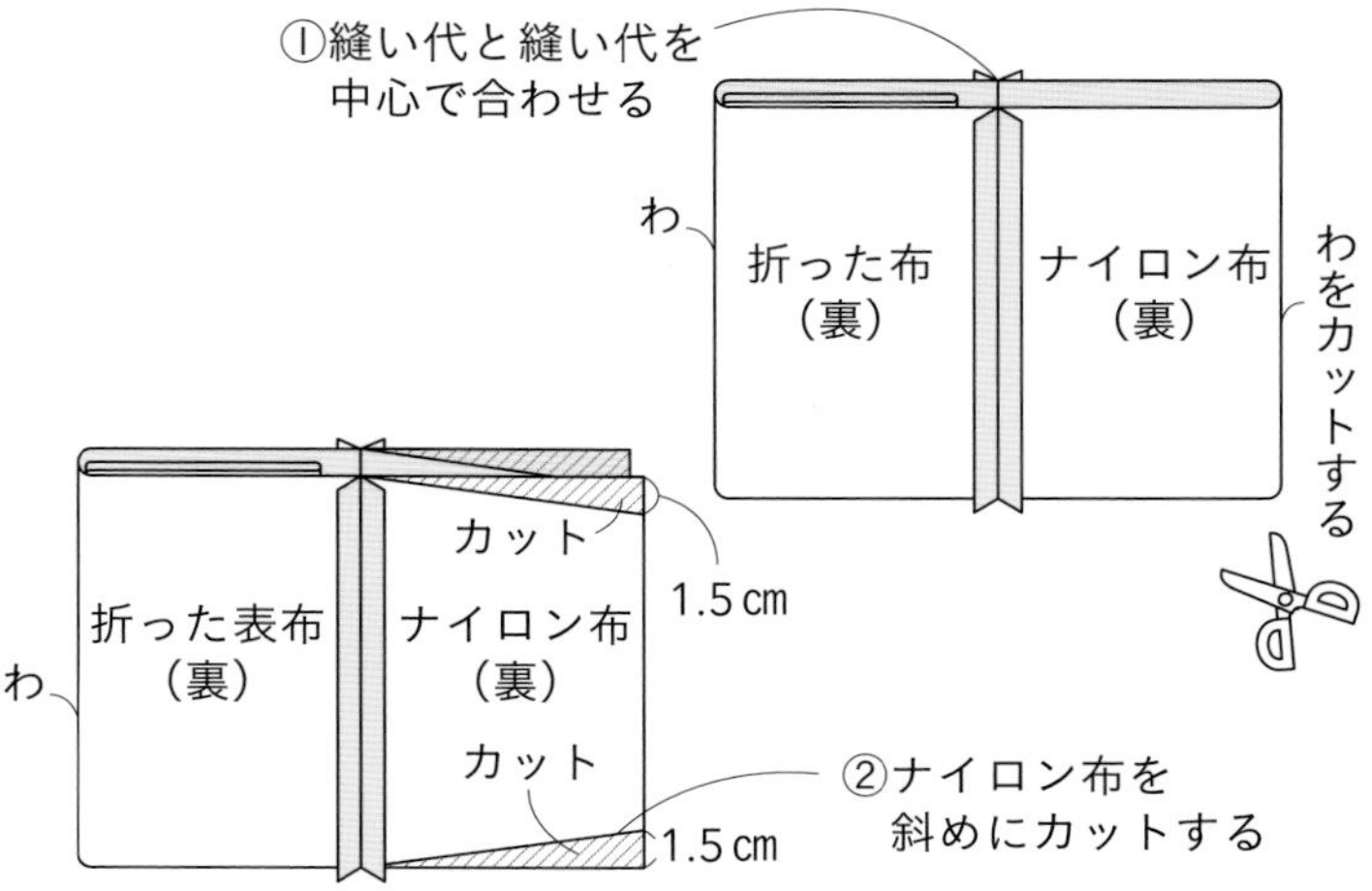
①縫い代と縫い代を
中心で合わせる
わ
折った布
（裏）
ナイロン布
（裏）
わをカットする
わ
折った表布
（裏）
カット
1.5cm
ナイロン布
（裏）
カット
1.5cm
②ナイロン布を
斜めにカットする

5 返し口を残して縫い合わせる

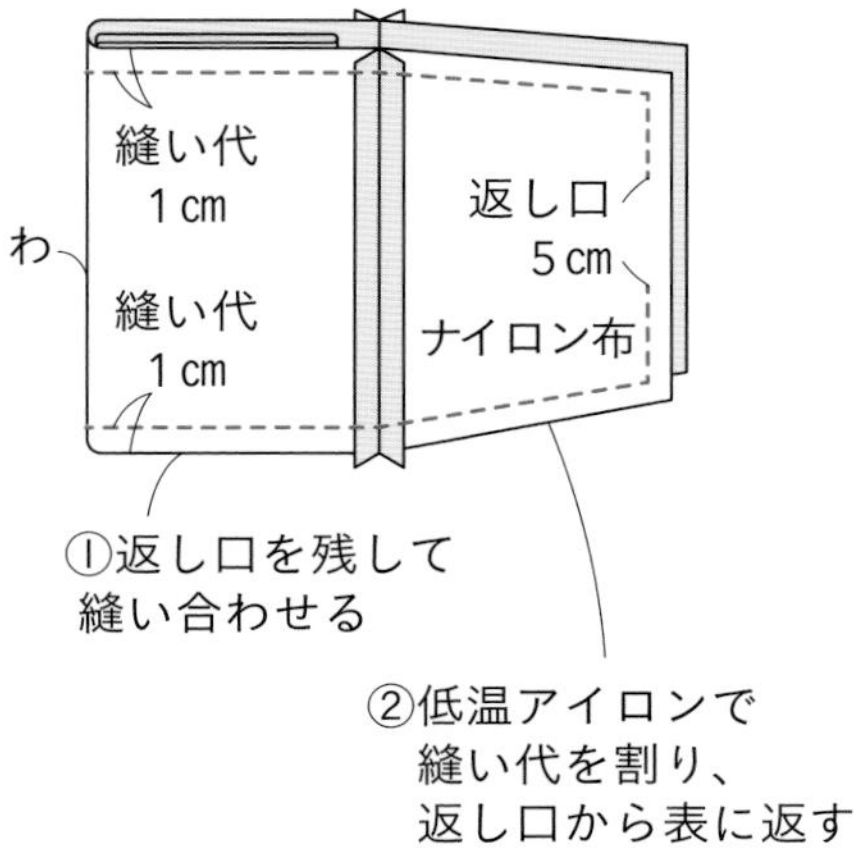
縫い代
1cm
わ
縫い代
1cm
返し口
5cm
ナイロン布
①返し口を残して
縫い合わせる
②低温アイロンで
縫い代を割り、
返し口から表に返す

6 ループを縫う

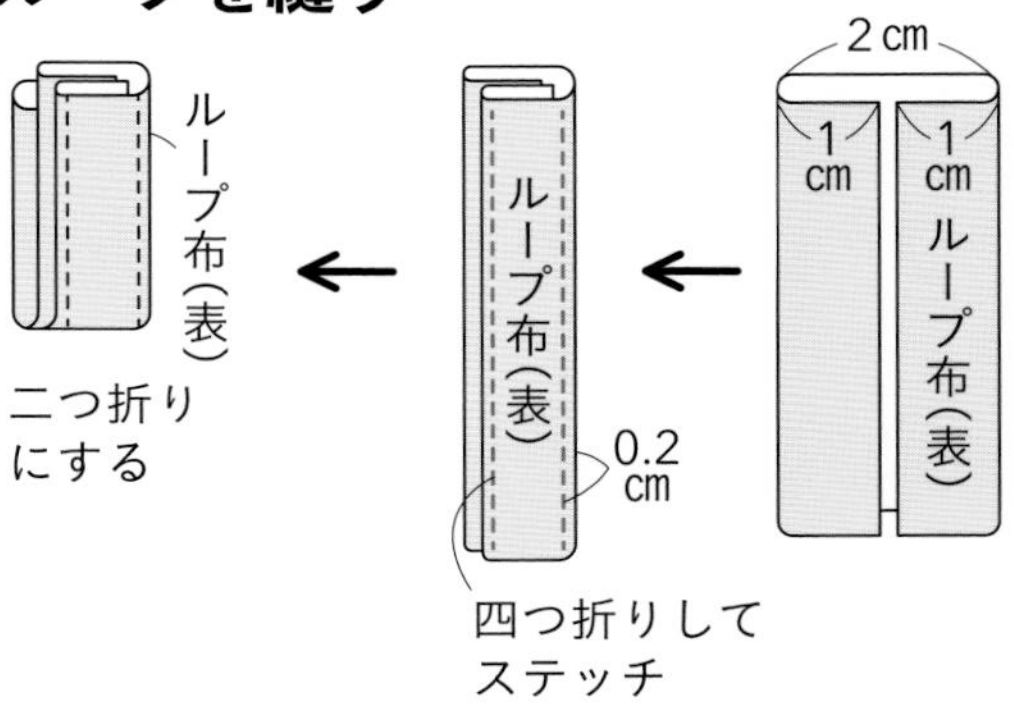
2cm
1cm
1cm
ループ布（表）
ループ布（表）
0.2cm
四つ折りして
ステッチ
ループ布（表）
二つ折り
にする

7 ループを挟み縫いとじる

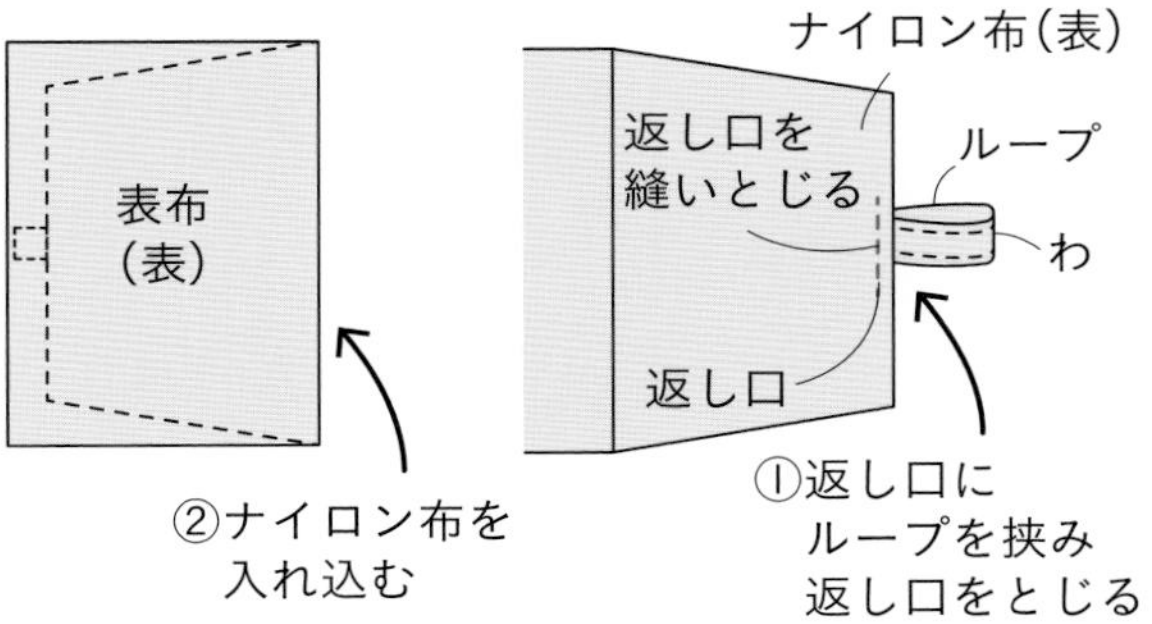
表布
（表）
②ナイロン布を
入れ込む
ナイロン布（表）
返し口を
縫いとじる
ループ
わ
返し口
①返し口に
ループを挟み
返し口をとじる

8 eco ポケットの入れ口にステッチ

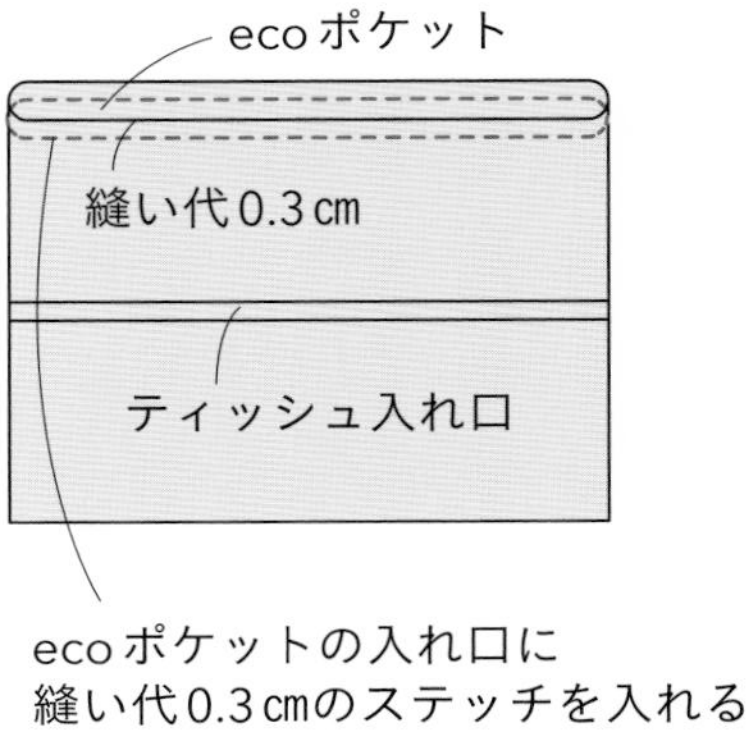
ecoポケット
縫い代0.3cm
ティッシュ入れ口
ecoポケットの入れ口に
縫い代0.3cmのステッチを入れる

9 面ファスナーを縫いつける

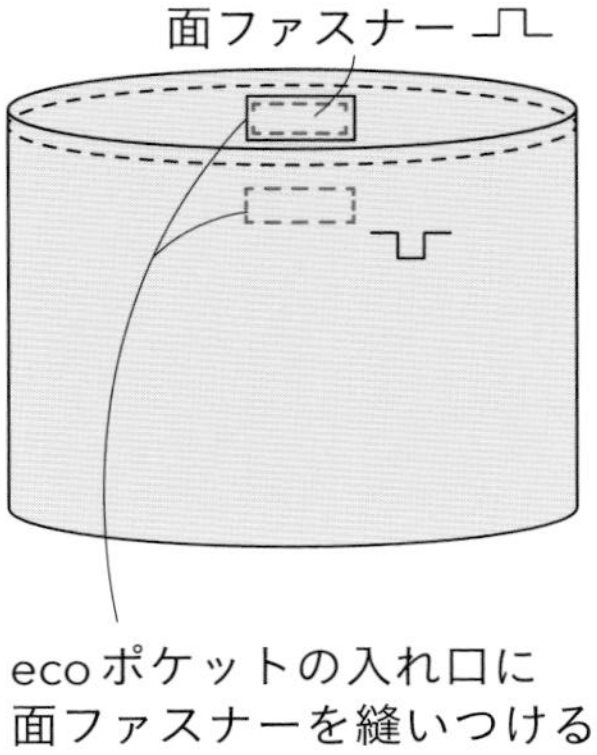
面ファスナー
ecoポケットの入れ口に
面ファスナーを縫いつける

仕上がり寸法

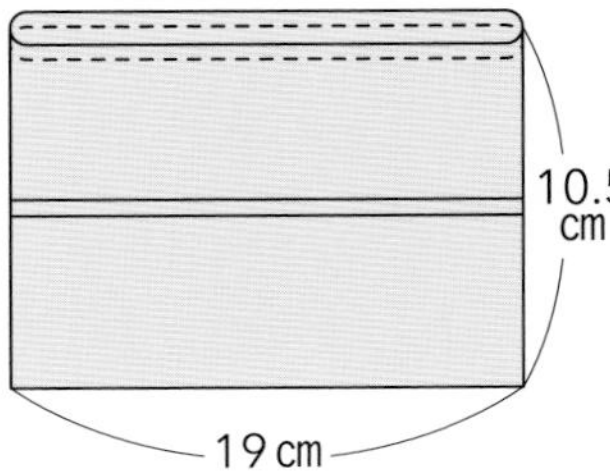
10.5cm
19cm

作り方を
動画でも
チェック

イヤホン入れ P

工程

1 布を裁つ。
2 ループを縫う。
3 表布にファスナーをつける。
4 ファスナーに内布を縫いつける。
5 ファスナーをステッチで押さえる。
6 両サイドの余分なファスナーをカットする。
7 表布の中心にナスカンを通したループを仮止め。
8 表布、内布をたたんで、上部サイドをカットする。
9 表布と内布を縫い合わせる。
10 返し口から表に返す。

材料

○表布…A1枚、B1枚
○内布…A1枚、B1枚
○ナスカン用ループ布…1枚
○ファスナー…20cm　1本
○ナスカン…1個

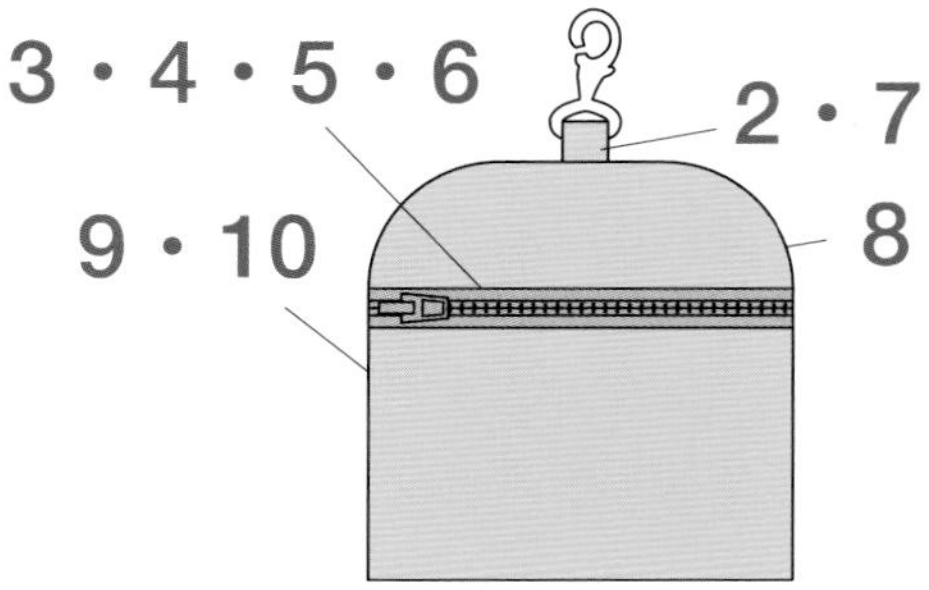
3・4・5・6
2・7
9・10
8

2 ループを縫う

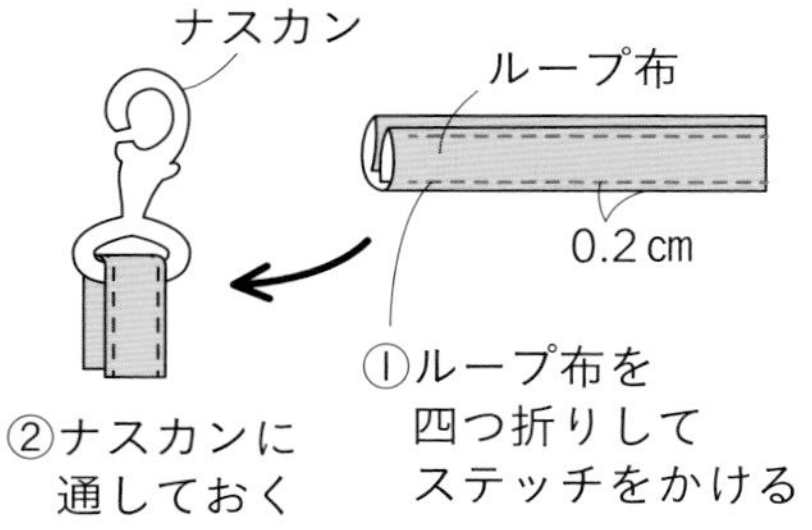
ナスカン
ループ布
0.2cm
①ループ布を四つ折りしてステッチをかける
②ナスカンに通しておく

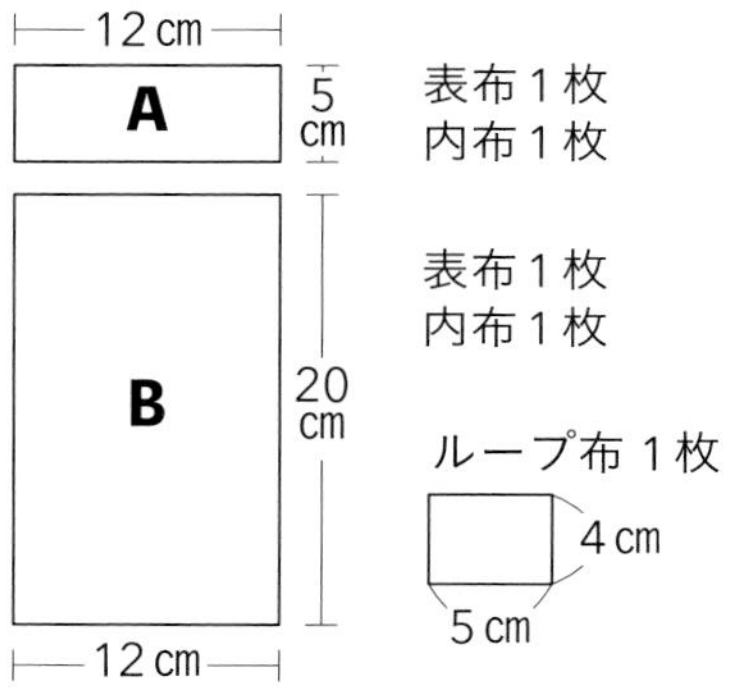
12cm
A
5cm
表布1枚
内布1枚
B
20cm
表布1枚
内布1枚
ループ布1枚
4cm
5cm
12cm

1 布を裁つ

表布A1枚、B1枚、
内布A1枚、B1枚、
ループ布1枚を裁つ。

4 ファスナーに内布を縫いつける

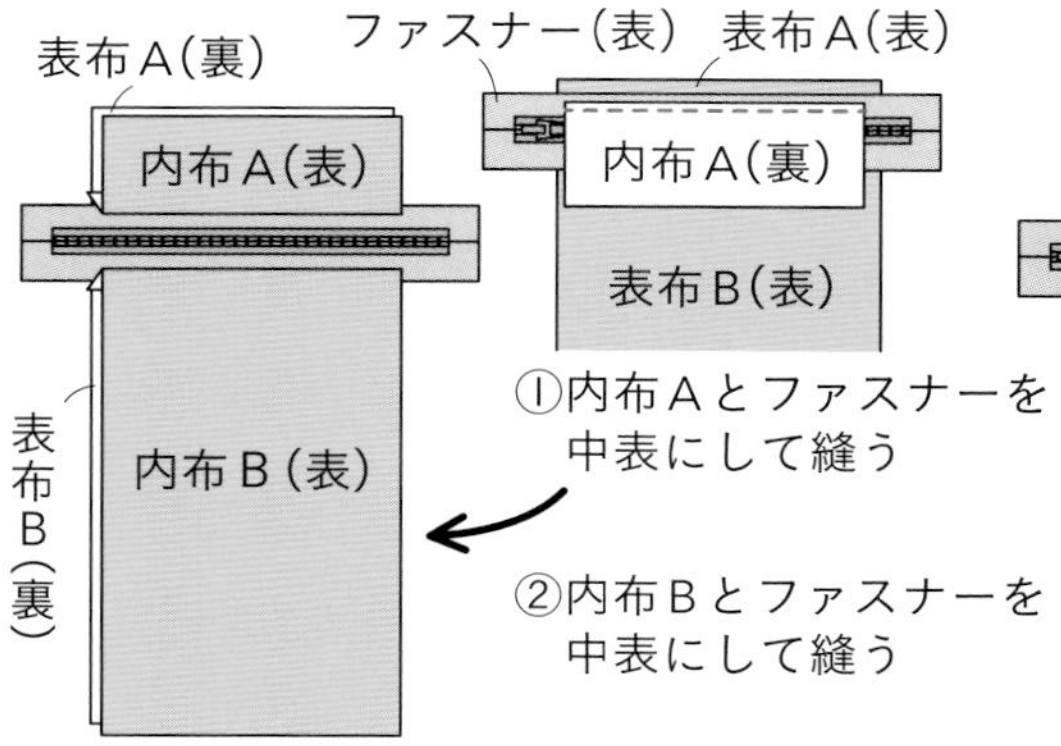
表布A(裏)
ファスナー(表)
表布A(表)
内布A(表)
内布A(裏)
表布B(表)
表布B(裏)
内布B(表)
①内布Aとファスナーを中表にして縫う
②内布Bとファスナーを中表にして縫う

3 表布にファスナーをつける

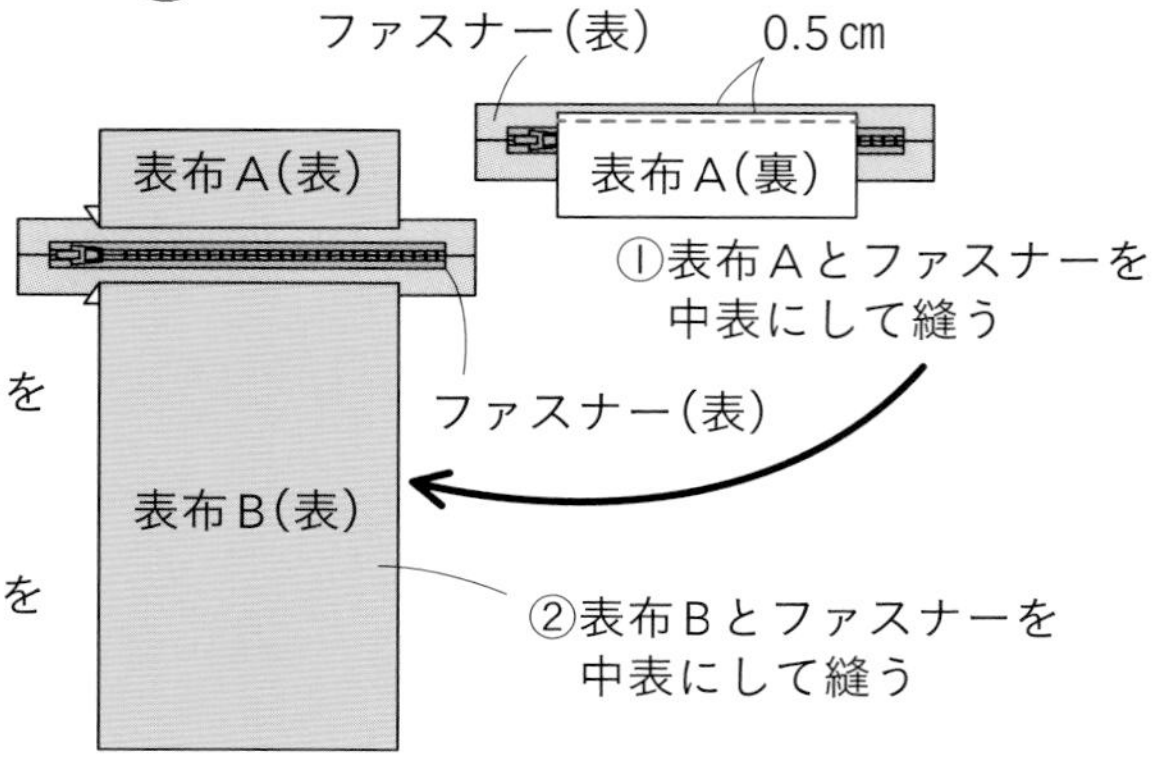
ファスナー(表)
0.5cm
表布A(表)
表布A(裏)
①表布Aとファスナーを中表にして縫う
ファスナー(表)
表布B(表)
②表布Bとファスナーを中表にして縫う

5 ファスナーをステッチで押さえる

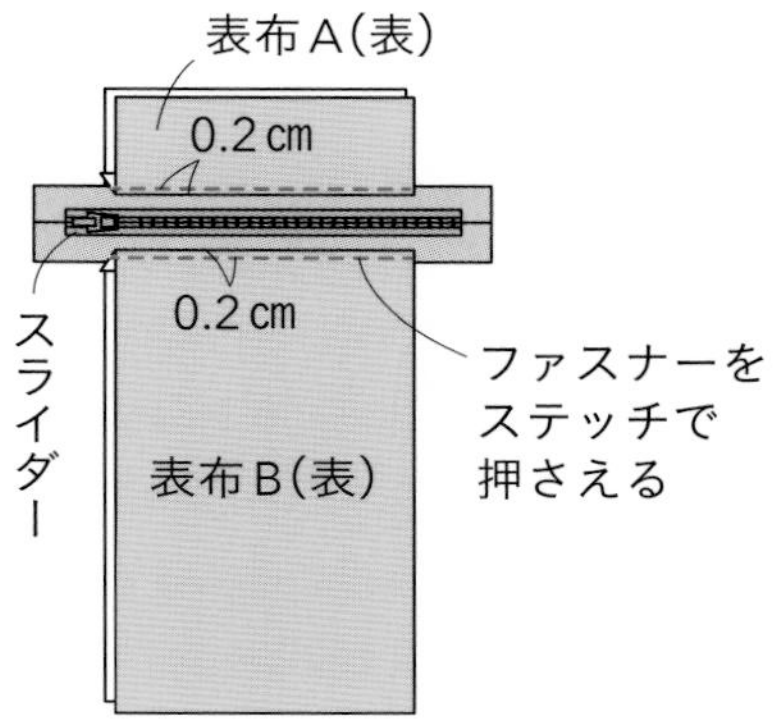

表布A(表)
0.2㎝
0.2㎝
スライダー
ファスナーを
ステッチで
押さえる
表布B(表)

6 両サイドの余分なファスナーをカットする

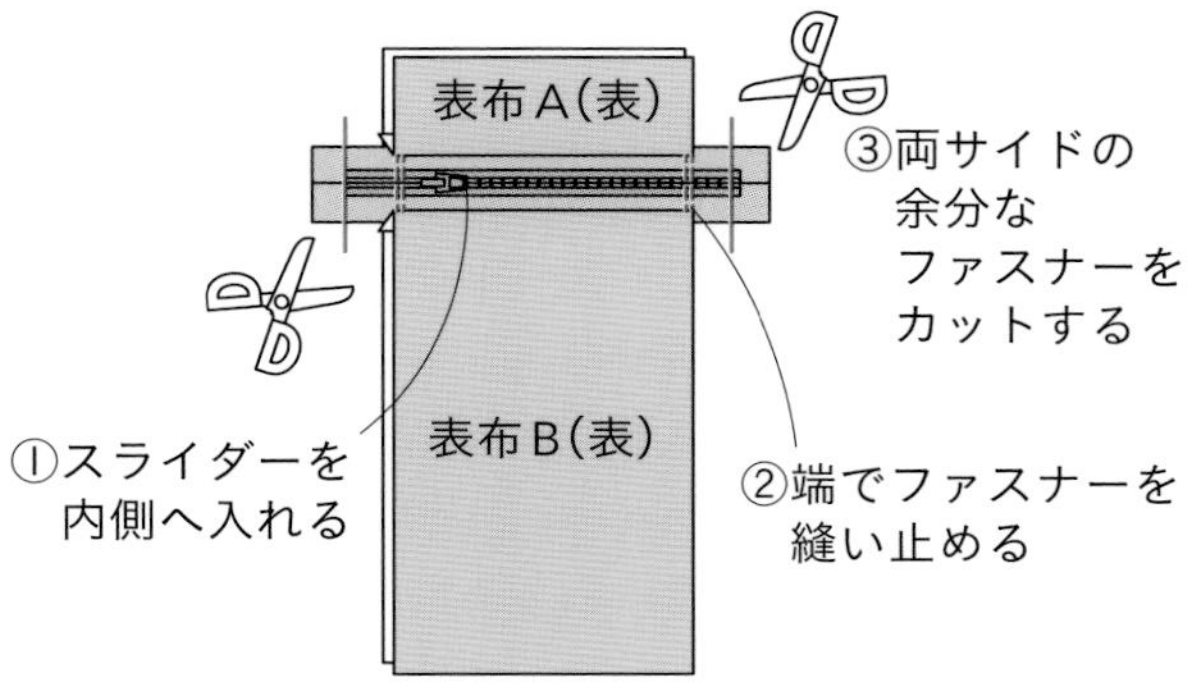

表布A(表)
③両サイドの
余分な
ファスナーを
カットする
表布B(表)
①スライダーを
内側へ入れる
②端でファスナーを
縫い止める

7 表布の中心にナスカンを通したループを仮止め

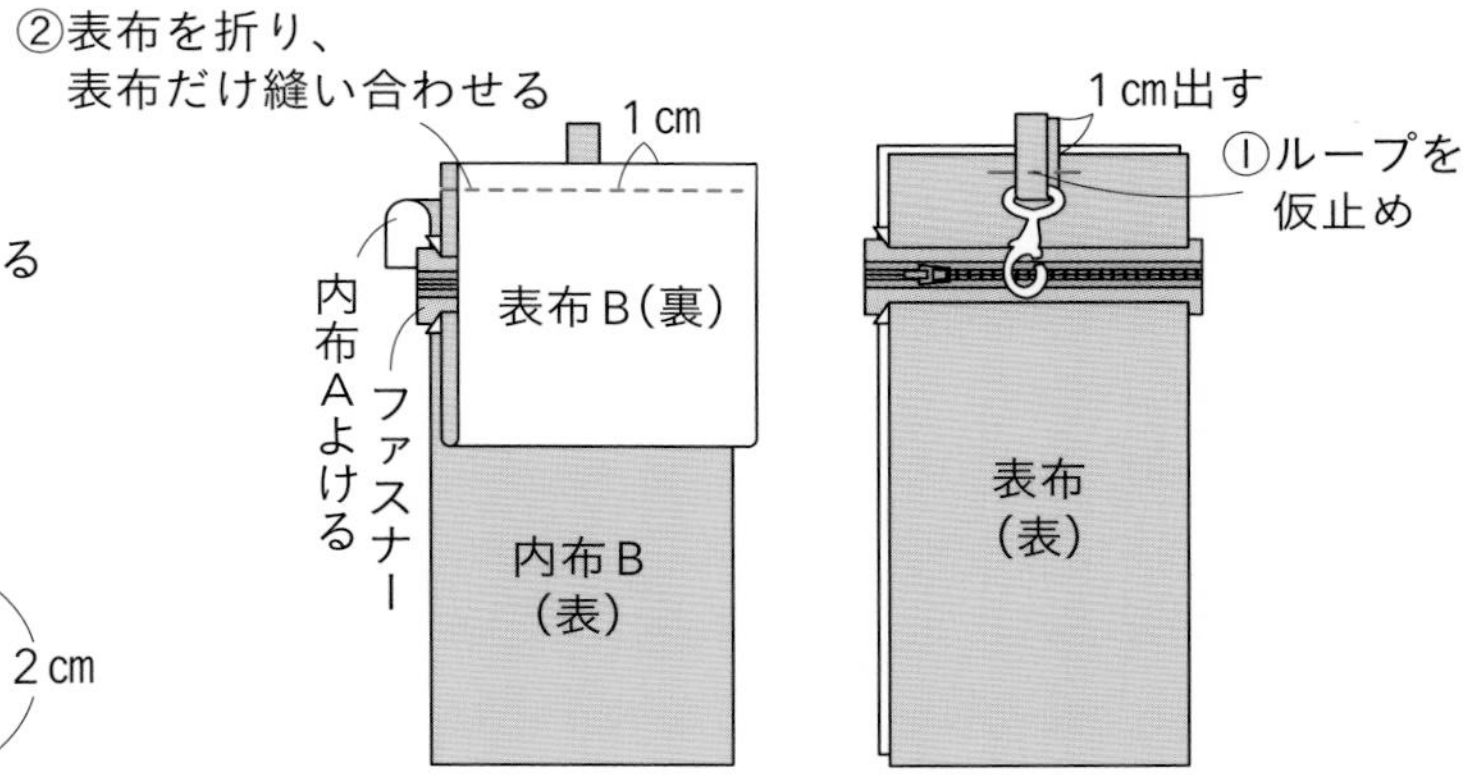

②表布を折り、
表布だけ縫い合わせる
1㎝
1㎝出す
①ループを
仮止め
内布Aよける
ファスナー
表布B(裏)
内布B
(表)
表布
(表)

8 表布、内布をたたんで、上部サイドをカットする

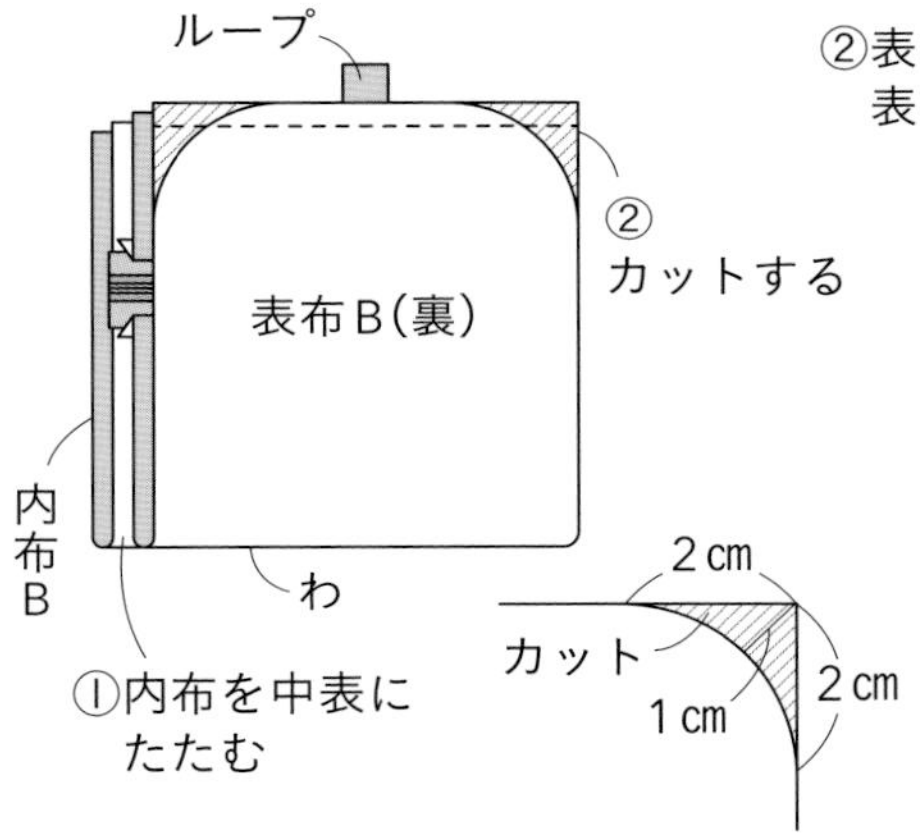

ループ
②
カットする
表布B(裏)
内布B
わ
①内布を中表に
たたむ
2㎝
カット
1㎝
2㎝

9 表布と内布を縫い合わせる

10 返し口から表に返す

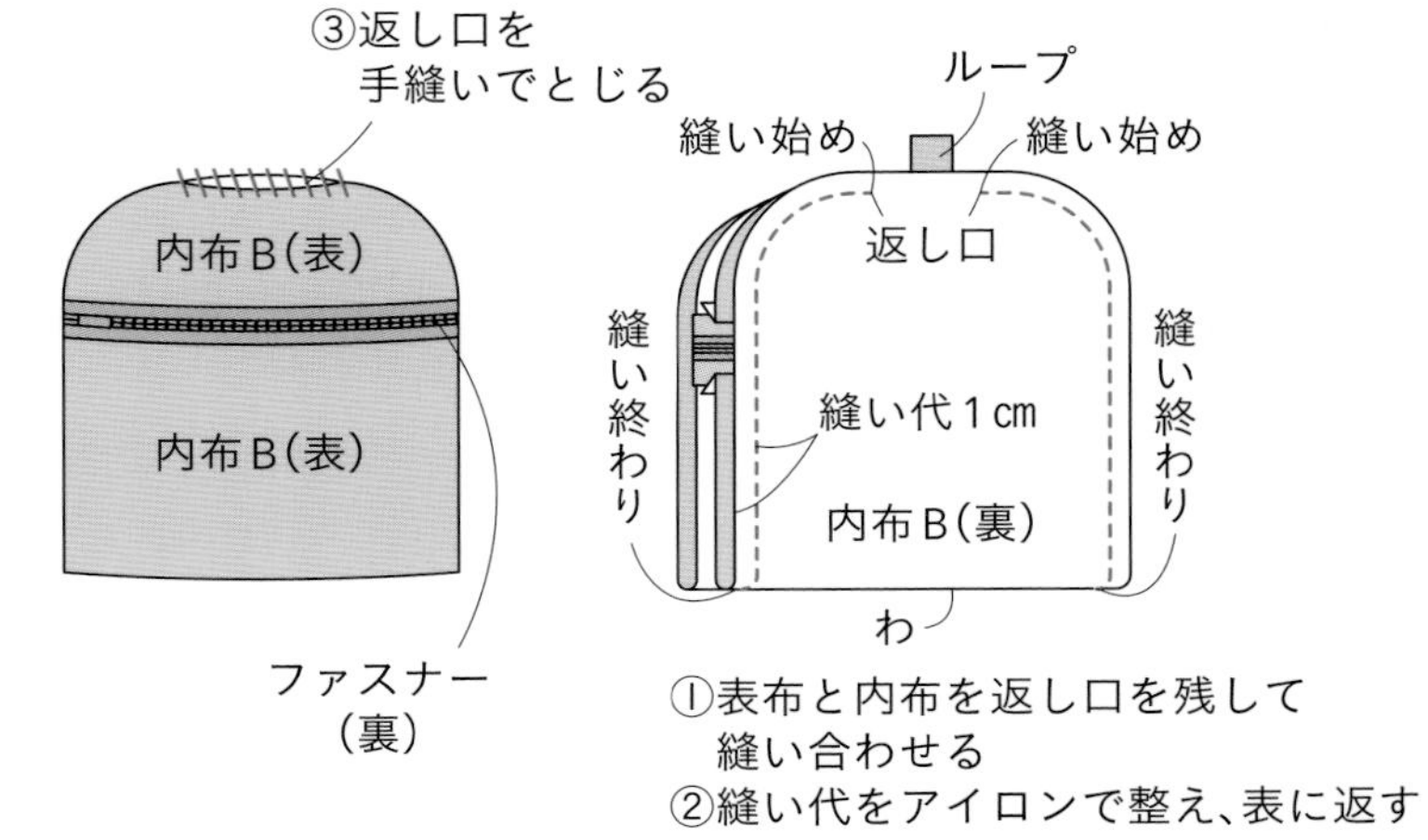

③返し口を
手縫いでとじる
ループ
縫い始め
縫い始め
返し口
内布B(表)
内布B(表)
縫い終わり
縫い代1㎝
縫い終わり
内布B(裏)
わ
ファスナー
(裏)
①表布と内布を返し口を残して
縫い合わせる
②縫い代をアイロンで整え、表に返す

仕上がりサイズ

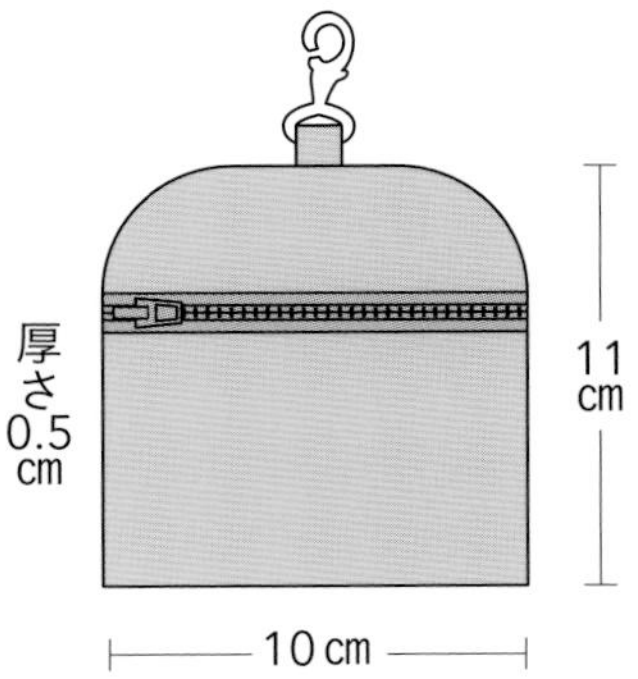

厚さ0.5㎝
11㎝
10㎝

きもののほどき方

古きものをリメイクするには、まずほどいて洗いましょう。
ほどくときは、仕立て順と逆の順にほどくとよいでしょう。

きものをほどく順序

1 衿、掛け衿を外す。
2 袖を外す。
3 裾をほどき、
表布と裏布を外す。
4 おくみを外す。
5 脇をほどく。
6 背をほどく。
7 袖をほどく。
8 八掛をほどく。

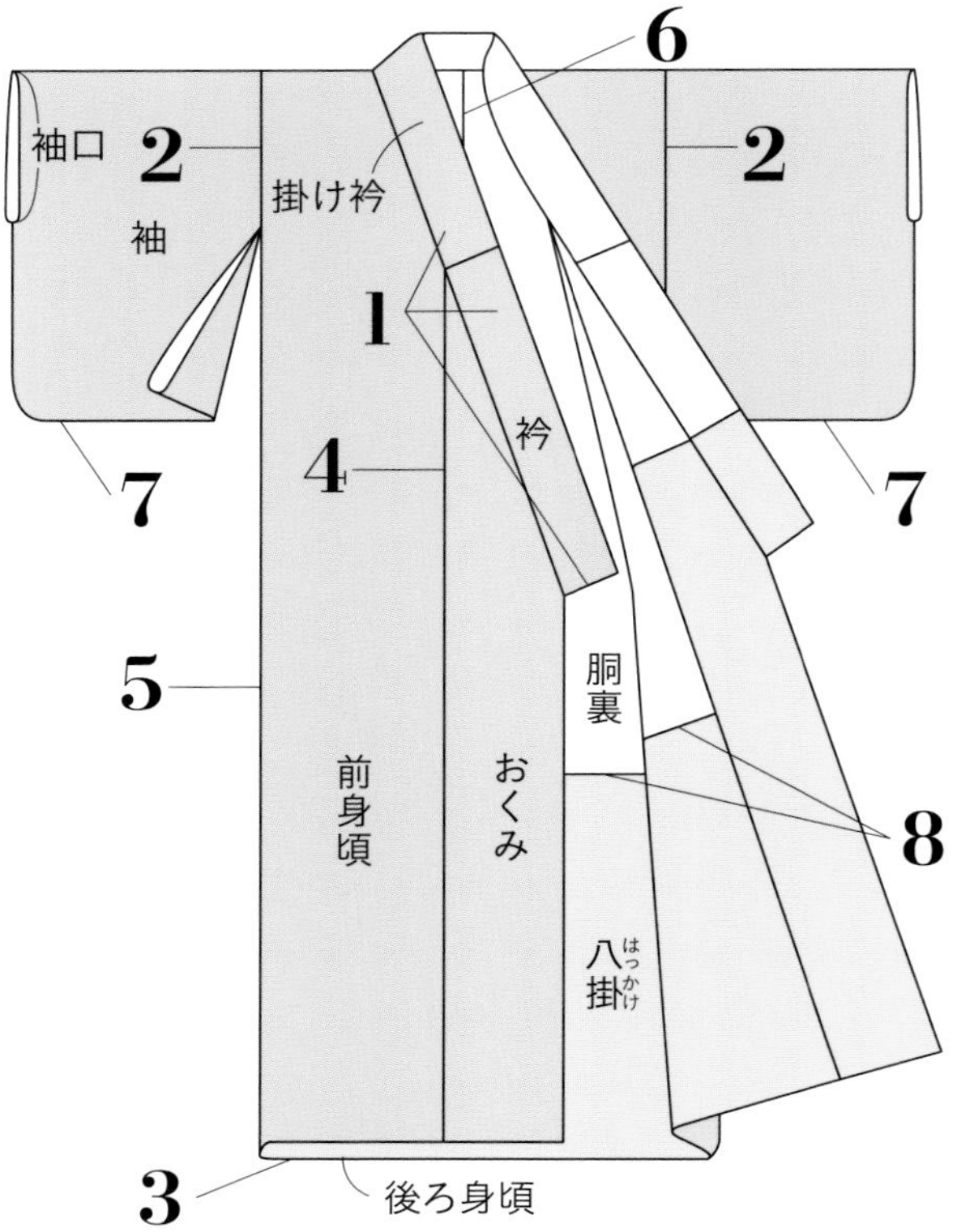
6
袖口
2
2
掛け衿
袖
1
衿
7
4
7
5
胴裏
前身頃
おくみ
8
八掛《はっかけ》
3
後ろ身頃

帯芯

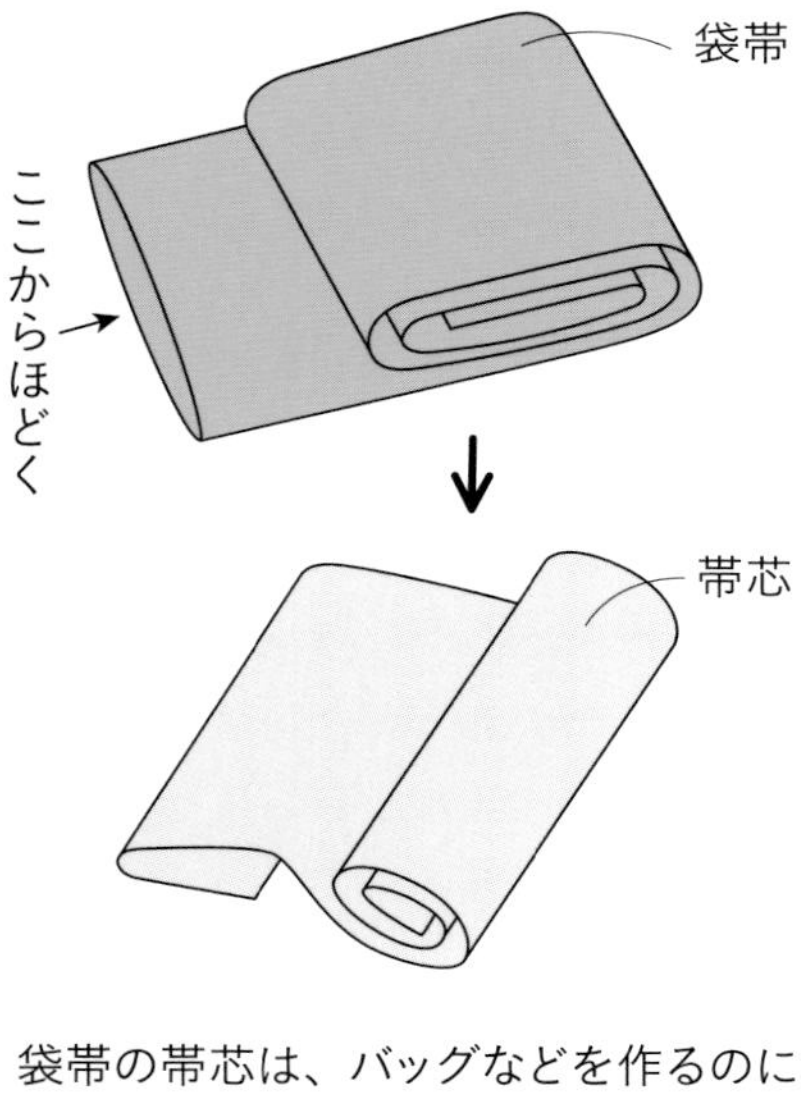
袋帯
ここからほどく
帯芯

袋帯の帯芯は、バッグなどを作るのに向いています。帯の端から糸をほどいて、長い縁の糸をほどき、帯芯を取り出します。きもの地と同様に洗います。

きものをほどく道具

リッパーと目打ちを使うと便利

リッパーを縫い目に差し込み、糸を切ります。
目打ちで糸を抜いていきます。

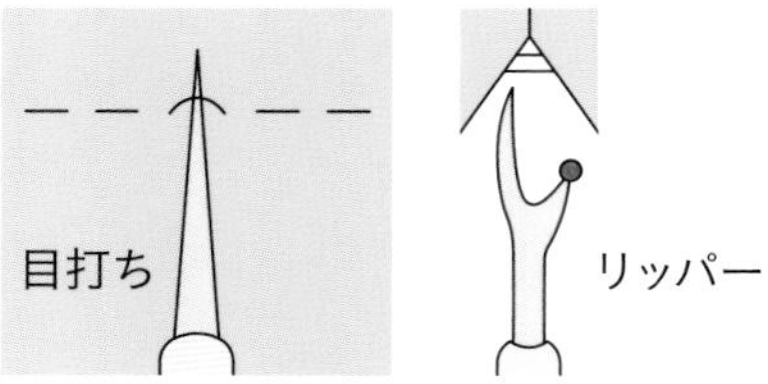
目打ち
リッパー

袖口、袖つけ止まりなどは、返し縫いをしてあるので、丁寧に糸を切ります。

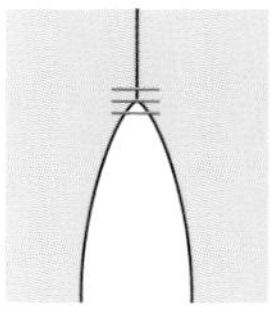

ほどいたきものの洗い方

きもの地によっては、洗うと縮んだり
色落ちする場合があるので、
布の端で試し洗いをするとよいでしょう。

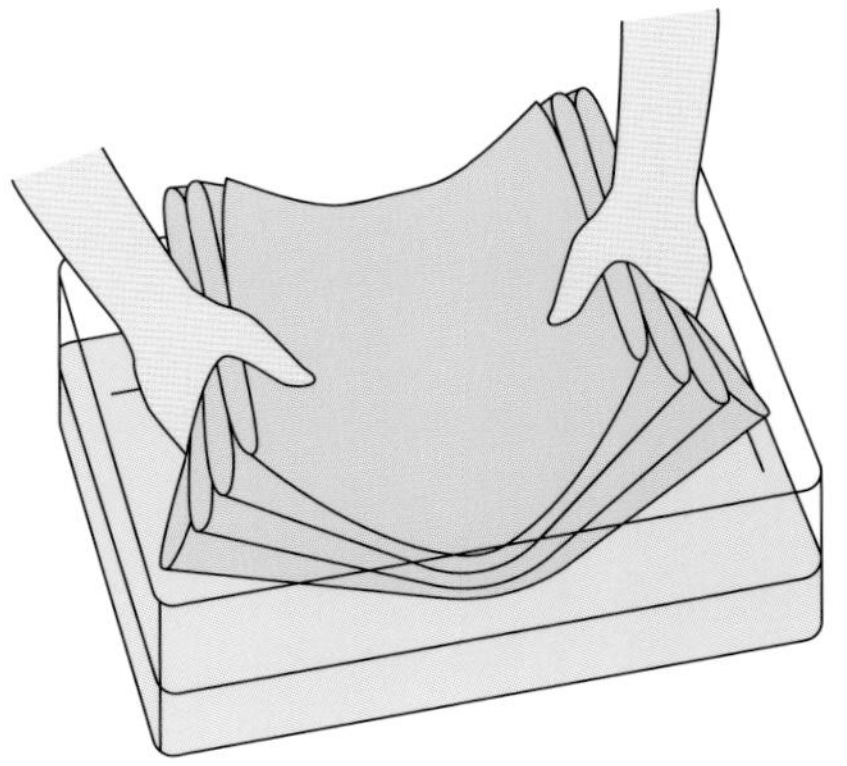

1

ほどいた布を屏風畳みのように畳んで重ね（小さいものは間に挟み）、水に中性洗剤を少し入れて、ほどいた布をつけて洗います。

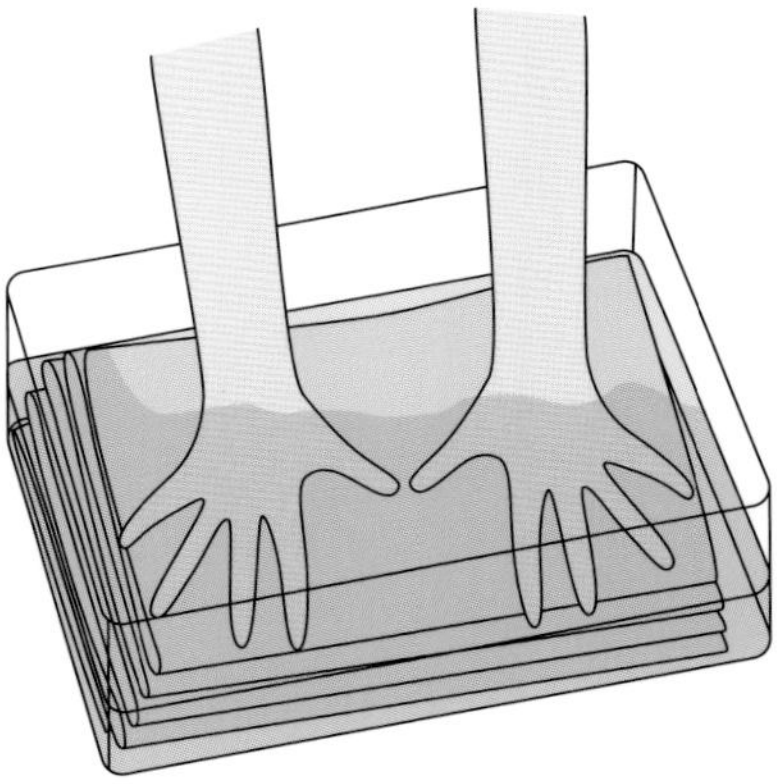

2

しっかり洗剤がしみ込むように押し洗いします。水を替えて、3回ほどすすぎます。

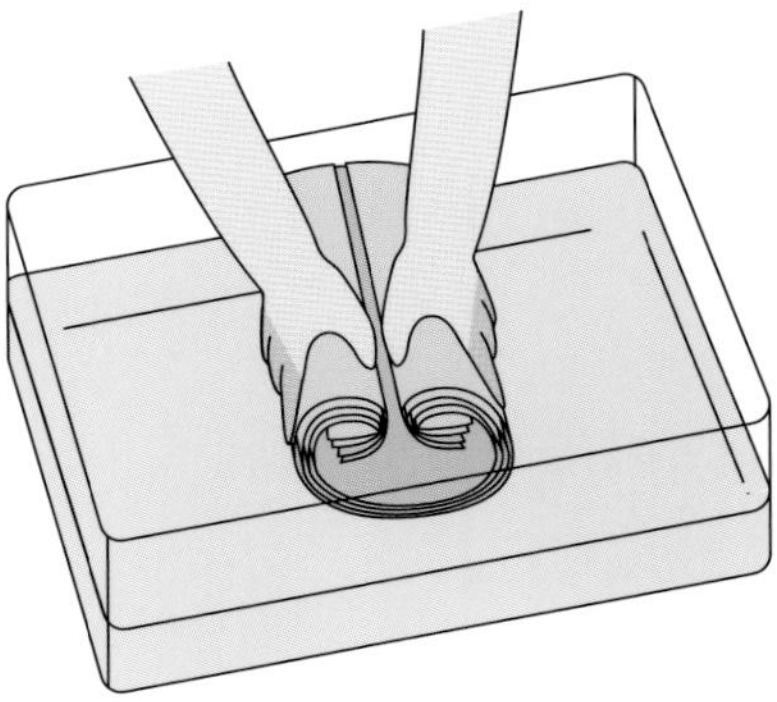

3

丸く持ち上げて絞ります。

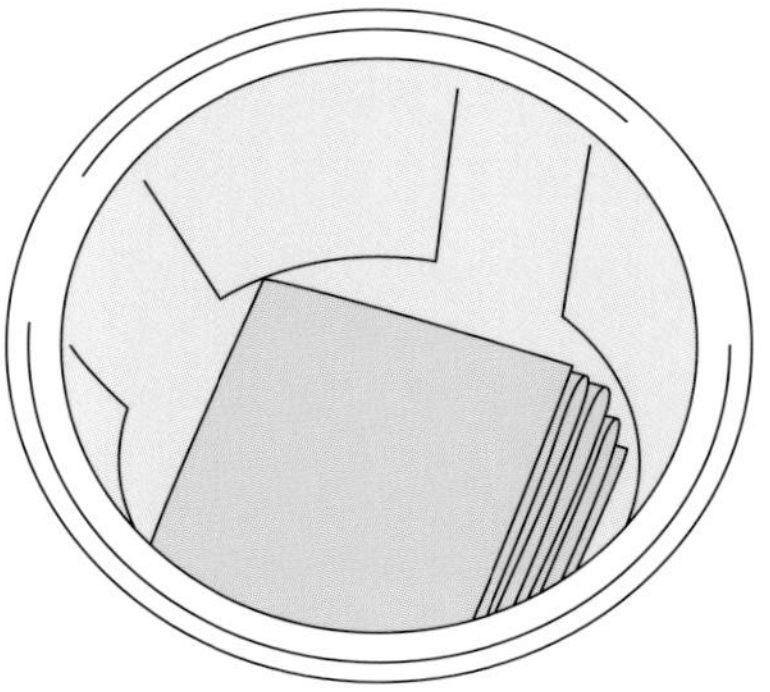

4

洗濯機に平らに入れて、3分ほど脱水します。

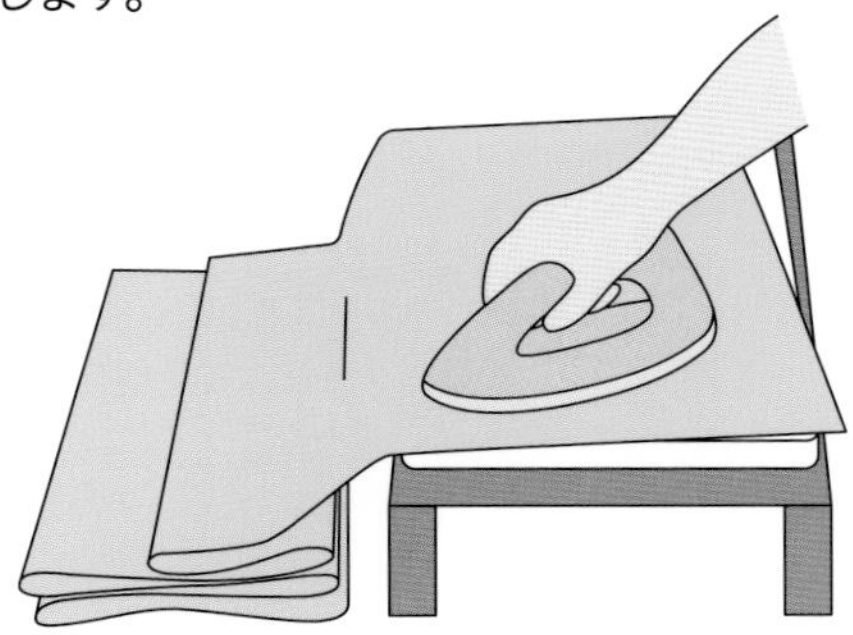

5

脱水後、中温のアイロンをかけ、しわをのばします。

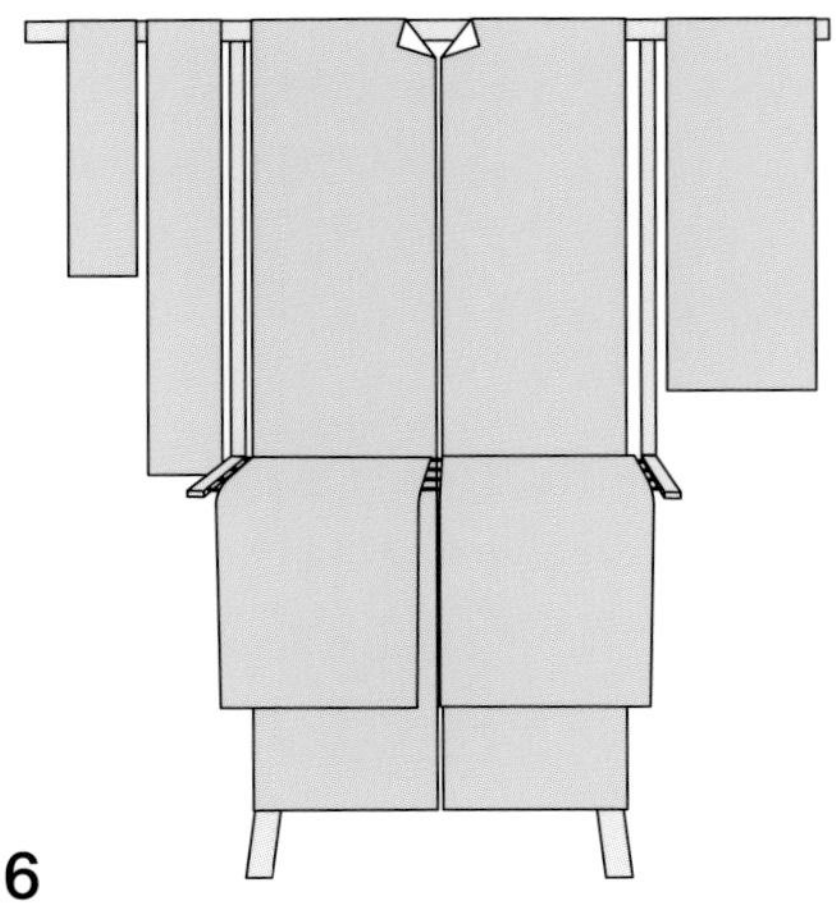

6

平らに広げて陰干しします。

おすすめの布が買える店

今回、実際に作品を作らせていただいた布が買えるお店をご紹介します。

生地・布地の専門店 nunozuki

info@nunozuki.com

大阪府守口市金下町1-8-9-1F（京阪商店街内）
☎06-6996-5515
◔10：00〜17：30　休業日／日曜日

コットンやリネンの天然繊維を中心に、上質な生地を取り扱っています。ネットショップでも「生地サンプル」を多数用意しているので安心です。P44で使った11号帆布をこちらで購入。リーズナブルで縫いやすく、カラバリも豊富です。

小岩井紬工房

長野県上田市上塩尻40
☎0268-22-1927
◔10：00〜17：00　休業日／不定休

信州上田の伝統工芸「上田紬」を継承する織元。すべて手織りで、上田紬の着物や帯が100反以上そろっています。ワークショップなども開催。P91左のバッグインバッグはこちらの反物で作成。

マルミヤ衣料

http://nuno-marumiya.com/

三重県松阪市中道町394
☎0598-56-2139　◔10：00〜18：00
休業日／月曜日、第2・第4日曜日

創業1925年。〜布とのふれあい〜マルミヤ衣料が反物をイメージしたオリジナル木綿の粋華千寿を作りました。汎用性が高く、作り手の個性が活きる作品を楽しめます。店舗とBASEにて販売中。P55の作品で使っています。

NESSHOME（ネスホーム）

●楽天市場
https://www.rakuten.co.jp/nesshome/
●ヤフーショッピング
https://shopping.geocities.jp/ness-home/

タイベック®・滑り止めなどの特殊な生地やユニークなデザインプリント、便利なハギレセットなど、ほかでは入手できない素材が豊富。P13下、P70、P73、P94の布をこちらのお店で購入しました。

おすすめの古きもの店

古きものとの出会いは一期一会。
私がよく行く古きもの店です。

KOMEHYO名古屋本店きもの館

愛知県名古屋市中区大須2-19-22
☎052-203-0116
◔10:30〜19:00　休業日／不定休

常時8000点以上の圧倒的な品ぞろえ、高価で上質なきものもお手頃価格で販売。色札で分けられたきものは月に3回(9、19、29日)の値下げが行われ、最安値100円のものも！ 毎月8、18、28日にはお得なイベントを開催。

リサイクルきもの　夢一門

岐阜県羽島郡岐南町八剣北6-75
☎058-246-0365　◔13:00〜17:00
休業日／水曜・日曜・祝日　毎月14・30日

岐阜で有名な古きもの店。毎月開催している和服オークションで仕入れをしているので、商品の回転も速く、行く度に新しいものと出会えます。高価な品でも3万円台くらい、店頭のワゴンセールは200円から！

¥1000 Kimono 萬 美〜 bambi〜

Instagram @1000_kimono_bambi

大阪市中央区内本町1-4-3 シティコープ東本町202
◔11:00~17:30
不定期営業（インスタグラムを必ずご確認ください）

店名のとおり、全品1000円のリユースきもの店。きものはもちろん帯、小物などもそろい、初心者でも入りやすいお店です。店舗はオフィスビルの2階にあって、在庫も多く、ここで掘り出し物を見つけるのも楽しみです。

Profile

MiyoYoshida

吉田三世

1950年生まれ。手作り歴60年余り。

手作りはほぼ独学。40歳を過ぎてから、社交ダンスやオペラの舞台衣装等の製作会社を設立し、現在に至る。

2015年、子供の頃から親しんできた手芸全般を孫に向けて残しておこうと考え、YouTubeに動画投稿を開始。縫い物、編み物を含め手芸全般ジャンルを決めずに動画投稿を続けている。2020年ころから着物のリメイクを積極的に始める。現在、チャンネル登録者数は24万人。著書に『世界一わかりやすい1g＝0.5円からの古きもので作る洋服と小物』『1着＝300円からの古きもので作る　世界にひとつだけの洋服と小物』（小社刊）、『70歳で始めた着物リメイク、72歳で講師デビュー 人生まだまだ、これからよ 七転び八起き』（KADOKAWA刊）がある。

YouTube　Diy Soho手作り倉庫
Instagram　@diy_soho2

Staff

撮影
中島千絵美（人物、物）
本間伸彦（キリヌキ、プロセス）

装丁・デザイン
平木千草

スタイリング
串尾広枝

モデル
花梨
櫻

ヘアメイク
大西あけみ

構成・文
大野雅代

イラスト・型紙
ウエイド手芸制作部

校正
鈴木初江

編集
川上隆子（ワニブックス）

●制作協力
丹羽秀美　山下佑子
ギャラタン　今村榮子
日本ミシンサービス株式会社

●衣装協力
ANTIPAST／クープ・ドゥ・シャンピニオン
☎03-6415-5067
CALICO：the ART of INDIAN VILLAGE FABRICS
☎0742-87-1513
PLAIN PEOPLE／プレインピープル青山
☎03-6419-0978

やさしく作れて〝使える〟仕掛けのバッグと小物

吉田三世　著

2023年12月8日　初版発行
2024年6月20日　3版発行

発行者　横内正昭
編集人　青柳有紀
発行所　株式会社ワニブックス
〒150-8482
東京都渋谷区恵比寿4-4-9　えびす大黒ビル
ワニブックスHP　http://www.wani.co.jp/
お問い合わせはメールで受け付けております。
HPより「お問い合わせ」へお進みください。
※内容によりましてはお答えできない場合がございます。

印刷所　株式会社美松堂
製本所　ナショナル製本

ISBN978-4-8470-7379-3